ワードマップ

エスノメソドロジー

人びとの実践から学ぶ

前田泰樹・水川喜文・岡田光弘 編

新曜社

はじめに

この本を手にとっていただいたあなたは、「エスノメソドロジー」という言葉を聞いたことがあるでしょうか。この本では、「エスノ（"ethno"＝人びとの）・メソドロジー（"methodology"＝方法論）」、つまり「人びとの方法論」という、ちょっと変わった名前の学問分野の、基本的な考え方が示されています。その考え方の核になる構えは、次のようなものです。

日常会話からはじまって、テレビでＣＭを見る、教室で学ぶ（／教える）、病院で診察を受ける（／診察する）、実験室で科学実験をする、法廷で評決を行なう、といったさまざまな実践にいたるまで、そこに参加している人たちは、実際に何らかの方法論を用いて、それぞれの実践を行なっているはずだ。だったら、その「人びとの方法論」を研究して、実際にその方法論をとおして、さまざまな実践をみてみよう。

つまり、エスノメソドロジー（以下ＥＭ）とは、それぞれの実践に参加している人びと（メンバー）が使っている「人びとの方法論」の名前であると同時に、それをとおして実践を記述する研究の名前なのです。

と、いきなりこれだけ言われても、ピンとこないかもしれません。本書では、手を変え品を変え、こうした考え方をお伝えしていきますが、まずは、ＥＭは実践についての学問なんだ、と大づかみで理解しておいてください。私たちが参加することのできるどのような実践にも、固有の人びとの方法論があるのだ、ということが実感できれば、この本の道のりの半ばまで、たどりついたことになるでしょう。

あるいは、『エスノメソドロジー』というタイトルの本書を手にとってくださった方のなかには、実践について研究することへの関心を、最初からお持ちの方もいるかもしれません。そのような方はもちろん、そうではない方も、最終的に、本書を読んでくださったあと、実際に自分たちが参加している実践を記述してみたいと考えていただけたら、筆者としては、とてもうれしく思います。

このように、ＥＭは実践についての学問である、と言ってしまえば、短い言葉におさまります。けれど、ＥＭ研究のひろがりをみていくと、非常に多様なので、なかなか全体像をつかみにくいかもしれません。本書のなかでも、陪審員が評決を行なうとき、行列をつくって並ぶとき、相談の電話をかけるとき、友達とおしゃべりをするとき……など、それぞれの実践におけるそれぞれ固有の方法が紹介されています。また本書の執筆者たちも、医療、科学、教育、メディア、法……などなど、さまざまな領域の実践の研究を行なっております。

こうした多様さは、しかしそれでもひとつのまとまりをもったものであります。本書では、そのまとまりを描くために、多様なそれぞれの研究が互いにどのように結びついているのか、その結びつきをたどっていくことを試みました。

そのさいに導きの糸になるのは、実践を記述するということは、そもそもどういうことなのだろうか、という問いです。さらに、そもそもなぜそんなことをしようと考えるようになったのだろうか、という疑問が浮かぶかもしれません。そしてこれらの疑問に納得がいったとしても、それでは具体的にどういった記述ができるのかが気になってくるでしょう。本書は、こうした一連の問いに答えるために、三つのパートで構成されています。

第Ⅰ部「エスノメソドロジーのアイデア」では、EMにおいて用いられる基本的な用語を中心に、そのアイデアの大枠を紹介します。

ＥＭは、社会学の伝統的な問いを考え抜くことによって誕生し、そこから従来の社会学の枠をこえた研究領域を切り開いてきました。ＥＭの創始者、Ｈ・ガーフィンケルが、「エスノメソドロジーとは何か」という第一章で始まる『エスノメソドロジー研究』という本を書いてから、今年（二〇〇七年）で実はもう四〇年になります。ただ、この章を始め、ガーフィンケルたちの文章は、自らの問いを妥協なく考えようとしたためか、用語の用い方や文体に独特なところがあります。そもそもEMというひとつの言葉が、実践において用いられている「人びとの方法論」の名前であり、それを用いて実践を記述する研究の名前でもある、ということ自体が、そこに込められた含意の重さを物語っています。

ですので、第Ⅰ部では、EMの基本的な考え方をよく示しているキーワードをいくつかとりあげて、そのキーワードにこめられた含意をときほぐしていきます。そうすることで、実践において用いられる「人びとの方法論」というものが、具体的にどのようなもので、それを記述するということが、どのようなことなのか、そのアイデアの大枠を紹介します。

第Ⅱ部「エスノメソドロジーの論理」では、エスノメソドロジストたちが、なぜ実践を記述しなければならないと考えたか、明らかにします。

先にも述べたように、EMは、社会学の中心的な問いを考え抜くことによって、誕生したものです。たとえば、私たちはどうやって他人の行為を理解しているだろうか、というような問いや、社会秩序はどのようにして成り立っているのだろうか、といったような問いが、それにあたります。第Ⅱ部各章のタイトルは、その問いを述べなおしたものです。

第Ⅱ部では、こうした問いを実際に考えながら、なぜＥＭが実践に着目しなければならないと考えたかを、示したいと思います。ＥＭの紹介のなかには、従来の社会学との違いばかりを強調しているものがあります。しかしだからといって、他者理解や社会秩序への問いを軽視していたわけではありません。むしろ、それらの同じ問いを、突きつめて考えたからこそ、それらの問いは実践の参加者たちにとっての実践的な課題なのだ、という考え方にたどりついたのです。つまり、ＥＭは、その同じ問いを、参加者たちの実践へと差し戻すことを、行なってきたわけです。

第Ⅱ部では、こうした論理を明らかにすることによって、実践において用いられる「人びとの方法論」を研究する、という第Ⅰ部で紹介したアイデアを、ＥＭがたどりついた到達点として、（再）提示します。

第Ⅲ部「エスノメソドロジーの記述」では、エスノメソドロジストたちが、具体的にどのように実践を記述してきたか、明らかにします。

現在、ＥＭ研究者の活躍している領域は、社会学の枠を超えつつあります。実践の記述を目指すことを一つの架け橋として、人類学・心理学・言語学・教育学・情報工学・認知科学……といったさまざまな隣接分野の研究者との共同研究も、どんどん進んでいます。また、医療や教育や技術開発の現場の実践家たちとの提携も、行なわれるようになってきています。

ＥＭは、私たちが参加しうる実践であれば、どこからでも研究を始められるものです。ですから、さまざまな実践に参加する人たちが、自分が参加している実践を記述してみたい、と考えたとき、非常に強力な武器になります。このように考えれば、こうしたさまざまな形で共同研究がなされるようになっていくことは、ごく自然な流れだといえるでしょう。

第Ⅲ部で紹介するのは、こうしたさまざまな実践の具体的な記述です。会話する、議論する、物語を語る、教える、学ぶ、実験する、測定する、見る……といったさまざまな実践を記述していきますが、それぞれの実践にそれぞれ固有な「人びとの方法論」があることを、実感していただければ、と思います。

なお、本書の構成は、本書がどのような読者を想定しているか、ということにも関係しています。ですので、本書の読者へ向けて、簡単なメッセージをまとめておきたい、と思います。

本書で想定されている第一の読者は、社会学をはじめさまざまな分野で学ぶ大学生です。

本書は、「社会学」や「社会調査法」あるいは「コミュニケーション論」といった講義の参考図書として、読まれることを想定しています。そのなかには、「文学部社会学科」や「社会学部」に所属され、これから少しずつ本格的に社会学に入門されていく方もいるでしょう。あるいは、それぞれ専門の異なった学部に所属しながら「教養」科目のひとつとして講義を履修される方もいるでしょう。いずれにしても、ＥＭにはじめて接する方たちです。

大学での講義というと、どうしても新しい知識をたくさんおぼえて身につけていくものだ、という印象を持たれるかもしれません。けれど、ＥＭは、私たちが参加しうる実践であるならば、何でも研究することのできるものです。ですので、まずはごく「あたりまえ」の日常生活を営むにも、そこで「人びとの方法論」が用いられているのだということに、敏感になって欲しいと思います。本書で伝えたいのは、新しい知識というよりも、すでにある意味ではよく知っていて用いているような、そうした常識的知識の使い方を見通すための考え方、「構え」なのです。

ですので、本書を読み終えたとき、それまでみえていた日常の風景が、今までとちょっと違った際だった輪郭をもってみえるようになっていることを、期待しています。ガーフィンケルの言葉を借りるならば、「見られてはいるが気づかれていない」常識的知識の用法に「気づく」、ということです。とくに、社会学を専攻している方なら、日常生活のどこにおいても「社会」が成りたっていること、そしてそれを実際に研究できることを、実感していただけたらと思います。逆に、理学部や工学部の方で、実験をする機会がたくさんあるなら、そこで用いられている方法論について考えてみていただければ、面白いでしょう。あるいは、医療・看護・福祉などを専攻している方なら、実習にいった先などで、その現場でなされていることに、自分がどのように習熟していくか、考えてみてもらえば、面白いはずです。

本書で想定されている第二の読者は、社会学や隣接分野の研究者です。

つまり、社会学の研究者や院生で、EMについては耳にすることがあるのだけれど、実際にはどんなものなのだろう、と考えているような方たちに向けられています。

とくに、第二部は、社会学の中心的な問いに対して、EMがどのように考えてきたかをまとめてあります。その意味では、すこし変わった方面からの、社会学再訪という趣を持っています。もちろん、ごく基本的な道筋をたどったものですから、プロの研究者には、物足りなく思われたり、すでに論じられてきたことだと思われたりすることも多々あるでしょう。

けれど、他者理解や社会秩序をめぐる古典的な問題などは、すでに長い間論じられ続けてきたことでありながら、ほんの少しだけ形をかえて何度も反復されることが、よくあります。その意味では、ほんとうのところ何が問題になっていたのか、ということを、確認しておく価値は、今だからこそ十分にあります。巻末に収められた「よくある質問と答え」ともども、議論のたたき台にしてください。

また、社会学にかぎらず、人類学・心理学・言語学・教育学・看護学……といった、隣接分野の研究者にも向けられています。とくに、ＥＭ研究者と、広い意味での質的研究にかかわっている方たちとの間では、さまざまな形で長い間対話が続けられてきています。そうした対話に貢献することができれば、うれしく思います。

本書で想定されている第三の読者は、さまざまな領域の現場に携わって仕事をしている人（実践家）たちです。

つまり、さまざまな領域の実践家で、自らが参加する実践に関心があって、それについていろいろな観点から考えてみるよい手だてを探している、そのような方たちに向けられています。もちろん、それぞれの仕事を目指して勉強している学生の方や、その学生たちを育てる立場にいる教員の方にも、手にとっていただければ、と考えています。

とくに、第Ⅲ部は、さまざまな実践を具体的に記述しておりますが、それは、多くのＥＭ研究者がさまざまな領域の実践家から学んできたことを記録したもの、という側面を持っています。それらの実践の記録集は、医療、科学、教育、メディア、法……といった領域ごとというよりは、会話する、議論する、物語を語る、教える、学ぶ、実験する、測定する、見る……といった、具体的な活動や現象ごとに分類されています。きっと、それらの項目のなかに、自ら実践していることを見つけだしていただくことができるかと思います。そうした特定の項目から読み始め、全体にさかのぼる、というような、読み方もありうるでしょう。

もしも、本書がふだんの実践を捉え返す一助となれば、こんなにうれしいことはありません。そして、ＥＭ研究者と、現場の実践家の方たちとの交流が、さらにすすんでいくことを願っています。

さて、少々先を急ぎすぎたかもしれません。まずは、ＥＭは実践についての学問である、ということの中身を、少しずつ明らかにしていきましょう。ＥＭは、私たちが参加しうる実践であれば、どこからでも研究を始められるものです。本書の最後におかれた小論（「エスノメソドロジーの実践理解の意味とその先にあるもの」）までたどりつかれたときには、自分が、ある意味で、もうＥＭに参加してしまっていることに気づかれるはずです。そして、その地点から先に、どのような展望が開けているのか、楽しみにしながら、読みすすめてください。

エスノメソドロジー――目次

III エスノメソドロジーの記述――実践の記述に向けて 121

装幀＝加藤光太郎

概念地図

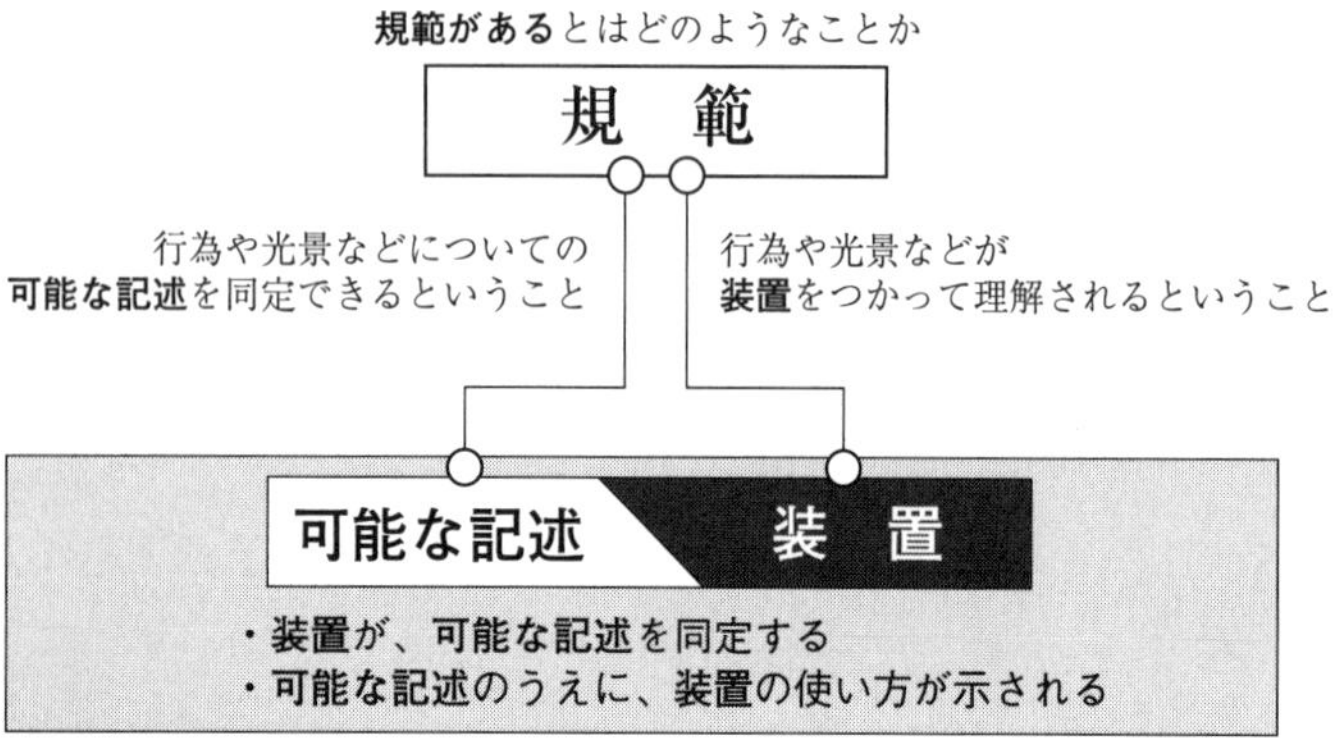

規範があるとはどのようなことか
規　範
行為や光景などについての
可能な記述を同定できるということ
行為や光景などが
装置をつかって理解されるということ
可能な記述
装　置
・装置が、可能な記述を同定する
・可能な記述のうえに、装置の使い方が示される

論　理
説明可能性

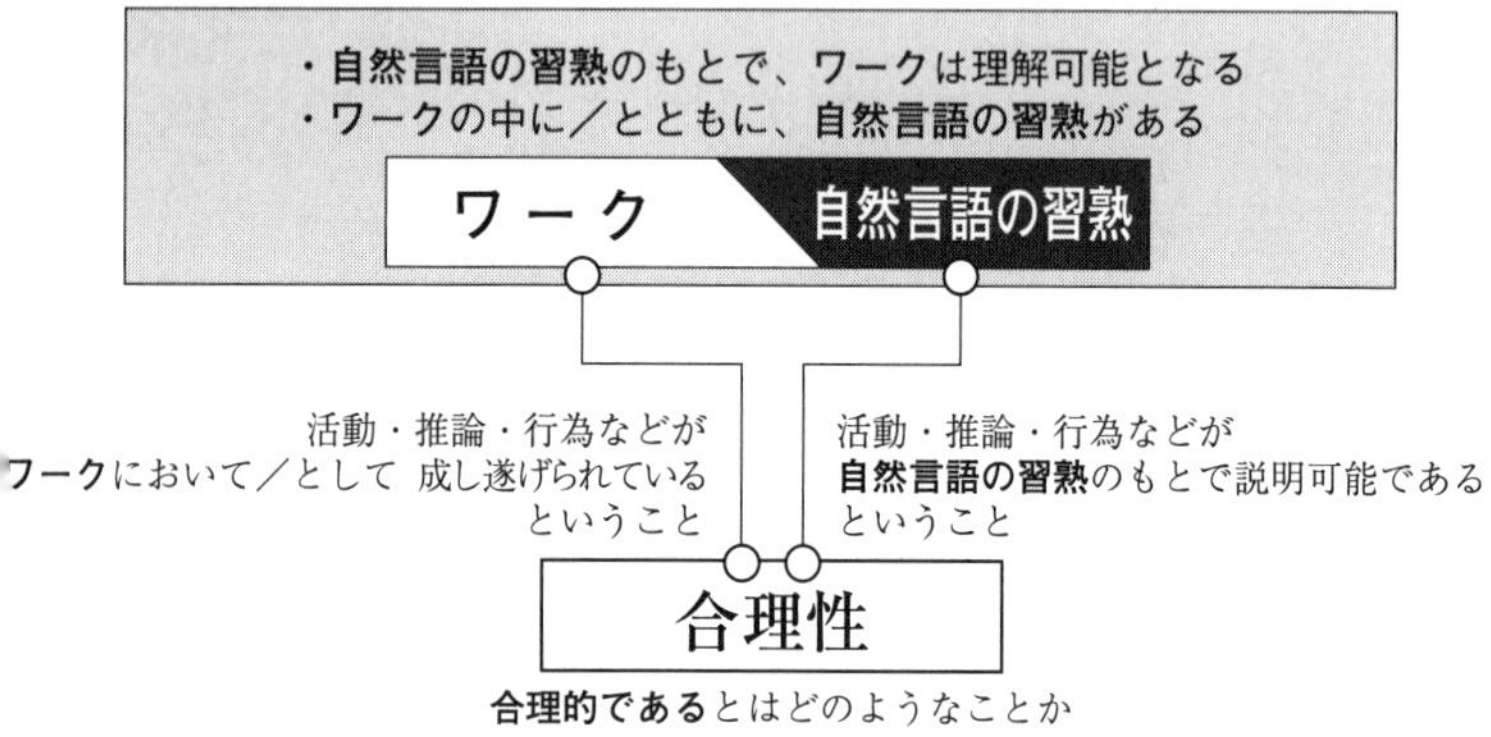

・自然言語の習熟のもとで、ワークは理解可能となる
・ワークの中に／とともに、自然言語の習熟がある
ワーク
自然言語の習熟
活動・推論・行為などが
ワークにおいて／として 成し遂げられている
ということ
活動・推論・行為などが
自然言語の習熟のもとで説明可能である
ということ
合理性
合理的であるとはどのようなことか

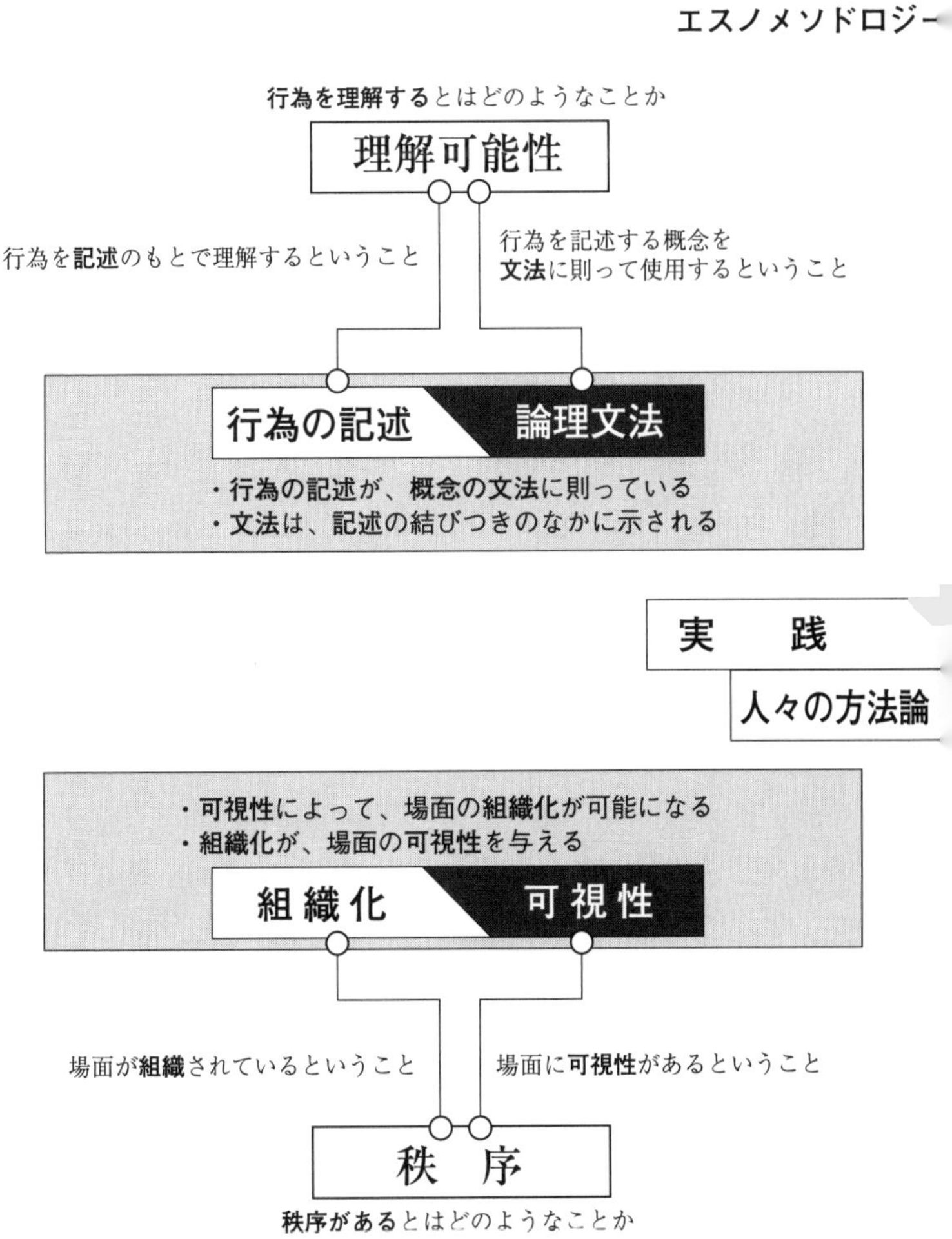

エスノメソドロジー
行為を理解するとはどのようなことか
理解可能性
行為を記述のもとで理解するということ
行為を記述する概念を
文法に則って使用するということ
行為の記述
論理文法
・行為の記述が、概念の文法に則っている
・文法は、記述の結びつきのなかに示される
実　践
人々の方法論
・可視性によって、場面の組織化が可能になる
・組織化が、場面の可視性を与える
組織化
可視性
場面が組織されているということ
場面に可視性があるということ
秩　序
秩序があるとはどのようなことか

注記
本図は、本書第一部と第二部の章立てに即して、エスノメソドロジー研究の主要概念間の関係と含意を見取り図として示したものです（「はじめに」も参照のこと）。網羅的なものではなく、また概念の他の結びつきの可能性を排除するものでもありませんが、本書以外のさまざまなＥＭ関連文献に接するさいにも役立てていただければとおもいます。

I　エスノメソドロジーのアイデア

——実践に学ぶ

第Ⅰ部では、ＥＭにおいて用いられる基本的な用語を中心に、そのアイデアの大枠を紹介します。そもそも、**「エスノ（"ethno"＝人びとの）・メソドロジー（"methodology"＝方法論）」**という名前自体が、ちょっと変わっています。最初のキーワードとしてとりあげた、この言葉は、それぞれの実践に参加している人びと（メンバー）が使っている**「メンバーの方法（members' method）」**の名前であると同時に、それをとおして実践を記述する研究の名前なのです。それでは、なぜわざわざ、こんな難しい言葉づかいをしているのでしょう?

この言葉は、私たちの参加することのできる実践は、なんであれ方法的に成り立っているからこそ、**「説明可能（アカウンタブル）である」**、ということに、注意を向けるために用いられています。つまり、日常会話からはじまって、テレビでＣＭを見る、教室で学ぶ（／教える）、病院で診察を受ける（／診察する）、法廷で評決を行なう、実験室で科学実験をする、といったさまざまな実践にいたるまで、そこで行なわれていることや起きていることを理解し、見て語ることができるのは、その実践に参加している人びとが、何らかの方法論を用いているからだ、ということに注意を向けているのです。

そして、実践が方法的に成り立っているからこそ、まずこの「人びとの方法論」を研究するところから、出発できるのではないでしょうか。これが、ＥＭのアイデアの最初の出発点です。実践を記述する研究であるＥＭは、この意味で、**「実践から学ぶ」**研究なのです。第Ⅰ部では、こうしたアイデアの輪郭を、はっきりと見とおせるようにしていきます。

第1章　エスノメソドロジーのアイデア

ここでぼくが「エスノメソドロジー」について語るわけは、実践的活動やさまざまな常識的知識や実践的な組織だった推論について研究する人々がかなりいるからだ。それこそがエスノメソドロジーの関心するところだ。エスノメソドロジーとは社会のメンバーがもつ、日常的な出来事やメンバー自身の組織的な企図をめぐる知識の体系的研究だ。

――ハロルド・ガーフィンケル（Garfinkel 1974=1987: 17）

専門家としての社会学者は、自らの研究の中心課題《トピック》としても、また研究を行うための手立て《リソース》としても、十分過ぎるくらいに社会構造についての常識的知識とかかわっていながら、それと同時に他方で、もっぱら社会学の重要な中心課題《トピック》としては、この常識的知識を十分に利用したことはまずなかった。

――ハロルド・ガーフィンケル（Garfinkel 1967=1989: 88）

1-1 エスノメソドロジー＝メンバーの方法

「エスノメソドロジー」は、二十世紀中旬にアメリカの社会学者、ハロルド・ガーフィンケル[1]がつくった言葉です。エスノメソドロジーとは、**「メンバーの方法論（members' method-ology）」**[2]のことです。これは、研究対象とともに、研究方法を指しています。

この研究は、ガーフィンケルの社会秩序研究から始まり、社会の「メンバー」が**どのような「方法」を使って日々の活動を秩序づけているか**を研究します[3]。ここではまず、この「メンバー」や「方法」という用語が、エスノメソドロジーではどのように使われているか、紹介します。

（1）エスノ＝メンバー（成員）

「エスノメソドロジー」という言葉に含まれる「エスノ（ethno）」は、エスニック料理（民族料理）、エスニシティ研究（多文化研究）などのように一般的には「民族」や「文化」を意味する言葉として使われます。しかし、「エスノメソドロジー」の

エスノメソドロジーとは、「メンバーの方法」を意味します。人びとがその場の常識的知識を使ってものごとを「何らかの仕方で」秩序づけていく方法を指します。これは、「メンバーの方法」という研究対象であるとともに、研究方法の名称でもあるのです。

（1）Harold Garfinkel（1917-）、カリフォルニア大学ロスアンゼルス校（UCLA）名誉教授（博士・ハーバード大学）。社会秩序の研究からエスノメソドロジー研究を生み出す。『エスノメソドロジー研究』（1967）『エスノメソドロジーのプログラム』（2002）

（2）member's method（Garfinkel, H.; H. Sacks 1970:340）。「eth-nomethod」とは、研究対象としては、人びとが使っている方法論であり、研究方法としては、「エスノメソドロジー」を使って現象を見ることである。

（3）エスノメソドロジーの定義を紹介してみよう。

「エスノ」は、特定の民族や集団を表わすのではなく、**「人びと」**あるいは**「メンバー（成員）」**という意味で使われています。その意味を理解するため発想の原点に立ち戻ってみましょう。

ガーフィンケル（1967=1981）が、この「エスノメソドロジー」の発想を得たのは、アメリカ中西部の都市シカゴで行なった、陪審員[4]についての共同研究に取り組んだときのことでした。

陪審員は、裁判に市民が参加して、その市民の常識を使って有罪・無罪の評決を行ないます。この陪審員の審議過程（法学用語では評議過程。ここでは広範な意味を含め審議を使う）を研究するなかで、ガーフィンケルは「ふるまいを規則に関係づける」「例示する」「論理関係を示す」（サーサス[5] 1989：267）といった出来事を秩序づける、陪審員の「常識的知識の使い方」に注目しました。ここでガーフィンケルが注目したのが「常識的知識の内容」ではないことが注意すべき点です。陪審員というのは、市民のなかから抽選に類したやり方で選ばれるため、さまざまな職業や階層の人が集まっており、知識の量や質は均一ではありません。しかし、陪審員がすべきことは専門的知識を使った判断ではなく、市民なら持っている常識を使って「出来事を秩序づける」ことにより罪の有無を判断することです。そういう意味で陪審員は、たとえ法律や犯罪についての専門的知識がなくても判断することができるし、そのことが期待されています。

「これから述べていくさまざまな［EM］研究は、実践的な活動、実践的な環境、実践的な社会学的推論（reasoning）を、経験的研究のトピックとして扱おうとするものである。そして、日常生活の最もありふれた活動に対して、普通なら特異な出来事に向けられるような注意を払うことによって、その活動を、それ自体において、現象として探究しようとするものである。」（Garfinkel 1967:1）

「社会的実践とその社会的実践の説明（アカウント）との間の系譜的関係（genealogical relationship）を探求する一つの方法」（Lynch 1993:1）

（4）ガーフィンケルの陪審員の研究は、日本における「裁判員制度」の導入に際して示唆を与えるものであろう。アメリカ映画・テレビドラマ『12人の怒れる男』や、日本映画・舞台作品『12人の優しい日本人』（作：三谷幸喜）など陪審員制度をモチーフにした作品をみると、事実を事実として根拠あるものとして秩序づけていくさまざまな実践を見つ

また、陪審員は専門的知識を持っていなくても、他の人の知識をもとにして、ものごとを判断し審議を進めることもできるのです。たとえ、陪審員の一人が「これまでの判例では…」と法律の知識を使って言ったとしても、他の陪審員は、その判例のさまざまな記述を読んでその発言がその出来事を理解するために適切であるか、妥当な説明になっているのか、正当性があるのか、常識的知識を使ってその「合理性」（【第4章】）を問うことができます。陪審員は、「知識の内容」を持っていようと持っていまいと、審議になっている出来事の記述について何が正しく何が正しくないか、何が妥当か何が妥当でないか、お互いに示しあいながら審議を進めることができるのです。(6) そして、陪審員は、お互いの知識を前提とし、常識的知識を利用することで審議を整合性のあるものに組み立てることもできます。ガーフィンケルは、このような常識的知識を用いてものごと（この場合には審議の実践）を秩序あるものとして組織づけていくときの「人びとの知識」の使い方について観察しました。

ここでガーフィンケル（1964=1984:14）は、フィールドワーク（現地調査）によって「人びとの知識」を明らかにする学問、「エスノボタニー（民族植物学）」や「エスノサイエンス（民族科学）」など「エスノ」という言葉を使う学問分野に出会いました。しかし、彼は、これらの「エスノ」という言葉を自らの常識的知識の研究と結びつける際に、これらの学問分野の「エスノ」という意味をそのままの形で用いませんでした。

けることができるだろう。

（5）George Psathas（1929-）ボストン大学教授（博士・イェール大学）。現象学とエスノメソドロジーの理論研究。相互行為分析。学術誌（*Human Studies*等）の編集や国際学会の主催などでＥＭの組織化に寄与する。『会話分析の手法』（1994=1998）

（6）「死亡ひき逃げ事故」に対する検察審査会による議決は、最高裁の判例について前提部分（被害者の死亡が明白な場合）について、市民の常識を用いることで問い直すこととなった。「静岡のひき逃げ死亡『市民の常識』認め、被告に有罪判決」毎日新聞ＭＳＮ毎日インタラクティブ　二〇〇四年十一月一一日（ただし、エスノメソドロジーで扱うのは、常識の「内容・中身」ではなく、常識を使ってものごとを秩序あるものとして理解可能にする方法であることに注意すべき）。

なぜなら、エスノボタニーやエスノサイエンスでは、「エスノ」は特定の民族集団（エスニック・グループ）のという意味を持っているからです。たとえば、エスノボタニーでは、植物の分類法をもとに「ネイティヴ（現地の人々）」の世界を研究します。さらには、植物の分類法であれば、調査対象者の現地の人から聞きだした分類法が、現代の科学的分類とどのように異なっているかということが比較分類されます。このようにエスノボタニーやエスノサイエンスの「エスノ」は、特定の民族の固有性や特殊性を表現するとともに、現代科学によって比較・判断される対象でした[7]。

これに対して、ガーフィンケルは、「エスノ」と名がつく用語の次のような含意に注目しました。それは、「エスノとは、ある社会のメンバーが、その人が属する社会の常識的知識を、あらゆることについての常識的知識として、なんらかの仕方で利用することができることを指す」ことです。陪審員の場合でいえば、素人であっても専門家であっても、出来事を秩序づける常識的知識をお互いに利用してあらゆる審議を遂行することができることを指します。

ガーフィンケルとサックス[8]（1970）は後に、メンバーとは、**「常識的知識を適切に用いることにより、自然言語[9]を使いこなして事態を記述できることを指す」**としています。たとえば、誰かが質問をしたのにそのあと誰も言葉を発しなかったとします。このとき、このやりとりを見て（「質問」があったが）「答え」が無い、あるいは、「答えられなかった」とか「無視した」とわかることがあります。これは、出来事を

（7）ある民族集団の分類法を、科学的分類のような他の「正しい」分類法では判断しないことを「エスノメソドロジー的無関心」という（Lynch 1993:147）。

（8）Harvey Sacks（1935-1975）。元カリフォルニア大学アーバイン校教授（博士・カリフォルニア大学バークレー校）。ガーフィンケルとの共同研究から会話分析を生み出す。現在の成員カテゴリー化分析やワークの研究につながる研究を行なった。

「ホットロッダー」（1979）、『会話についての講義録』（1992）

（9）科学における理想言語と、日常における自然言語を対照している。この際、メンバーとは、「自然言語の習熟（mastery of natural language）」のことである（Garfinkel and Sacks 1970:339）。

整合性（合理性）のあるものとして記述していることになります。このように人と人とのやりとりがわかることは、自然言語を使いこなしているためと考えられます。エスノメソドロジーの「エスノ」はこのような意味の「メンバー」を指しているのです。

こういう意味で、「メンバー」は、「学生サークルのメンバー」「家族の一員」などのように特定の集団や共同体の一員であるか、ないかということを指してはいません。これは、ある集団や共同体に属していることをメンバーであることの根拠としないということです[10]。集団や共同体を定義して範囲を決めてそのなかに所属する人を「メンバー」とするのではありません。むしろ、その集団や共同体に関わる出来事について何が起こっているか見て言えること（つまり、自然言語に習熟していること）がメンバーであるということになります。また、「メンバー」ということで、ある特定の人を示しているわけでもありません。A君という人（個人）がメンバーなのではなく、A君が自然言語を使いこなすこと＝出来事を秩序あるものとして理解できることをメンバーと表現しているのです[11]。

陪審員の場合でいえば、陪審員たちは、被告の発言のなかで何が「事実」で、何が「虚偽」なのか、「証拠になる」か「証拠にならない」か、などを話し合えています。このことが、その前提として自然言語を「何らかの仕方で」使いこなし、出来事が客観的な事実であるかどうかを妥当に（つまり合理的に）検討する方法を使っていることになります。すなわち、このように**人びとの方法を使えることがメンバーであるこ**

(10) つまり、特定の共同体を参照することで、理解やアイデンティティの根拠をその共同体に所属していることに還元しないということである。戸田山（1994）によるM・リンチとD・ブルアの対比も参照。

(11) 「EM研究にとって、「人びと」とか「特定の人物」とか「諸個人」というものは、日常活動の観察可能な特徴である。また、メンバーは社会学でいう主観的意図や動機を持った行為者（actor）でもない。なぜなら、社会学においては、主観的意図や動機が行為の原因となると考えられるが、そのような図式自体が自然言語の習熟によってなされるからである。」クロン（1996=1996:63）

(12) これは、とりもなおさず、「社会的事実の客観的事実は、社会学の根本原理である」と述べたE・デュルケムの至言を変形させることになる。伝統的な社会学では、社会的事実は客観性を持って把握すべしという根本原理のもとで研究を進めてきた。しかし、ガーフィンケルは「社会的事実の客観性は、エスノメソドとになるのです。自然言語を使って出来事をどうやって秩序あるものとして「観察して報告し」あっているか、このことがエスノメソドロジーの主要な関心となります[12]。

(2) メソドロジー＝方法論

さて、この陪審員の共同研究で、陪審員の審議を録音して研究を進めていくうちに、いくつかの問題が出てきました。そのなかでガーフィンケルが注目したのは共同研究者による次のような問題提起です[13]。「ベールズ[14]の相互作用分析を使えば、確かに、陪審員の審議について、何がかれらを小集団にしているかわかるだろう。しかし、私たちは、陪審員の審議について、何がかれらを陪審員にしているのかを知りたいのだ」。つまり、ベールズの相互作用分析では、陪審員の審議に関して「小集団の一般的特徴」(たとえば、陪審員集団におけるリーダーシップについて、支持者のあり方について、小集団としての分類についてなど)は描き出せるが、「いかにして陪審員が陪審員となっているか」を分析することはできない、と共同研究者は不満を漏らしたのです。

ガーフィンケルは、この問題提起を非常に真剣に受け取りました。そして、次のように考察しました。

陪審員は、審議を根拠あるものとするために、ある「一定の方法に関する知識」を使って審議過程をすすめます。これは、陪審員の法律に関する知識ではなく、その知識(他人の言ったことをもとにした知識も含む)を、いかに使って秩序ある審議を進

ロジーの根本現象」であるとした。エスノメソドロジーは、メンバーが社会的事実を客観的事実として報告しあっている方法それ自体に注目する。その意味では、エスノメソドロジーは、社会のメンバーが示しあう「客観的事実であること」をひとつの社会現象として研究することになる。

(13) これは、エドワード・シルズ(シカゴ大学)の問題提起で、「シルズの不満」と呼ばれている。

(14) ベールズは、パーソンズの四機能(AGIL)分析に影響を与えたシカゴ大学の社会学者。

めていくかという方法に関する知識です。たとえば、殺人事件の審議であれば、被告が有罪であるならどのような適切な説明ができるのか、どのような証拠や根拠があれば、適切な「犯行の記述」ができるのか、といったことを陪審員は常に気にしています。そして、事実と虚偽を区別して、どのようにすれば「犯罪」として適切に理解できるのかといった説明の方法が、陪審員の間で問題となるわけです。陪審員は法律の専門家としての知識は持っていませんが、陪審員として常識的知識を使って「事実」と「虚偽」、「私の意見」と「あなたの意見」などを適切に区別する方法論に関心を持ち、実際にそういったさまざまな事実や意見を審議の過程で適切に区別する方法論を使っています。

つまり、陪審員は、陪審員が審議過程に関わる「方法」として、適切な説明、適切な記述、適切な証拠に関心を持ちつづけていることで、審議を秩序あるものとして成り立たせていたわけです。この陪審員の**「方法についての知識」**は、科学や法体系で裏づけられた知識ではありません。審議のなかで真偽を判断し、正当な証拠を選別するための陪審員の方法は、厳密には法律の専門家の方法でも、科学者による標準化された方法でもありません。しかし、このときの「事実」「理由」「証拠」等々に対する審議の実践は、法律家や科学者とも共有されている、普段使われる言語によって表現され理解されています。むしろ、それらの知識の使い方は、**「メンバーの方法論」**とよぶべきものです。こうした知識を用いて、陪審員は審議を遂行しており、しかも、そのような知識は、審議に関わる人すべてによって、その審議の場面を作る要素の一つとして扱われている（Garfinkel 1968=1987:13）のです。

陪審員は、その「メンバーの方法論」を用いて、証言の審議、審議の妥当性、私的と公的の区別などを、その審議が実践的に解決できる知識を使って協議し、評決を出していたのです。これらの審議で使われる「メンバーの方法」は、陪審員による自然言語[15]の使用によって成し遂げられているものです。

このような日々の活動を秩序づける「方法についての知識」は陪審員だけが持っているわけではありません。**日常生活を営む人びとならば社会のあらゆる場面で誰でも使っているけれど気づくことがない（seen-but-unnoticed）方法論的な知識**です。ここで示したような、人びとがその場の常識的知識を使ってものごとを「何らかの仕方で」成し遂げていく方法をガーフィンケルは「エスノメソドロジー」と名づけました。

（15）自然言語とは、研究者が論証で用いる「理想言語」に対する概念である。社会学者が理想言語を使って小集団研究をする場合、社会学における「理想言語」である概念を組み合わせて社会学的説明を行なう。しかし、そのような社会学者という専門家による説明を行なうまでもなく、既に、その場にいる陪審員は、自然言語を使って陪審員として振舞い、そこでの社会秩序を成し遂げていたのである。

1-2 説明可能性（アカウンタビリティ）

エスノメソドロジーでは、さまざまな出来事に対して、そこで何が起こっているかわかるということが研究の出発点となります。このように何が起こっているかわかること、つまり、出来事を秩序のあるものとして見て言えることを**「説明可能な（アカウンタブル）」**と言います。これはガーフィンケルの用語で、「観察可能で報告可能な」と言い換えることもあります(1)。

たとえば、私たちは、道を歩いている人が立ち止まってちょっと目線をおくるだけで、「道路を横断しようとしている」ことがわかることがあります。このようにある出来事を見て言えることが、「説明可能（アカウンタブル）」ということです（Lynch 1993:15）。

ここで歩行者が「道路を横断しようとしている」ことは、通りかかったドライバーにも他の歩行者にも、「見て言えて」利用できます。つまり、その出来事に関わる人たちにとって「説明可能」になります。このように説明可能な性質（説明可能性＝アカウンタビリティ）とは、個人的な実感や経験だけではなく、**複数の人が共同でわか**

エスノメソドロジー研究の出発点は、社会の出来事に対して何が起こっているかわかることであり、そのことを説明可能性（アカウンタビリティ）といいます。ものごとが説明可能なのは、さまざまな社会的実践に埋め込まれているからなのです。

(1)【1-1】の注3を参照

って利用できるものです。[2]

(1) 行為者による理解と説明：リソースからトピックへ

では、この人びとが共同でわかって利用できる説明可能性と、行為者自身による記述はどのように関係しているでしょうか。この問題は、エスノメソドロジーと従来の社会学の相違点を明らかにします。

これまで社会学では、行為者は行為に際して意図や動機を持っており、その意図や動機はつきつめれば本人にしかわからないという想定で研究が進められました。そのため、その行為者の意図や動機の「内容」をできるだけ正確に読み取り、研究者の記述として写し出すことができれば、研究がより正確になると考えられてきました。たとえば、研究者はできるだけ現場に近づいて、その行為者の「虚偽の無い正しい」話を聞く（行為者自身による記述を得る）ことや、行為者になりきってフィールド（対象）の世界を行為者の視点から理解して記述することが試みられてきました。[3]

たとえば、先の歩行者の「ちょっとした視線」から「渡ろうとした」とわかったことについて、その歩行者の記述（行為者による記述）がどのように扱われるか見てみましょう。

既存の社会学では、できるだけ歩行者本人に話を聞いて、本当に渡ろうとしたか聞き出して、歩行者による、「まわりをちょっと見て渡ろうとした」という記述を得よ

(2) この説明（アカウント）は、一般に「認知」や「認識」と呼ばれるものとも区別しなければならない。すなわち、説明（アカウント）とは、旧来の認知科学のように情報処理過程としてプロセスを実体化して研究したものではない。むしろ、アカウントとは、そのような認知科学研究をする際にも、前提となりものごとを秩序立てて見ていくためのものである。

(3) このフィールドワーカーの態度は、行為者とは異質の外部者による「科学」や「科学的合理性」の目で現場を理解する態度への戒めと理解されている。

うとします。そして、この歩行者による記述が、虚偽なく歩行者の主観（意図や動機）を反映しているかどうかが検討され、疑問があれば、歩行者にできるだけ本当の事を言ってもらうことを試みるでしょう。さらには、その記述と現場のさまざまな状況を結び付けて、歩行者本人の記述が研究のリソース（資源）として信頼できるか確かめます。このように、これまでの社会学では、「行為者の記述」そのものが研究のリソースとして決定的に重要となります。[4]（アンケート調査の「回答」について本人記述の信頼性の問題として理解可能です）

これに対して、エスノメソドロジーは、「…渡ろうとした」という本人の記述が、いかにして説明可能になっているか「トピック」として問うことができます。つまり、本人の記述が、いかにして（how）さまざまな活動やまわりの状況と結びつくことで、本人記述として理解できるようになるのか、ということ自体を研究対象とすることができるのです。

そのため、エスノメソドロジーでは、むしろ、「渡ろうとした」という記述とその場の状況を相互に見ます。それにより行為者の意図や動機の「記述」と、そのときの歩行者のさまざまな活動やまわりの状況がいかに結びついて、理解されているかということを問題にします。このように、行為者の記述というものが、その場のさまざまな活動と「いかにして」結びついて説明可能（アカウンタブル）になっているかということがエスノメソドロジー研究の対象となるわけです。

（4）行為者の意図や動機を分類したり、数えたり、因果関係を特定する、そして社会的属性との関係を調べるという社会学的推論を行なう。これらの社会学の営為は、すべて行為者の意図や動機の記述をリソースとしたものである。

では逆に、この歩行者自身が「見回したかもしれないが、渡るつもりはなかった」と意図を記述したらどうなるでしょうか。このときも、エスノメソドロジーでは、この行為者の記述と、その場のさまざまな活動とが、いかにして結びついて（「組織化」されて）いるかを考えます(5)。たとえば「渡るつもりではなかった」という行為者本人の説明について、「（横断禁止の道路だったので）言い訳をしている」のだという理解ができるとするなら、その「言い訳をしている」という説明可能性がいかにその道路のさまざまな状況と、その場のさまざまな活動と結びついて成り立っているか考察することができるわけです(6)。

そのため、社会現象に対する行為者の理解や記述、あるいは行為者間の解釈の相違といったものも、ひとつの記述として分析の「トピック」となります。したがって、行為者による理解や記述は、従来のフィールドワーク研究のように研究の「リソース」という位置づけではなく、それがいかに説明可能に（アカウンタブルに）なっているかという意味において、エスノメソドロジー研究の「トピック」となるわけです。

(2) 説明可能にする実践

エスノメソドロジーの、**リソースからトピックへ**という発想を使うと、「人びとが理解して記述する」という実践をトピックとすることができます。そして、その理解や記述がどのような「方法」によって説明可能性を生み出しているか、考えることが

(5) 説明可能に「する」実践といっても、「説明不可解なもの」が「説明可能」に変化している（変化する）ということを意味してはいない。というのは、説明可能性は実践に埋め込まれているため、説明可能性とそれがなされる実践とは不可分である。

(6) もちろん既存の社会学でも行為者記述の妥当性を確かめるために、このような考察をするかもしれない。しかし、これらの考察自体は「トピック」とされず、研究の付随作業として焦点化されない。**【1-3】**のインデックス的表現についても参照。

できます。ガーフィンケルは、この説明可能にするさまざまな実践を例示していま
す。

「解釈のドキュメント的な方法」(7)(Garfinkel 1967)という実践は、そのひとつの例です。この実践は、次々に発生する発言や活動という現象を「ドキュメント」(資料・記録)として、その背後にある「パターン」と結び付けて見ていく解釈の実践を指しています。

先の歩行者が道路を渡る実践についていえば、歩行者が「立ち止まる」「視線を向ける」「車の流れを目で追う」などという個々の次々と生み出されるドキュメントは、歩行者が「道路を渡る」という背景的「パターン」と結びつけて解釈されます。逆に、「道路を渡る」という「パターン」は、「立ち止まる」「視線を向ける」などという次々に生み出される「ドキュメント」と結びつけて解釈されることになります。(8)

歩行者が道路を渡ろうとするときに次々に起こってくる現象は、「ドキュメント」と「パターン」として相互に関連しあいながら説明可能性を生み出していることになります。社会のメンバーは、このような「解釈のドキュメント的な方法」を実践することによって、さまざまな社会現象を説明可能にします。(9)

この他にも、ガーフィンケルが「説明可能にする実践」として指摘しているものはいくつかあります。

そのひとつに、**「等々の(エトセトラ)条項(et cetera clause)」**があります

(7) documentary method of interpretation。この概念を、ガーフィンケル(1967)は、K・マンハイムとA・シュッツに負っているとしている。

(8) 実践に内在するなら、道を渡るという実践の外にある何か(階級、年齢、性別など)に支えられているとしなくてもよいことになる。もっとも、階級、年齢、性別によって説明可能にしていくという実践そのものも社会学的実践的推論として分析可能である。

(9) これを例証するためにガーフィンケル(1967:79-88)が行なった実験は、もっと奇妙なものだった。新しいカウンセリングをする方法を開発するとして学生を集め、カウンセラーに「はい」「いいえ」と答えられる質問だけさせて、それに対して返ってきた答えについての解釈をするように指示する。実際、カウンセラーの答えは、まったくランダムに「はい」か「いいえ」を選んでいたのだが、カウンセリングを受けた学生は、返答を「ドキュメント」と

（Garfinkel 1967=1989:83-84）。既存の社会学では、社会においては前もって合意があるからこそ、安定した行為が繰り返しなされると言われていました。「あいさつ」をしたら「あいさつ」をするというのは、お互いに前もって「あいさつの規則」を事前に知っているから（つまり「社会化」されているから）だとしていました。しかし、「あいさつ」の後に「沈黙」があったとき、この規則は存在しなかった（あるいは、規則が破られた）のでしょうか。そうとは限りません。あいさつされた人は「聞こえなかった」かもしれないし、「無視した」のかもしれません。「あいさつをしたら、あいさつが返ってくる」という規則の合意があると理解されるため（つまり説明可能であるため）には、「あいさつが返ってこなくても、聞こえなかったかもわからないから、もう一度あいさつする」等々という、言明されていないが理解されている「等々の（エトセトラ）条項」を伴っている必要があります。

ガーフィンケルは、この不測の事態に対処できる項目＝「等々の（エトセトラ）条項」に注目し、「それがあるからこそ」適切な行為が遂行されていることに注目しました。次々に湧き出てくる行為の理解を、状況の展開に応じて修正し、参照すべき合意事項をそのつど調整していくためには、「等々の条項」が実践に埋め込まれていなければなりません。「無視」なのか「聞こえなかった」のか（それとも「あいさつ」の反応を見たかったのか）といった、そのつど、「いまここ」で発生する不測の事態が、「実際のところ」なにであり、「もともと」起こりうるものだと説明可能にするに

して、背景的な「パターン」を探して解釈していくことにより、合理的な説明だと理解していったのである。

は、「等々の条項」を実践のなかで使うことになります。このように考えれば、行為者同士による事前の合意（たとえば「社会契約」）によって統制されるという考えは、「あいさつ」をすればかならず「あいさつ」を返すというように行為者を「判断力喪失者」としてしまうと批判されるものになります[10]。

また、もうひとつあげるとすれば、ガーフィンケル（1967=1987:215-295）は、社会のなかで当たり前なことを当たり前なこととして示しつづけることを**「パッシング（通過作業）」**と名づけました。自分が女性や男性であることを示しつづけることもそのひとつです。これは、女性への性転換を希望する「アグネス」へのインタヴューを通じて見いだしたことです。解剖学的には男性であるアグネスは、「ふつうの」女性としての特徴をあらゆる場面で示しつづける必要がありました。なぜならアグネスは、女性であることを完全に習得はしていなかったからです。そのため、アグネスは、友人と海に遊びに行くときにも、ルームメイトに検査のための開腹手術痕を見られたときにも、就職試験で身体検査を受けるときにも女性であることを示しつづけたのです。つまり、「自分が選んだ性別で生きていく権利を獲得し、それを確保していく一方で、社会生活において男あるいは女として通っていく際に生ずるやもしれない露見や破綻の可能性に備え」ていたのです。日常生活において性別は、ルーティーン化（慣習化）されることで、背景のなかに深く埋め込まれています[11]。「パッシング」することは、アグネスにとって女性であるという説明可能性を常に示しつづけることになのです[12]。

（10）同様に、ガーフィンケルは、規則に従った行為をする際の即興的行動を「アドホッキング（アドホック＝即興する）」と名づけた。これは、台本のある芝居での「アドリブ」とでも言えようか。私たちは、台本という規則に従った行為があるからこそ、「アドリブ」が出たときに、即興的であると理解できる。この「アドホッキング」が即興的であると説明可能であるからこそ、即興とは対極にある、行為者が規則にしたがっている（台本に従った）という説明可能性が生まれる。

（11）後述する「定式化する実践」や、本書では扱わない「注釈する実践」（Garfinkel and Sacks 1970）も、この説明可能性との関係で考えるべきである。

（12）性別の説明可能性については【9-4】も参照。

これまで述べてきた説明可能性という発想の背景には、ガーフィンケル独自の社会秩序に対する考えがあります。社会秩序は研究者が「(科学的)合理性」を用いて定義する前に、日常生活者によって秩序あるものとして(つまり、説明可能なものとして)、すでに遂行されているという考え方です。そうだとすると、その日常生活に独自の合理性、すなわち、日常生活が秩序立っていて、説明可能であるということは、いかなる実践によって成し遂げられているのでしょうか。それがエスノメソドロジーのトピックであるわけです。

1－3 インデックス性と相互反映性

エスノメソドロジーでは、言語の使い方を見ることが社会現象を把握する際の中心にあると考えます。たとえば、「たくさんの子どもの前で、成人男性が一方的に話している」とでも言える場面があるとします。しかし、ここで起きていることを理解するには、「教室で先生が生徒に教えている」という記述が適切になる場合があるでしょう。このように**日常生活では、「教室」「先生」「生徒」「教える」といったその場の適切な言葉を使うこと**（あるいは、適切なものを探すことによって）で社会現象を理解することができます[1]。このような社会現象を理解する際の**「言語使用（language use）」**が、いかに成し遂げられているかという課題に対して、ガーフィンケルは、**インデックス性**と**相互反映性**という用語で理解を深めようとしました。

（1）インデックス性

社会や言語の研究者にとって日常生活における言語使用は、ある独自の厄介さを持っていました[2]。それは、科学が曖昧さを避けて正確な記述に志向していたのと対照的

社会的場面の記述は、インデックス性（文脈依存性、文脈表示性）を持っています。同時に、社会的場面の記述は、その場面を記述していると共に、その記述が組み込まれるべき場面の特徴としても現われます（相互反映性）。

（1）ここでは、どちらの記述が「正確」であるかが問題になっていない。というのは、社会現象は複数記述が可能であるからである。前者の記述もある一定の科学的文脈や、科学の滑稽さを記述するという文脈では「適切な」記述となるだろう。【9－1】も参照。

（2）インデックス性と日常言語については Faber, M., 1943, The Foundation of Phenomenology, Cambridge: Harvard University Press. など参照。ガーフィンケル（1967）は、フッサール、B・ラッセル、N・グッドマンなどをインデックス性の議論にのせている。

に、日常生活での言語使用は曖昧で文脈に応じて変化すると考えられていたからです。つまり、日常生活での言葉は文脈に依存しているため、「ここ」「私たち」「そう思う」などひとつの言葉が文脈に応じて多様な意味を持ってしまうのです。ある人の「ここ」は別の人の「ここ」ではないし、「私たち」の範囲がどこまでなのか、話している文脈によって変化してしまいます。

このように文脈によって意味が変化する言語の性質を**「インデックス性（文脈依存性、文脈表示性）」**、その表現を**「インデックス的（文脈依存的、文脈表示的）表現」**といいます。

ガーフィンケルがこのインデックス性を研究する際に注目したのは言語学者のバーヒレル（Bar-Hillel 1954）の研究です。バーヒレルは、「ここ」「いま」「私」「あなた」などの場所や時間の指示語や人称代名詞などの意味が文脈に依存していることを指摘しました。このバーヒレルの研究は、文法にもとづいた厳密な単語の定義にこだわっていた言語学研究に対してインデックス性（文脈依存性）という新たな視点を与えました。ガーフィンケルは、このインデックス性が言語学だけの課題ではなく、人々が社会の出来事を理解し、秩序づける際のより一般的な課題であると論じたのです。

このアイデアをもとにガーフィンケルは、科学の言語と日常生活の言語の対比を行ないました。そもそも、科学による合理的説明を行なっていく科学者の前提となるのは、言葉の意味の均一性であり、言葉の定義による意味の確定可能性です。しかし、日常生活の言語は、使用される文脈によって意味が変化しているため、科学的説明では扱いづらいものとされていました。それゆえ科学的な研究では、「インデックス的表現」は、科学的分析に耐えうる「客観的表現」に置き換えられることになります。これをガーフィンケルは、「実際言われたことのインデックス性の修復」と表現しました。

たとえば、社会学者は、実際に言われたこと（インタヴューの発言内容など）のインデックス的な性質（文脈依存性）を修復して客観的表現にしようと努めています。

伝統的な社会学では、日常生活者の言語と社会学者の言語を対比することによって、日常生活で使われる曖昧な言語を、社会学者の定義した言語（社会学用語や社会学のモデル）に修復して使おうとしました。(3) 「ここ」が「この教室」を指すのか、「この地域」を指すのか、「この国」を指すのか。「私たち」が「この場所にいる人」を指すのか、「この国の人」を指すのか。そしてこれらの言葉は、社会学の用語では何と把握すれば合理的なのか、といったことを「修復」し客観的表現にしたうえで社会学研究に使っていたわけです。たとえば、社会調査の回答を調査者が調査票に書き込むときには特にそのことが注意されます。

このとき、社会学者はインデックス性をやっかいなものとして、できるだけ排除して、社会調査の分析に耐えうる客観的表現に置き換えようとしたわけです。

それに対しエスノメソドロジーは、このインデックス的表現そのものが日常生活でどのような働きをしているかに注目しました。「ここ」と言うだけで話し相手が理解

（3）これをガーフィンケルとサックス（1970）は構築的分析と呼んだ。

していることや、「母」と言うだけで自分の母親か相手の母親か理解できて会話が成立していることをどのように考えるか。社会のメンバー[4]にとって、日常生活においてインデックス的表現は曖昧なものとしてそのつど「客観的表現」に修復されるわけではなく、**その場に適切なものとして実践されている**ことがわかってきたのです（もしくは、「適切でない」ものとして理解できるような実践がなされる）。つまり、インデックス性は、「独自の合理性」をもって実践に埋め込まれているのです。

ガーフィンケルは、このインデックス性があるからこそ日常生活は成り立っていると考えました。「京都市右京区〇〇」と住所を言ったり、「北緯〇度〇分〇秒、東経〇度〇分〇秒」と緯度経度をいちいち言わなくとも、「ここ」というだけで必要十分な情報がお互いに理解できることは奇跡的でさえあります。

「箱庭療法」（箱庭を作らせて、それを分析する）で、Aが作成した「箱庭」について、講師であるBと話をしているところを例にみてみましょう。

Ｂ：Ｃさん、これはどこなんですか＝
Ａ：＝Ｃさんはもう＝
Ｂ：＝じゃない　Ａさんだ、Ａさんだごめん　Ａさんは＝
（（Ａが笑う））
Ａ：＝あ　なんとなく海というよりは（（別の話題））

（水川 1993）

（4）【1-1】を参照。

Bが「これは」と言ったとき、Aは「これ」について質問するのではなく、自分の名前が呼び間違えられたことを指摘しています。つまり、Aは「これ」が何かわかっているから聞きなおさないでいいが、名前が違うことは直すべき間違いだと言っているのです。そして、Bによる名前の修正の後、Aは適切に「海というより」と「これ」(箱庭)について応答している。

「これ」というインデックス的表現は、「箱庭療法」という場面(文脈)に依存している(これを、文脈依存性という)。同時に、「これ」というインデックス的表現は、その発言がなされることによって、雑談をしているのでもなく、授業を聞いているのでもなく、ここが「箱庭療法」という場面だということを示している(これを、文脈表示性という)。このように、インデックス的表現を用いた記述は、その場面との一定の関係を持ちながら、その場面の秩序を生み出していることがわかるのです。

こうして人びとが自然言語のインデックス的表現を「適切に」使うことで社会秩序が成り立っていることから、ガーフィンケルはその社会秩序を成り立たせている独自の合理性に注目して研究することになりました[5]。

(2) 相互反映性(リフレクシヴィティ)

さて、箱庭の例でもみられるとおり、日常生活において記述[6]と場面とは独特な関

(5) リンチ(1993:18)は、「インデックス性とはエスノメソドロジー劇場への入場券であり、入場したとたんに破られてしまうものなのである」と述べているとおり、インデックス性があること自体は研究課題とはならない。しかし、インデックス的表現を客観的表現に置き換えるやり方(人びとの方法)は、さまざまな実践を伴っており研究対象となる。

(6) 記述に関して、【1-2】の「説明可能性(アカウンタビリティ)」も参照。

係にあります。記述によって場面を示すことができ、逆にある場面のなかにあることで記述の意味が示されるということです。これは、ある場面を記述することが、その場面のインデックス的表現となる（文脈表示性）と同時に、ある場面にあるからこその記述が理解可能になること（文脈依存性）を示しています。

ガーフィンケルは、この「記述」と「場面」の関係が、一方が決まれば他方が決まるという性質を持っていないことに気づいていました。つまり、記述を厳密にすれば場面を特定できるものではなく、また逆に場面を厳密に定義すれば、その記述が確定するというものではないのです。

たとえば、あるところを見て、「たくさんの子どもの前で、成人男性が一方的に話している」というより、「教室で先生が生徒に教えている」と場面を記述できるとします。この記述において、そこにいる人々の定義をいくら厳密にしても「授業」が行なわれているとは言い切れません。同じ人たちが同じ場所で「休み」を過ごしたり「雑談」することもあるからです。また、「先生」と呼ばれる人は、「性別」「年齢」等々のさまざまな他の社会的カテゴリーでも呼べるため、それに合わせていくつもの場面の記述が可能になります。ところが、いったん「先生が教室のドアを開ける」「生徒の雑談がおさまる」「先生が出席をとる」「生徒が返事をする」「先生が黒板を使う」等々の**一連の活動が記述できる**ようになると、その記述が、その記述自体が埋め込まれるべき場面の特徴として現れてくることにより、先生と生徒のいる教室という場面も理解可能になります。**ある場面に起こることのさまざまな記述は、その場面そのものの記述と分かちがたく結びついている**のです。

さらに次のような場合を考えてみましょう。先生が「いまは授業中だ」と生徒に言ったとします。先生の「いまは授業中だ」という発言は、この場面のひとつの記述になっています。（「いまここは授業の場である」）それと同時に、この発話はこの場面に組み込まれることによって「いまが授業中であることを授業中に言っている」ことで別の事態を伴っています。つまり、ここで先生は、いまが授業中であるという場面に関する事実を言っていることに加えて、その場面に組み込まれることで「教室では生徒は静かにすべし」ということを言っているのです。このことは、先生も生徒も両者とも理解できる利用可能な方法的知識だということができるでしょう。

このように、社会的場面の記述は、その場面のまさに記述であるとともに、その記述が組み込まれるべき場面の特徴として現われてきます。その記述と場面は、相互に組み込まれることによりお互いがお互いを含みこむ形で結びつくことで秩序を生み出しているのです。これは、M・C・エッシャーの「手と手」のように、描いている手（記述）が、描いているはずの手（場面）に描かれているのを思い浮かべると良いでしょう。この記述と場面との関係は、「相互反映性（リフレクシヴィティ）」と言われます。(7)

もうひとつ例を出しましょう。図Aはウィトゲンシュタインも示したことのある

（7）ガーフィンケル（1967=1984）がこのことに気づいたのは、【1-1】で述べた陪審員調査を通じてだった。陪審員は、審議の過程で常識的知識を使って真偽を区別したり、私的・公的の区別をすることで審議を行ないながら、その審議という「場面」が独自に組織化されることに気づいた。「こういったすべての知識を用いて、陪審員たちは審議を遂行しており、しかもそのような知識は関係者全員によって、その審議の場面をつくる要素の一つとして扱われている」(13)。このようにガーフィンケルは、話すこと自体が、「ある状況について話すのに使われており、しかも当の状況を構成するひとつの特徴」(16) であることを発見した。

「ウサギ－アヒル」の図です。(8) この図を見るとき、記述と全体の意味（全体性）はどのような関係を持っているでしょうか。ある人が「この二つの長い部分はクチバシ」「これは目」と記述するとき、この記述自体が「アヒル」という全体性の一部として組み込まれることになります。このとき「クチバシ」や「目」は、「アヒル」に組み込まれて記述されているのであって、その全体性の外部から「クチバシ」や「目」の記述をしたわけではありません。(9)

では、別の人が「これは目」「この長い部分は耳」「このくぼみは口」と記述したらどうでしょうか。この記述も「ウサギ」という全体性の構成要素となっています。さらに、このような「ウサギ」という全体の記述がなされるときには、「アヒル」と記述されたときには焦点を当てられなかった（ノイズとしてしか見られなかった）「口」の部分にも全体の一部としての意味が与えられています。個々の記述と全体性は「相互反映的に(10)」埋め込まれているのです。このように、「ウサギ」か「アヒル」のどちらかに決定することはできないときでも、どちらの記述でも働いている相互反映性をもとに、それぞれの秩序を描き出すことができるのです。(11)

このような相互反映性を、行為者は自覚的に使っているわけではないため、記述と記述される事象との関係について、当人に聞いても適切な答えが返ってくるとは限りません。それにもかかわらず、この相互反映性は、行為者によって社会現象を説明可能にする方法として実践のなかで「使われて」いるものです。エスノメソドロジーは、

（8）西阪（1997）第4章も参照。

図A（ウィトゲンシュタイン，L. 1953=1976 Part II §xi）

（9）メンバーはリフレクシヴィティを当然のものとして前提にしているだけでなく、そのリフレクシヴィティによって実際の実践の合理的特徴を、つまり状況に結びついた実践の合理的特徴を、お互いに認識し、提示し、観察できるものにしている（Garfinkel 1967:8）。

（10）situated（埋め込まれている）という用語も固定された状況に「埋め込まれて」いると考えるのではなく、状況と「相互反映的に埋め込まれている」と理解されねばならない。

社会のメンバーが社会現象を記述する際に、その人の主観による社会の記述であるとか、より客観的な記述が可能だと考えるのではなく、その**メンバーの記述が、その記述される社会現象の一部になるという相互反映性をそれ自体として研究**するのです。(12)

（11）さらに言えば、「これはアヒルのくちばし」という記述も、「何の絵か当てる実験」という場面と相互反映的に結びついているといえる。内側からの記述、外側からの記述という表現も、一般的なエスノグラフィーとエスノメソドロジーでは異なってくることが理解できるだろう。内側からの記述といっても集団内部の視点から見るという意味ではないのだ。

（12）再帰性、自己省察との関係については、皆川（1999）を参照。

1-4 定式化と実践的行為(1)

「定式化（formulations）」という言葉は、一般に、理論を定式化する、概念を定式化するなどという使われ方をします。つまり、ある出来事を、言語を用いて公式化したり、定義したりという科学に代表される活動を指すとき使われます。ガーフィンケルとサックスは、定式化をひろく人々の実践として捉え、科学的活動に独自の理想言語の問題としてだけではなく、日常生活でもなされる自然言語の問題として捉え直しました。すなわち、彼らは、定式化を**科学的活動でも日常的活動でも見られる実践的行為**として考察しました。

インデックス性の修復と定式化

【1-3】で述べたとおり、ガーフィンケルとサックスが、自然言語の顕著な特性として注目したものは、インデックス性です(2)。このインデックス性が、言語学者や論理学者たちを長い間悩ませていた理由は、理念的につくりだされた理想言語と違い、自然言語は使用される場面により参照される事象が変化することでした（Lynch

インデックス的（文脈依存的）表現を客観的表現に修復することを「定式化」といいます。社会的場面で定式化することは、客観性に近づくことではなく、ひとつの社会的実践であり、EMが探求すべきトピックであるのです。

（1）本項目は、水川（1994）をもとにした。

（2）【1-3】参照。インデックス性とは、言語の意味が文脈によって「決定可能」であることを意味するのではない。むしろ、自然言語の特性として、ある記述が環境（circumstances）をつくり、その環境によってある記述がつくられているという事態を指している。これは、C. S. PeirceやL. Wittgensteinなども扱ったインデックス的表現の持つ性質である（Garfinkel; Sacks:348）。

1993:184-7)。そのため、旧来の論理学者や科学者は、インデックス的表現を客観的表現に置き換えようとさまざまな試みを行ないました。定式化は、自然言語のインデックス性に対するひとつの矯正法です。社会科学の場合は、社会現象を定式化することによって「客観的な社会」を表現することを試みました。ガーフィンケルとサックスは、これらの試みをインデックス性の修復と呼び、とくに社会科学においてインデックス性を修復するプログラムを、社会の「構築的分析」[3]と呼んで考察の対象としました。彼らは、この考察によって「構築的分析」と異なる社会現象の探求方法としてエスノメソドロジーを位置づけたのです。

エスノメソドロジーが構築的分析と異なるのは、このインデックス性を修復するための異なる手段を提案する「オルタナティヴな（代替的な）実証主義」だからでも、インデックス性のために分析を放棄する「認識論的懐疑主義」だからでもありません。この二つは、定式化によるインデックス性の修復について考察する際に陥りやすい立場です。前者においては、社会現象の客観的な理解に到達するために、定式化の方法を修正して、より科学的実証的な研究をすべきだということになります。後者においては、社会現象の定式化には、インデックス性という「問題」があるために、社会現象の記述や説明というものは本来的に決定不能だということになります。

それに対しエスノメソドロジー研究の課題となるのは、むしろ、インデックス性の修復という作業そのものが、科学者の活動でも日常生活においても、どのような実

(3) constructive analysis (Garfinkel, H. and H. Sacks 1970:340)

践として行なわれているかを示すことです。この視点に立つと、定式化とは、インデックス性を客観的表現に修復するために**メンバーが行なっているひとつの作業**[4]です。たとえば、科学者同士の会話場面では、「理論化」することは、科学者の「定式化」のひとつの方法です。もちろん、定式化がなされるのは、科学者や専門家の分析活動だけではありません。日常生活で、「怒っているの？」と聞くことも、相手が「怒りの状態にある」ことを定式化しています。このように、科学活動でも日常活動でもメンバーが、ある出来事を名付け、説明し、ルールを引用するときには、いつでも「定式化」をしているといえます。ガーフィンケルらは、定式化は、科学者の場合も日常生活の場合も、インデックス性を修復する実践活動だと考えたのです。

定式化すること

では、人びとはなぜ「定式化する」のでしょうか[5]。ここでは定式化がなされる会話から考えてみましょう。人びとは、会話のある部分をその会話を定式化する場として使用することがあります（Garfinkel; Sacks 1970:350-354)。たとえば、人びとは、会話のあるところで、その会話を記述したり、説明したり、その特徴を描写したり、解明したり、翻訳したり、要約したり、その要点を与えたり、規則にしたがっているか判断したり、規則からの逸脱について言及したりすることもあります。次の会話でもそのことをみることができます。

（4）【1-1】を参照。

（5）科学における、インデックス表現の客観的表現への修復が「永遠に」続くことについては、Garfinkel (1967), Garfinkel and Sacks (1970) を参照。

A：連邦政府が徹底的に調査して、殺人容疑で審議できると思いますか？
B：いいえ。それは州（政府）の問題です。
A：では、こういう質問をさせて下さい

この会話で、Aは、次に「質問」をするだろうということがわかります。つまり、Aは次の発言を「質問」として定式化していると言えます。

この会話で、Aの最後の発話は、特別に違和感のある発話ではなく、自然な流れのなかに配置されていることがわかります。しかし、よく考えてみると、これから質問をするのに、「質問させて下さい」と言っているのは、冗長とも考えられます。たとえば、挨拶をするときに「挨拶をしますよ」と言ってから「こんにちは」とは言いません。あるいは、次に応答するときに「答えさせて下さい」といちいち言ってから答えることはあまりないでしょう。質問をしたいなら、「定式化」をするまでもなく、疑問文を使えば質問になるはずです。このように考えると、この定式化は、ただ単に会話を明瞭にするために行なわれているわけではないということがわかります。

もし理由もなくこのような定式化を伴う発話が頻繁に行なわれたなら、それはむしろ、不適切な会話となります。さらには、相手を非難するとか、困らせるとか、何か別なことを示唆しているものだと見なしうるものです（山崎 1993:344）。

（6）ここでは、doing formulating を「定式化すること（定式化作業）」と訳した。

このような適切性の問題は、「定式化」と「定式化すること（定式化作業）[6]」の違いを考慮することによって明らかになるでしょう。[7] 定式化作業は、「定式化」の文字どおりの意味である「明瞭化」や「理論化」とは、別のことを示しています。つまり、インデックス性を修復して明瞭にしているわけではなく**「定式化すること」それ自体も、次の会話の資源としてのインデックス的表現**となります。そのため、ある発話を定式化する実践（「では、こういう質問をさせてください」）は、次の（あるいは前の）発話の意味（質問）を決定するというより、定式化される発話との間に一定の結びつきを持って現われることがわかります。ここで、定式化すること（定式化作業）は、ひとつの秩序ある現象としてなされるのです。

先の例では、「次の発話は質問である」という定式化によって、次が質問だということを示しています。しかし、それだけではなく、この「定式化すること」により、この発話が次にくる、「質問の前置き」になり「（Aがしばらく）発言する権利を持つ」ということが理解可能になりそのことにより、その場面の秩序ある現象を生み出しているということがわかります。

さらに、「では、こういう質問をさせて下さい」という発話は、友人同士の会話においては自然になされる発話ではないでしょう。むしろ、そういった発話が組織化されることによって「会議」や「審議」といった場面を生みだし、また同時に、「定式化」はその場面に位置づけられることによって適切な発話として組織化されることに

（7）「われわれは、〈われわれの‐行なっていることを‐文字通りに〉言うという会話者の実践活動のことを、定式化を行なうこと（doing formulating＝定式化作業）としよう。」（Garfinkel, H. and H. Sacks 1970:351）

なります。

このような定式化と定式化作業についての考察は、私たちがものごとを理論化したり、定義したり、理解したりといったことを発話することとそれ自体が、ひとつの合理性[8]のある実践として分析できることを示しています。

ガーフィンケルとサックスは、この定式化作業についての考察を行なった後に、二つの大きな流れを生み出しています。ひとつは、サックスがシェグロフ[9]とともに進めていった会話分析です。会話における定式化を、会話を進行する上での組織化として捉えなおして分析することによって会話分析という分野を生み出しました。もうひとつは、ガーフィンケルがリンチ[10]らと進めた「ワークの研究」と呼ばれるものです。フィールドワークをすることにより、この定式化作業を個別の文脈のなかに埋め込まれたものとして研究する方向性です。このような定式化についての考察から生まれた二つの流れを念頭に置けば次章以降の議論がわかりやすくなるでしょう。

エスノメソドロジーは、科学の定式化であっても日常の定式化であっても、その現場の社会秩序を説明可能（アカウンタブル）にする実践と捉えて研究します。現在のEM研究はさまざまな研究方法や研究対象がありますが、この章で述べてきた実践から考えていく（あるいは実践に学ぶ）ためのアイデアは、それぞれの研究に生かされていることが見てとれるでしょう。

（8）【4章】（合理的であるとは、どのようなことか）を参照。

（9）Emanuel A. Schegloff（1937-）カリフォルニア大学ロス・アンジェルス校教授（博士・カリフォルニア大学バークレー校）。サックスと共に会話分析を生み出し、後に、自然に生起する相互行為の研究として確立した。『シークエンスの組織』(2007)

（10）Michael Lynch（1947-）コーネル大学教授（博士・カリフォルニア大学アーバイン校）。科学社会学、ワークの研究。EMの方法論研究と共に実験室や法廷でのフィールドワークを行う。アメリカ社会学会会長。『科学実践と日常行為』(1993)、『科学の実践における表象』(1990、S・ウルガーとの共編著)

Ⅱ　エスノメソドロジーの論理

――なぜ実践に着目しなければならないか

第Ⅱ部では、エスノメソドロジストたちが、なぜ実践を記述しなければならないと考えたか、明らかにします。EMは、社会学の中心的な問いを考え抜くことによって、それらの問いが、まず何よりも**実践の参加者たちにとっての実践的な課題**なのだ、という考え方にたどりつきました。

たとえば、行為を理解するために概念を厳密にしようとあらたに定義しなおすかわりに、メンバーが実践的行為を理解するために用いている概念の用法そのものに着目したのです（第2章：**行為を理解するとは、どのようなことか**）。また、切り離された個人の間での秩序の生成を構想するかわりに、実践において場面が見てわかるかたちで組織されていることに着目したのです（第3章：**秩序があるとは、どのようなことか**）。あるいは、合理的なモデルからの偏差として現象を理解しようとするかわりに、現象そのものが実践において観察／報告できることの合理性に着目したのです（第4章：**合理的であるとは、どのようなことか**）。さらに、行為や社会秩序を規範によって説明しようとするかわりに、そもそも実践的行為を可能にしている規範の用法そのものに着目したのです（第5章：**規範があるとは、どのようなことか**）。

このように第Ⅱ部の各章では、それぞれの問いを実際に考えながら、実践において用いられる「人々の方法論」を研究する、という第Ⅰ部で紹介したアイデアを、EMがたどりついた到達点として、（再）提示します。なお、各章は、それぞれ並列的な関係になっていますので、関心をひいた章から読み始めていただくことができます。

第2章　行為を理解するとは、どのようなことか

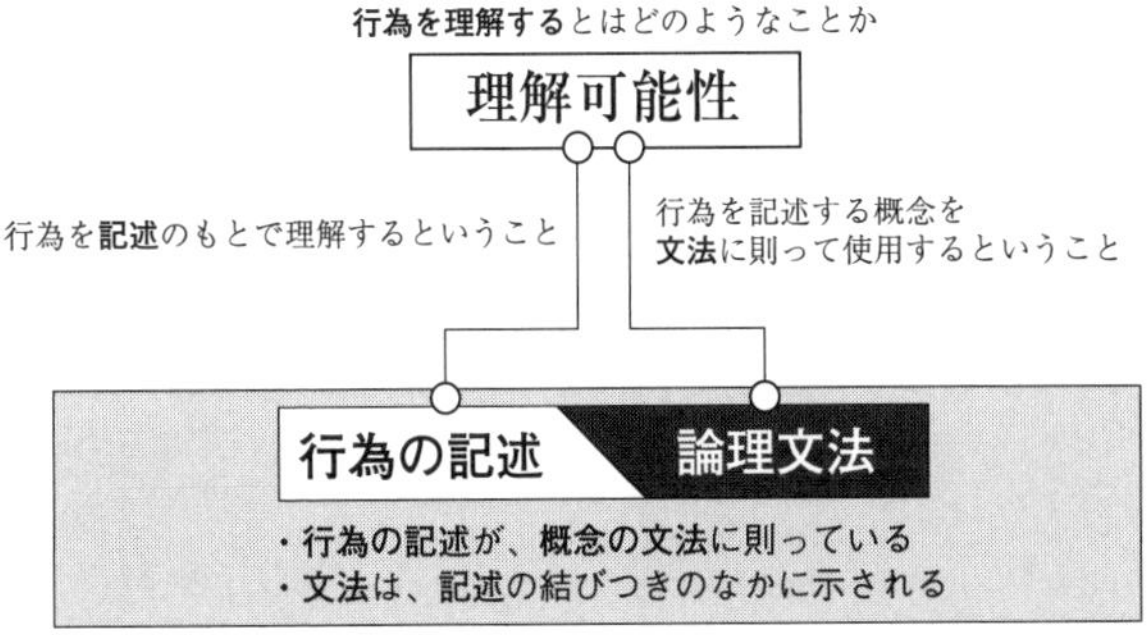

行為を理解するとはどのようなことか
理解可能性
行為を記述のもとで理解するということ
行為を記述する概念を
文法に則って使用するということ
行為の記述
論理文法
・行為の記述が、概念の文法に則っている
・文法は、記述の結びつきのなかに示される

第2章では、タイトルにあげた問いに答えることによって、EMが、なぜ実践に着目しなければならないと考えるようになったのか、示していきます。

社会学においては、（たとえば「自殺」という）概念を用いて人々の行為を記述するために、それを厳密に定義しなおすといったことがなされてきました。けれども、【2-1】「社会学的記述」で明らかにするように、社会学者が用いる概念は、日常的にも用いられるもので、その概念を用いてどのように行為を記述するかは、人々の実践の問題でもあります。だとしたら、こうした実践における概念の用法を記述することから始めることができるはずです。

続く【2-2】「行為と規則」では、その含意について考えます。そもそも、私たちは、実践において、他人にも理解できる公的な規則にもとづいて、自分や他人の行為を（「称讃」「皮肉」といった概念を用いた）記述のもとで理解しているのであり、行為の記述とそれを理解可能にする規則は、分かちがたく結びついています。EMは、こうした結びつきを切り離すことなく記述することを目指したのです。

また、このように考えると、実践における概念の用法を記述するという方針も、そうした概念がどのように他の概念や活動と結びつき、どのように行為や推論を理解可能にするのか、記述することなのだ、とわかります。【2-3】「概念の論理文法」では、こうした実践において用いられ、実践をかたちづくる、概念の結びつきを、概念の論理文法と位置づけ、概念の結びつきを切り離さずに記述していく方針の内実を示します。

2-1 社会学的記述

　エスノメソドロジー（ＥＭ）は、社会学の伝統的な問いを考え抜くことによって、従来の社会学の枠をこえた研究領域を切り開いてきました。そうした伝統的な問いのひとつが、**どのようにしたら人びとの行為を適切に理解できるだろうか**、というものです。このような問いを聞いたとき、どのように思うでしょうか。他の人（たとえば友だち）が何をしているのか、あたりまえのように自分だって「わかっている」と考え、奇妙に思う人もいるかもしれません（そして、それは当然だと思います）。けれど他方で、社会学者の仕事（の少なくとも一部）には、人びとの行為を記述することが含まれているのですから、こうした問いが問われるのも、理由のないことではないのです。

　たとえば、Ｅ・デュルケムの『自殺論』[1]という古典的名著があります。この本では、当時の自殺の増加が、社会的要因から説明されています。こうした作業がうまくいくためには、ある行為を「自殺」であると理解することができなくてはなりません。つまり、「自殺」を他の死と区別して数え上げる基準がどのようなものであるか、あ

　社会学者が行為を記述するために用いる（「自殺」といった）概念は、日常的にも用いられるものです。その概念を用いてどのように行為を記述するかは、人びとの実践の問題でもあるのです。こうした実践における概念の用法を記述することから、ＥＭは出発します。

（1）デュルケム（Durkheim 1897＝1985）を参照。

らかじめ理解できていなくてはならないのです。そしてそのためには、あらかじめできるだけ正確に定義しておいた方がよいと考えることもできます。デュルケム自身は、「死が、当人自身によってなされた積極的、消極的な行為から直接・間接に生じる結果であり、しかも、当人が結果の生じうることを予知していた場合を、すべて、自殺と名づける」(2)と定義しました。たしかに、このような定義にしたがえば、現在、問題として語られるような「尊厳死」でも、「自爆テロ」でも、すべて自殺と理解して研究をすすめることができるでしょう。

けれども、ここで「あれ?」と思った人も多いのではないでしょうか。たとえば、尊厳死をめぐる議論において、「過度な延命治療を拒否する」という記述がなされるとき、それを「自殺する」という記述に置きかえることができるでしょうか。そうしてしまうと、おそらく、だいぶん違う印象を受けるのではないかと思います。このような例を目にしたとき、議論の目的に応じて定義を改めればよいと考える人もいるでしょう。けれど、ここで問題にしたいのは、研究者が定義を改めればよいという性質のことではありません。むしろ、どのように記述するべきか、ということ自体が、私たちの実践の争点になることがあるだろう、ということを問題にしたいのです。

例をあげて考えてみましょう。治療を受ければ助かったかもしれない人が、ぎりぎりまで病院に行こうとせず、亡くなられたとします。このとき、「病死した」と記述するか、「自殺した」と記述するかでは、まったく違うことをしていることになるで

(2) デュルケム『自殺論』(Durkheim 1897=1985)の訳書22頁における定義。

しょう。「病死した」と記述される場合、病いがその人の意志によらず降りかかるものである以上は、まずその「原因」が問われるでしょう。けれど、「自殺した」と記述される場合、その人がなぜ当の行為をなすにいたったのか、その「理由」の方が強く問われるでしょう。こうした理由を問う空間において当の行為を記述するとき、当人の想いの強さに「慨嘆」したり、周囲の人たちが放っておいたことを「非難」したり、といったことがなされている可能性があります。逆にいえば、ここで「自殺した」という記述を用いることがためらわれる人は、そのような理由を問う（問われる）ことを望んでいないのかもしれません。そして、ここで大事なことは、「自殺した」という記述を用いる人も、避ける人も、その記述が他の死の記述と区別して用いられるものであることを、あらかじめ知っているのだ、ということなのです[(3)]。

このように考えるならば、社会学者による定義や分類を待つまでもなく、「自殺」という概念を使える人は、**「自殺」とその他の死を区別するための基準**を、多少なりとも知っているのだといえます。この事実をまじめに受け止めて自らの研究を始めたのが、H・サックスです。サックスは、「社会学的記述[(4)]」という論文において、『自殺論』に言及しつつ、だいたい次のようなことを述べています。

まず何より、「自殺者」というのは、私たちが用いている自然言語のカテゴリーです。社会学者は、こうした常識的カテゴリーを資源（リソース）として用いて、自殺の増加を社会的要因から説明する、といったことをしてきました。けれど、その前に

（3）こうした観点からの『自殺論』批判として、西阪仰（1997）を参照。

（4）本項目で紹介したサックスの発想については、（Sacks 1963）を参照。

まず、あることがらが自殺であるというためには、そのことがらがどのように理解されていなければならないのか、そのこと自体をひとつのトピックとして、記述することができるはずです。(5) むしろ、**ある死を自殺であると分類するさいの手続きを記述すること自体が、社会学にとって興味深い課題**だと考えることもできるでしょう。「自殺者」といったカテゴリーが、社会学的記述を行なうために用いることができるような記述装置の一部となるのは、そのあとのことのはずなのです。以上のように考えて、サックスは、**常識的カテゴリーの用法を記述することの重要性**を、主張したのです。

では、ある死を自殺であると分類するさいの手続きを記述するとは、具体的には、どのようなことなのでしょうか。ここで、ある人の死が実際に「自殺」なのかを決めること自体が難しいのではないか、と考えた人もいるかもしれません。ここでは、先ほどの例に似た、あるルポルタージュに描かれた実際の話をもとに考えてみましょう。(6)「栄養失調と老衰のため」「寂しく死んだ」と報道された老女の話です。老女の死を確認した医師は、死亡診断書の「死因」の項目に「心不全（心不全の原因は高度栄養失調兼脱水症）」と記録しました。けれど、「他人の世話にはならない」と老女に聞かされていたケースワーカーは、「自損行為ではなかったか」と考えるにいたります。このような場合に、ほんとうのところどうだったのだろう、と考えると、たしかに、とても難しく感じられるかもしれません。では、こうした困難について、どのように考えたらよいのでしょうか。

(5) リソースとトピックの区別については、【1-2】「説明可能性」の項目を参照。

(6) 以下の記述は、沢木耕太郎のルポルタージュ「おばあさんが死んだ」（沢木 1980）を下敷きにして書かれている。ただし、簡便にするため、本文では重要な登場人物にふれていない。著者が述べているように、この老女の死が報道され人目を引いたのは、老女の自宅から「ミイラ化した実兄の死体」が発見されたからである。それにくわえ、著者は、老女が英語混じりでのこした「ノート」と、「他人の世話にはならない」という「外界を拒絶するかのような『言葉』」を理由に、老女の死に「躓き」、一編のルポルタージュを記している。詳細は、ぜひ著者の記述に直接あたって欲しい。

社会学者が方法論について論じようとするとき、こうしたことが際立ったかたちで問題にされることがあります。同じ出来事を経験しているはずなのに、言葉を使ってそれを記述しようとすると、さまざまな異なった記述ができてしまうことに、研究者は、頭を悩ませるわけです(7)。ここで、具体的な出来事の経験があるのだから、研究者としては、それをよく見て、ありのままに記述してみればよい、と考えるかもしれません。けれど、少しやってみれば気づくことですが、行為の記述を細かくしたり、その行為がなされた条件を書き出したりすることは、どこまでも続けることができます。そのため、どこかで打ち切らなければなりません(8)。そうすると、結局のところ、どの記述もみな不完全なのだ、ということになってしまうのでしょうか。

そんなことはありません。もう一度、実際に行なわれている実践に立ち返ってみましょう。「心不全」と書きこむ医師の記述にとっても、「栄養失調と老衰のため」「寂しく死んだ」と報道する新聞の記述にとっても、「自損行為」とするケースワーカーの記述にとっても、記述を細かくしつづけることができてしまうという事情は、同じことのはずです。にもかかわらず、そのこと自体がいたずらに問題とされることはなく、記述はなされるわけです。そして、どの記述にとっても事情にかわりがないのであれば、むしろ研究者もその事情を気にしなくてすむはずです。いくつかの異なった記述ができるからといって、過剰に懐疑的に考える必要はありません。そのかわりに、そうした異なった記述がじっさいになされることがあるということに、まじめにつき

(7) サックス(Sacks 1963)は、このような懐疑論の源泉を、M・ウェーバーが前提としていた次の二点に求めている。つまり、第一に、社会学者の記述が、言語によってなされているのにもかかわらず、その言語に対しては分析がなされていないこと、第二に、(その言語に対する分析をせずに)共通の経験に訴えていること、である。このように考えると、同じ経験を記述するのに、複数の記述がなされてしまうことが、問題にみえてしまう。けれど、そこでなされた複数の記述が独立なものではなく、その結びつきを分析することができるのであれば、問題は解消する。サックスはこのように考えて、「私たちが主題として取り上げたものは、それがなんであれ記述されなければならない。なんであれ、それ自身がすでに記述されているのでなければ、私たちの記述装置の一部となることはありえない」(Sacks 1963: 1)という公準を提示している。

(8) サックス(Sacks 1963)は、このように打ち切りのための項目を

あってみればよいのです。

先にも述べたことですが、他の記述（「病死」）がなされたあとに、並置されるかたちで、ある記述（「自殺」）が用いられるとき、その記述は、何らかの区別をもたらすものとして理解されています。「自殺」という記述がなされるならば、「病死」という記述のもとで「原因」が特定されるのとは違った仕方で、「理由」が探されるでしょう。ひとつの記述がなされるとき、その記述と何が結びつき、何が結びつかないのかといったことを、私たちは理解します。そして、ある状況のなかでもうひとつの記述が並置されるとき、私たちは、その記述が前の記述とは異なった何かと結びつくことを理解するのです。このように二つの記述は、それがなされた状況において、**さまざまな概念の結びつきのなかに埋め込まれている**のです。

したがって、何らかの記述がなされるとき、同時に、さまざまな概念的な結びつきも、用いられています。つまり、もしも「自損行為」という記述がなされるならば、「老衰」や「栄養失調」という記述のもとで「原因」を特定していくのとは違った仕方で、「理由」が探されるでしょう。また、その「自損行為」という記述をすること自体が、ケースワーカーの任務を終えてなお残る「割り切れなさ」を訴えたり、当人の意志の強さに概嘆したりする、そういった行為でもありうるでしょう[9]。常識的なカテゴリーの用法を記述するということで求められているのは、こうした一連の概念や活動の結びつきを記述することなのです。こうした結びつきが、私たちの生活をかた

付け加えなければ記述が終了できないようにみえることを、エトセトラ（等々の）問題とよび、これを擬似問題として解消した。エトセトラ問題については、さらに、【1-2】「説明可能性」の項目を参照。

(9) 沢木（1980）においては、ケースワーカーの「割り切れなさ」から老女の一連の行為の理由が問い直され（沢木 1980: 30）、「自損行為ではなかったか」（沢木 1980: 57）と記述されるにいたる道筋が、著者自身の問いとして引き受けられ描かれているので、参照して欲しい。

ちづくっているのです。

ケースワーカーが「自損行為」だったのではないかと記述するとき、**その記述は、実践のなかに埋め込まれ、実践を組織するひとつの差し手**になっています。サックスは、先にあげた論文のなかで、こうした実践の記述を目指す試みを、「社会生活の科学」と呼んでいます。社会生活の科学を試みる社会学者にとって、実践を記述することとは重要な課題です(10)。けれど同時に、さまざまな実践に参加する人たちが、自らの実践のあり方を記述したいと考えるときには、この**社会生活の科学は、その人たち全員の課題として、すぐにどこからでも始められる**ものなのです。

(10) この方向性を展開したものとして、前田(2005b)を参照。

2-2 行為と規則

【2-1】でみたように、EMは、どのようにしたら人びとの行為を理解できるだろうか、という問いに関わってきました。注意するべきなのは、**行為を適切に理解することは、社会学方法論上の問題である前に、実践に参加するものたちにとっての課題である**、ということです。この点に気をつけて、私たちが人びとの行為をどのように理解しているのかについて、考えてみましょう。

日常のやりとりにおいても、相手の行為を理解することが難しいことがあります。たとえば「君はまじめだね」と言われたとき、ほめられているのか皮肉を言われているのか微妙な場合があります。どんなつもりなのかを知ろうとして、「ほめてるんですか?」と聞き返すこともあるでしょう。場合によっては、聞き返してしまうことで、かえって自らの「きまじめさ」を示してしまい、その困難を個人的なコミュニケーションのスキルの低さとして感じるかもしれません。あるいは、先輩なり上司なりの笑えない冗談に硬直したあとに「まじめだね」と言われたときには、その困難を社会的な拘束の重苦しさとして感じるかもしれません。いずれにせよ、私たちは、他人の行

私たちは、実践において、他人にも理解できる公的な規則にもとづいて、自分や他人の行為を（「ほめる」「皮肉を言う」といった）記述のもとで理解しています。行為の記述とそれを理解可能にする規則は分かちがたく結びついています。

為の理解が難しいとき、その当人がどういうつもりでそれを行なったのか、実際に問題にすることがあるのです。

このように、相手の行為を理解することが難しかったり、誤解したりすることは、日常でもありうることです。にもかかわらず、この仕組みについて方法論的に突きつめて考えようとすると、私たちが日常営んでいる生活のあり方からかけ離れた道にはまりこんでしまうことがあります。つまり、「まじめだね」という発言に対して、「ほめた」という記述も、「皮肉を言った」という記述も、どちらでも成り立つのだから、「行為の理解はつねに不完全なのだ」と考えてしまうと、【2-1】でみたような、**極端な懐疑主義**にはまりこんでしまうのです。

こうした考え方の根が深いのは、「行為の意味はその本人にしかわからないはずだ」という発想と結びついているからです。つまり、「行為の意味は、本人の意図によって決まる」のだし、「本人の意図は、本人にしかわからない」だろう、という発想です。ここから、他人からは本人の心のなかは見えないのだから、どちらの記述が適切か決定づける根拠はないだろうと考えると、結局は、本人に聞くことができないのなら、行為を観察する側の（不完全な）判断に委ねられることになってしまいそうです。

こうしてみると一見もっともなようですが、これはかなり奇妙な話です。そもそも、当人しか理解できないことなら、他人が理解できないことが問題になるはずはありません。うまく理解できたり、できなかったりするからこそ、「理解できない」ことが問題になるはずです。むしろ、うまく理解できたり、できなかったりを、何らかの基準にもとづいて区別することによって、日常の実践はなりたっているはずです。

　実際に私たちは、「ほめたつもりが、はからずも皮肉になってしまった」（「だからそんなつもりじゃなかった」）というふうに、「意図」のような心にかかわる概念を用いて区別して自分や他人の行為を理解することがあります。だからといって、心のなかにある「善意」や「悪意」をのぞきこむことによって区別しているわけではないのです。何より、意図的に称讃するためには、自分のしていることが「ほめる」と記述されうるものであることを知っていなくてはなりません。そうでなければ、その記述に適ったことをなそうとすることはできないでしょう。逆に「皮肉を言うつもりはなかった」と言うためには、自分のしていることを「皮肉を言う」という記述のもとでは「知らなかったのだ」と言えるのでなければなりません。知っていたのだとしたら、「そんなつもりじゃ」とは言いづらいでしょう。つまり、ある行為が意図的になされたかどうかは、**その行為がどのような「記述のもとで」なされたか**についての知識によって、区別されているのです(1)。

　そして、このような自分がしていることについての知識は、**公的な基準**にもとづいています。それはちょうど、「リーチをかける」というような行為記述が、麻雀というゲームの規則をあてにしなければ理解できないのと同じことなのです。このゲームがどのようなものなのか、あいまいにであれ知っていて、下手にであれ参加できるの

（1）「記述のもとでの行為」という考え方は、G・E・M・アンスコム（Anscombe 1963＝1984）による。わかりやすい解説としては、石黒ひで（1993）「言語論的転回とは何か？」を参照せよ。さらに石黒（2007）も参照。エスノメソドロジスト自身が論じたものとしては、W・シャロックとI・ローダーが、Hisotry of Human Sciencies誌上でのI・ハッキングとの論争において、著した諸作（Sharrock & Leuder 2002, 2003）を参照。

でなければ、そもそも「リーチをかける」という意図をもつことすらできません。また同様に、ゲームに参加できるのでなければ、間違うこともできません。だから、このような規則のあり方は、自分一人で一回限り従うことができるような種類のものではないのです。他人にも理解可能であり、かつ将来においても繰り返し使用可能な基準にもとづいてでなければ、自分が今何をしているかも知ることはできないのです。

このような行為と規則の結びつきに見通しを与えるために、L・ウィトゲンシュタインは、「言語ゲーム」という言葉を用いています。言語ゲームとは、言葉を話すということが、ひとつの活動であり、ひとつの「生活形式」である、ということを際立たせるための概念です。もしかしたら、読者のみなさんは、「ゲーム」という比喩を聞くと、「現実」とはちがった気軽なやりとりをイメージしてしまうかもしれません。けれど、そうではなくて、自分が何をしているか理解することでさえ、他人にも理解できるような規則にもとづいてでなければできないのだ、ということに目を向けるために、ゲームの比喩は用いられているのです。(2)

先の例に戻るならば、私たちはこのような規則にのっとって、「ほめる」という活動がうまくいったものか、失敗したのか、そもそも称讃という概念を用いてするようなゲームに参加していなかったのか、といったことを区別して理解可能なものにしています。逆に言えば、「ほめる」と記述すること（ないし、そうした記述のもとで自分なり、相手なりの行為を理解していることを何らかの仕方で示すこと）は、**規則に**

（2）本項目で見てきた、行為と規則の考え方は、ウィトゲンシュタインの『哲学探究』（Wittgenstein［1953］1958＝1976）に端を発する議論にもとづいている。この論点のわかりやすい解説としては、やはり、石黒ひで（1993）「言語論的転回とは何か」を参照せよ。さらに石黒英子（1974）も参照。本項目の「麻雀」の例は、この文献の「ブリッジ」の例にならっている。エスノメソドロジスト自身が論じたものとしては、J・クルター（Coulter 1979＝1998）、シャロックとG・バトン（Sharrock & Button 1999＝2000）、M・リンチ（Lynch 1993）、西阪（1997）、前田（2005b）を参照。本項目の記述は、これらの先行研究に多くを負っている。また、科学論の文脈でこの論点を整理し、ウィトゲンシュタイン派EMを紹介した、戸田山和久（1994）も参照。

Jeff Coulter（1948-）ボストン大学教授。心と行為の研究、認知科学批判。エスノメソドロジーをウィトゲンシュタインに代表される言語分析の方向で再構成し、論理文法分析という手法で研究を進めた。『心の

したがい基準にもとづいて知識を用いる能力を、自ら表明したり、相手に帰属させたりする活動なのです。もちろん、こうした表明や帰属が、受け容れられなかったり、将来取り消されたりすることはありえますが、それもこうしたゲームの規則をあてにしてのことなのです。そして、私たちが、他人に「なぜ?」と聞かれて自らの意図を答えようとするとき、あるいは、他人の行為をどのような意図のもとでなされたのか知ろうとするとき、なされているのは、こうした**表明と帰属の実践**なのです。

こうした実践のあり方をみていけば、「行為の意味は本人にしかわからない」といった想定が、実際に否定されることがあることもわかります。ちょっと極端な例ですが、「爆弾は戦争を早く終結させるために落としたのであり、庶民を殺すために落としたのではない」という発言について考えてみましょう(3)。この発言が空疎にひびくのは、「爆弾を落とすことを決めた責任者」は、「多くの市民を殺す」という記述のもとで、自分のしていることを知っていたはずだ、ということが、簡単にわかってしまうからではないでしょうか。政治的判断の是非や本人の心情がどうであろうとも、少なくとも意図的にやったのだと理解せざるをえないからでしょう。「爆弾を落とす」という行為は、すなわち、「庶民を殺す」という行為でもある、ということを、私たちは知っています(4)。私たちは、こうした行為がどのような行為なのか、どこまで意図的になされたもので、どこからはそうでないのかを、区別して理解するための基準を、実際に使用しているのです。

社会的構成』(1979=1998)

(3) この例は、アンスコムが名著『インテンション』(Anscombe 1963=1984)を書くきっかけとして、石黒ひで(1998)が紹介しているエピソードをもとにしている。石黒の紹介によるエピソードでは、「爆弾」は「原爆」のことであり、「責任者」とは、原爆投下当時米大統領であったトルーマンのことである。オックスフォード大学がトルーマンに名誉博士を授与しようとしたとき、「市民が沢山住んでいるところに最初に原爆を落とした責任者」に、なぜ大学が名誉賞を与えなければならないのか、と考えたアンスコムは、反対運動を呼びかけたが、「原爆は戦争を早く終結させるために落としたのであり、庶民を殺すために落としたのではない」という人びとの主張を聞くことになったという。この論点については、さらに石黒(2007)も参照。

(4) もしも「爆弾を落とすことを決めた責任者」がこうしたことを知らなかったのだとしたら、むしろそ

ふたたび最初の例に戻るならば、私たちが「称讃」と「皮肉」とを区別して理解しようとするとき、やはり「称讃」と「皮肉」とを区別する規則にしたがった実践がなされているのです。といっても、そうした規則を、実際になされた行為と独立に、あらかじめすべて書き出しておくことができるわけではありません。もちろん、行為がなされた状況や文脈を考慮することは大事です。けれど他方で、「ほめてるんですか？」のような発言は、まさにそこで**進行中の状況そのものを記述し、状況をつくりだす指し手**でもあるのです。この発言は、上司や先輩に対して、「皮肉」の意図を帰属させる、せいいっぱいの抵抗や非難であるかもしれません。ここでも、それが単なる「質問」なのか「抵抗」なのか、問題になるかもしれません。実践においては、状況に埋め込まれつつなされたひとつひとつの指し手は、それを理解可能なものにしている規則と分かちがたく結びついているのです。本書のなかでは、「実践を記述する」という表現がくりかえし用いられていますが、そのとき目指されているのは、**こうした結びつきを切り離すことなく記述していく**ことなのです。

の方がはるかに問題であるはずだ。したがって、どこまでが意図的行為であるかを区別する基準は、その行為者（が担う成員カテゴリー）にどのような知識が期待されうるかに結びついている。なお、こうした成員カテゴリーと行為の記述の結びつきについては、【5 - 3】「カテゴリーと結びついた活動」、および、ジェイユシ（Jayyusi 1984, 1993）を参照して欲しい。

2-3 概念の論理文法

【2-1】でみたように、サックスは、常識的カテゴリーの用法を記述することを主張しました。常識的カテゴリーの用法を記述するということは、ある概念が他の概念や活動とどのように結びついたり、結びつかなかったりするのかを記述することです。「自殺」という概念を用いてある行為を理解することは、その行為が「意図的に」なされた可能性を含むでしょうし、そこから、その行為にいたった「理由」が探されることもあるでしょう。それは、「病死」という概念のもとで「原因」が特定されるのとは区別することでのできるやり方でなされるはずです。このように、ある概念が、この概念とは結びつくのに、他の概念とは、同じようには結びつかない、ということを、みてわかるように示していくことが、重要なのです。

こうした概念の結びつきのことを、**概念の論理文法**と呼ぶことがあります。このように聞くと、読者のみなさんは、「英文法」のようなものをイメージするかもしれませんが、ここで述べる「文法」は、英語や日本語などの文法のことではありません。もともとウィトゲンシュタインに由来する、この「文法」という言葉は、言語の用法

概念の用法を記述するとは、ある概念がどのように他の概念や活動と結びつき、どのように行為や推論を理解可能にするのか、記述することです。実践において用いられ、実践をかたちづくる、概念の結びつきを、論理文法といいます。

が公的な基準にもとづくものであることに目を向けるために、用いられているのです。ウィトゲンシュタイン自身は、言語の用法を見とおすことができていないがゆえの文法上の混乱によって、哲学的な問題が生じているのだ、と考えていました。そして、私たちの文法に展望を与えることによって、こうした問題を解消することができる、と考えたのです。(1) そうした問題の最たるものに**「心」をめぐる概念の混乱**によるものがありますので、それを題材に基本的な考え方を追ってみることにしましょう。

「心」をめぐる概念の混乱の出発点は、「心」を閉じた空間のようなものだと考えることです。そしてここから、「心」のなかにある「痛み」は、本人には知ることができるけれど、他人には知ることはそもそもできないのだ、と考える人もいるかもしれません。またこうした考え方のもとで、いかにして他人の心を理解することができるのかが、理論的な問題として議論されることもあります。けれど、そうした考え方は少し奇妙です。私たちが日常的に使っている「心」や「痛み」という言葉に、深遠な用法や厳密な定義を与えようとする欲求にかられたときこそ、注意が必要なのです。

そこでまず、ありふれた経験的な事実から始めることにしましょう。私たちは、「痛み」をひた隠しにする人を前にして、「我慢しているのでは」と心配することがあるでしょう。あるいは、「痛み」を訴える人を前にして、「仮病なのでは」と疑うこともあるでしょう。さらに、相手の訴えがほんとうかどうかわからなくて、困ることもありうるでしょう。もしもここで、先に述べたように、そもそも他人の痛みを知るこ

(1) ウィトゲンシュタイン『哲学探究』(Wittgenstein [1953] 1958=1976)の122節を参照。この「展望を与える」という考え方を、エスノメソドロジー的に継承したものとして、リンチ(Lynch 1993)の第五章を参照。

とができないのだとしたら、知るべきだと考えたり、知ることができなくて困ったりすることはないはずです。よりはっきりいえば、知ることができたり、できなかったりするからこそ、できない場合に問題になるのでしょう。つまり「他人の痛み」という概念と「知っている」という述語とを、結びつけて使うことができるからこそ、想像を絶する痛みをひた隠しにして耐えている人や、巧妙に仮病を訴える人を前にして、それこそが「知ることが難しい場合なのだ」と理解することができるのです。このような概念と述語の結びつきは、経験的な事実の発見の結果としてわかることというよりは、**経験的な事実をそれとして理解可能なものにするための「文法」に属する**ことがらなのです。

そして、「自分の痛み」という概念にまず結びついているのは、「感じる」という述語なのであって、むしろ「知っている」という述語は、直接には結びつきません。転んで膝をすりむいた小さな子どもは「痛み」という概念を知らなくても、泣くことができます。痛さのあまりに泣いているときには、自分が何をしているのか「知っている」必要はありません。自分の痛みは、自分にとっての知識の対象とは限らないのです。

他方で、泣いている子どもに、手をさしのべようとするとき、大人は子どもが「痛くて泣いている」のだということを知っていなくてはならないでしょう。そのときその大人は、「痛み」という概念を（泣き声などの）公的な基準にもとづいて使えるのでなければなりません。ここではじめて、子どもに「痛み」という概念を教えることができるようになるのです。そして、このように「痛み」という概念を用いたゲームに参加できるようになることは、同時に、痛みを隠したり、痛いふりをしたりすることもできるようになるということです。このゲームは、「人は他人の痛みを知ることができる」という「文法」のもとで成り立っています[2]。つまり、「他人の痛み」と「知る」という概念の結びつきをもとにして、隠したり、ふりをしたりといった、他の推論がなされているのです。私たちは、「痛み」の場所をその身体のうちに含んでいるその「子ども」をなぐさめるのであり、こうした私たちの態度が、感覚言語の文法にそった私たちの「生活形式[3]」をかたちづくっているのです。

ＥＭがウィトゲンシュタイン（や日常言語学派哲学）から受けついだ概念の論理文法分析とは、このような概念の結びつきの網の目を記述していくことに他なりません。それは、経験的な事実を発見する作業というよりは、経験的な事実をそれとして理解可能にする概念の結びつきを記述する作業なのです。ただし、ここでいう経験的／文法的の区別は、変化しないものではありません。ウィトゲンシュタイン自身が、晩年には、他の推論の導管として働く命題である「世界像命題」として、「経験命題のなかで一種の論理的な役割を演じる命題」があると述べていました。「大地は私の誕生の遥か以前から存在していた」というような命題がそれにあたります[4]。このような命題は、そのひとつひとつを経験的に確かめることができないというわけではありません。けれども、たとえば歴史を勉強しているとき、こうした命題を背景として私たち

（２）ウィトゲンシュタイン『青色本・茶色本』（Wittgenstein 1958＝1975）、前田（1998）などを参照。なお、「他人の痛み」と「感じる」という概念は、ふつう結びつかない。他人の身体に痛みを感じていることを想像しても、せいぜい他人の身体という特異な場所に、「私の」痛みを感じることを想像できるくらいである。この点は、ウィトゲンシュタイン『哲学探究』（Wittgenstein [1953] 1958＝1976）の３０２節を参照。

（３）ウィトゲンシュタイン『哲学探究』（Wittgenstein [1953] 1958＝1976）の２３節、および【２‐２】を参照。

（４）ウィトゲンシュタイン『確実性の問題』（Wittgenstein 1969＝1975）の９６節や１３６節などを参照。

（５）このように経験をかたちづくる文法としてはたらく命題には、他にもいろいろなものが考えられる。たとえば、サックス（Sacks 1992）

は、他の経験的事実を理解していることがあり、その場合においては、こうした命題は、論理的、文法的な働きをしているのです。[5]

ここまで「文法」という概念を拡張して考えるなら、どのような概念の結びつきが文法的に働くことになるか、あらかじめ決まっているとみなすことはできません。むしろそのこと自体が、概念を用いる実践から学ぶべき、経験的な探求の対象になるのです。このことを示すために、「信念」という概念が、他の概念とどのように結びつくか考えてみましょう。今日行なわれたはずのサッカーの試合の結果を予想しながら、「日本が勝ったと信じている」というとき、「日本が勝ったと知っている」ことに比べて、「日本が勝ったこと」が不確かであるということを含意しています。その場合、その「信念」は、試合の結果を聞くことによって、「知識」に格上げされるものです。けれど、「神は存在すると信じています」と主張する人がいた場合、どのようなことがおきようとも、その人はその信念を動かさないでしょう。おそらく、その信念の方が新たな知識を整序する背景になるはずです。ただし、後者の事例からただちに前者の事例に示されたような「信念」と「知識」の文法的な結びつきが否定されることはありません。むしろ、「神の存在への信念」は、例外的に特別に強固な信念として、信念の文法から（矛盾無く両立可能な）秩序だったあり方で派生したものとして理解されるものなのです。[6] そして、このような結びつきがどのように派生していくのかは、経験的に探求してこそよくわかることでしょう。

があげた「カリフォルニアには雨は降らない」という命題もそのひとつである。もちろん、この命題は経験的に確かめることができるし、経験的な事実として、カリフォルニアにも雨は降るはずだ。にもかかわらず、実際に雨がふったとき、「カリフォルニアじゃ雨なんてふりっこないのに、ついてないや」というふうに、それを「例外」として扱い、運が悪かったと理解するのだとしたら、この命題は、現実の雨を経験的に評価するための「プログラム」として働いている。この論点については、西阪（1997）による紹介も参照。

（6）ここでの「信念」についての記述は、クルター（Coulter 1983a）による分析をもとにしている。

このように実践をみていくならば、私たちは、さまざまな概念の結びつきを文法的なものとして使用することによって、互いの行為を理解しつつ生活していることに気づかされるでしょう。たとえば、私たちは、ある行為が「質問」であるとわかるとき、「返答」が続く「べき」であることもわかるはずです。だからこそ「返答」がないとき、私たちは、その「不在」に気づき、「不在」の理由をたずねたりするでしょう。[7] また、私たちは、ある行為が「招待」であると理解するとき、それを「受諾」するべきだということをも理解するでしょう。だからこそ「断る」ときには、それなりの理由が述べられることになるかもしれません。そもそも、「受諾」を優先すべきという「誠実さ」と「招待」という概念の結びつきを理解しなければ、「招待」という概念を理解したことにならないでしょう。[8]

概念の論理文法とは、**私たちの生活をかたちづくる概念の結びつき**のことです。そして論理文法分析とは、そうしなければ見落とされがちな、論理文法上の区別を、はっきりとわかるかたちで見通せるようにすることです。私たちが日常的に用いている概念に、深遠な用法や厳密な定義を与えようとする欲求にかられたときこそ、考えてみましょう。それらの概念は、実践においてどのように用いられているのでしょうか。そして、それらの概念の論理文法は、どのような実践を可能にしているのでしょうか。**概念の論理文法を記述することは、実践の論理を記述すること**なのです。[9]

(7) この論点については、E・シェグロフ (Schegloff 1972) における、「条件付けレリヴァンス (conditional relevance)」についての記述、および【6-2】「行為の連鎖」を参照。

(8) このような「優先性」については、A・ポメランツ (Pomerantz 1984) および【6-4】「優先性」を参照。

(9) こうした欲求を引き起こしやすい概念には、【2-2】でみた「意図」や本項目でみた「感覚」などがあるだろう。リンチ (Lynch 1993) は、認識論に関する中心的な概念を定義することから、そうした概念によって注釈される活動の産出の探究へと、ふみだすことをすすめている。こうした方向性の延長上に、【9章】「実践における理解」の各項目を位置づけることもできる。なお、本書で頻出する「実践の論理」という考え方については、リンチ (Lynch 2000=2000) を参照。

第3章　秩序があるとは、どのようなことか

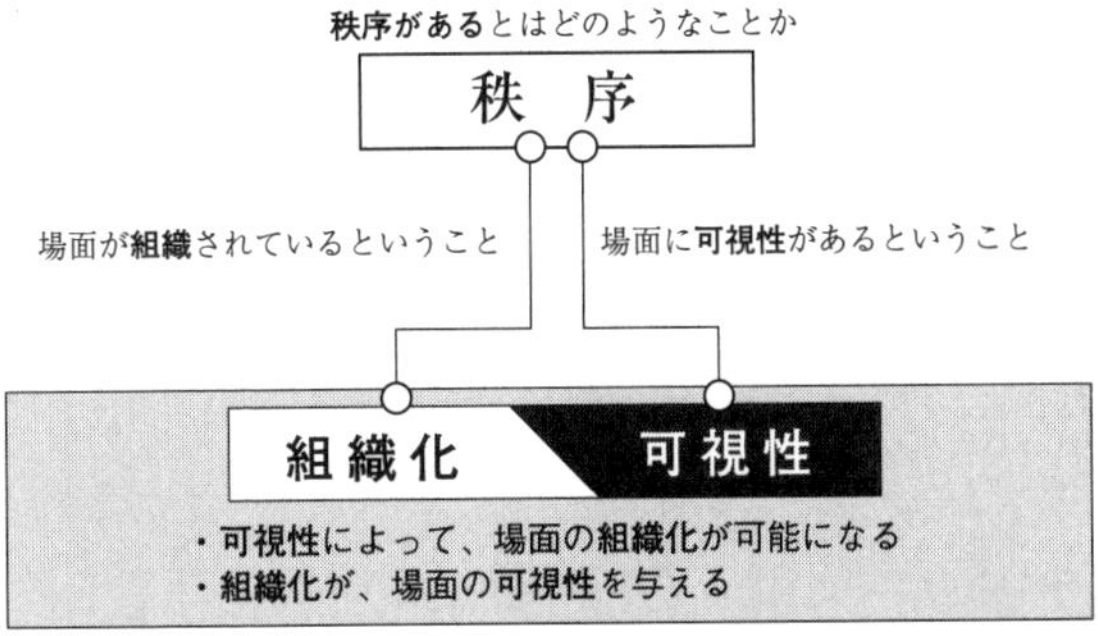
秩序があるとはどのようなことか
秩　序
場面が組織されているということ
場面に可視性があるということ
組織化
可視性
・可視性によって、場面の組織化が可能になる
・組織化が、場面の可視性を与える

その場面で起こっていることが何であるのかが、見てわかり、伝え合うことができるなら、参加者は、実践に埋め込まれていて利用可能な秩序を活用して、さらに秩序を生み出していくことができます。これは、人びとが、ふつうに、いつでも、どこでも行なっていることです。EMは、秩序問題を、社会学者がモデルを立て研究する理論上の問題である前に、実践に参加している人びとにとっての課題だと考えました。ここでは、そういった発想の背景と、EMが、秩序をどのように研究しようとしているのかを理解していただければ幸いです。

【3－1】では、見てわかり、伝え合うことで、可視性を得ることが、実践に埋め込まれた秩序を利用可能にしているという、EMの秩序像を明らかにします。【3－2】では、実践に埋め込まれている秩序を研究していく手続きとしてフィールドワークを挙げ、その作業を「再・特定化」として示します。【3－3】では、実践に埋め込まれた、可視性のある秩序の例として「行列」を取り上げます。

3-1 秩序があるということ

秩序があるということは、それぞれの状況において、場面が組織されていて、お互いの振舞いが安定し、協調しているということです。では、そうした人びとの振舞いの安定性は、どのようにして可能になっているのでしょうか。非常に手短にいうなら、それは、何らかの仕方で、それぞれの状況や場面に可視性があることによって可能になっているのです。もう少しだけくわしくいうと、人や物の配置や言葉や道具の使われかたが組織されることによって、その場面にいる人びとに物事の見通しが与えられるということが秩序を可能にしています。私たちは、そうした場面の「可視性」を利用することで、お互いの振舞いを協調させることができるのです。エスノメソドロジー研究（以下、EM）は、**それぞれの場面に可視性を与える（人や物、言葉や道具といった）リソースとその実際の利用法**を、実践に即して、丹念に記述していく社会学として誕生しました。

パーソンズ(1)にいたる社会学の伝統的な発想においては、秩序をめぐるさまざまな問いの根源に、ホッブス問題(2)と呼ばれる問題があるとされてきました。それは、個々人

秩序があるということは、それぞれの場面が組織されており、お互いの振舞いが協調していて、安定しているということです。これは、お互いの行為の意味がわかり、見通しが与えられることで可能になっています。場面に可視性を与え、秩序を生み出している方法を記述していくことを課題としてEM研究が生まれました。

(1) ガーフィンケルの指導教授でもあったパーソンズは、ヨーロッパの社会学の伝統を詳細に検討し、アメリカに紹介した人でもあった。構造機能主義と呼ばれる立場から、功利主義、ウェーバーの個人主義、デュルケムの集合主義といった社会学の主要な学派を統合し、さらにフロイトの精神分析までも取り入れた壮大な一般理論の構築を目指した。ガーフィンケルは、パーソンズの指導を受けた第一世代でもあった。

(2) ホッブスは、個々人がその利害にもとづいて行動すると「万人の万人による闘争」が導き出されるとする。社会秩序が成り立つからには、

がその利害にもとづいて振る舞うとき、社会秩序がどうやって可能になっているのかを理論的に探っていこうとするものでした。こうした問いは、まず、切り離された個人を単位として、それをいかに結びつけるかという形を取ります。このさい、個人のあいだの対面的な相互行為をミクロと呼び、社会制度や文化、さらに国際社会といったものをマクロと呼んで、この両者を「因果関係のなかで」結びつけるという問題をミクロ／マクロ問題と呼びました。社会秩序の問題やミクロ／マクロ問題は、理論社会学にとって根本的な問題であり続けてきたのです。社会学者たちは、人々には見えていないが自分たちなら発見できる「隠された」秩序や構造があるはずだとしてこうした問題を必死に解こうとしてきました。

これに対して、ガーフィンケルは、社会秩序の問題というものが、社会学者が解答を与えるべき問題ではなく、むしろ、人びとが日々、それぞれの状況において互いの振舞いを協調させ秩序だてていくなかで直面し解決している実践的な課題なのだと捉えます(3)。そうすると、社会秩序の問題の見方が根底から覆ります。秩序、あるいは常識に埋め込まれた社会構造は、「隠された」ものではなく、人びとの実践が何らかの仕方で組織され、安定した振舞いや振舞いの協調をつくり上げていくなかで、生み出され、利用されているものだということになるのです。伝統的な社会学は、人びとがホッブス問題と同じものをすでに解いているという点を軽視してきたのです(4)。だとすると、社会学者の問題としてのホッブス問題やミクロ／マクロ問題は、もともと結び

この問題になんらの解決手段があることになる。この問題を共有し、理論モデルや思考実験によって解を提出しようとしているのが、秩序問題である。この問題は、ホッブスの名をとってホッブス問題とも呼ばれる。

(3) 当初、ガーフィンケルは、A・ギュルビッチ、A・シュッツらの現象学者のアイデアにヒントを得て、「社会秩序はいかにして可能か」という問いに、パーソンズとは違った厳密な解を与えようと試みた。常識的な合理性についての考察はその副産物である。【4-1】を参照。

(4) ガーフィンケルの視点からすると、闘争や戦争といった、秩序の対極にあると感じられるものも、秩序のひとつのあり方になる。そこで目にする場面のそれぞれは、組織され、可視性があり、継続した安定性を持っているからである。それに対して、秩序がないとは、人びとの振舞いがまったく組織されておらず、認識や活動に一貫性が全くみられないことである。もしその都度の認識

ついていて存在していた秩序を、理論化によって切り離すことでつくりあげた人工的な問題だということになります。ガーフィンケルにしたがって、ＥＭは、それぞれの状況や場面が、さまざまな方法で組織されて、可視性が与えられることで秩序が成し遂げられる、その仕方を、その外側からそこにない基準を持ち込むことなく、解明していくという課題に取り組むことになります。

さて、社会秩序があるといえること、すなわち、ある状況や場面がそれとして組織され、可視性が与えられて、お互いの振舞いが協調している例をあげておきましょう。これまで、ＥＭは、高速道路などの車の流れや、すれ違う、追い越すといった路上での組織だった振舞いを秩序の典型例としてきました（Garfinkel 2002)。この節では、そうした日常的な秩序のあり方について、つまびらかにしていきましょう。

まず、日常の具体的な場面で出会った人びとを適切に関連づけることにもとづいた秩序について見ていきましょう（【5章】）。たとえば、通りの向こうから歩いてくる二人が親子や恋人に見えるということがあるでしょう。もし何かの手がかりから、二人を適切に関連づけることができるなら、手をつないではいなくても、私たちは、その二人（あるいはそれ以上の人びと）を結びついた存在だと見なして、それに応じて、歩く速度や進路、二人との距離や二人への視線などを調整するはずです。二人にたびたび視線をおくることが、「妬ましい」といった感情の表現と見なされる場面なら、それを避けようとするでしょう（【9 - 5】）。また、私たちは二人のあいだに割って

の秩序がないなら、そこには徹底的なカオスしかなくなる。自分を取り巻く世界を闘争や戦争として知覚すること自体が不可能になる。

入るようにすれ違うことも避けるはずです。もし、私が物理的な制約から、仕方なくそうするなら、手刀のようなジェスチャーによって二人のあいだに割って入る前触れをします。これは、二人を同伴者として見ているということを表示することにもなります。このように二人を同伴者であるとする観察が、人びとの振舞いに影響を与え、場面を組織するリソースになっているのです。これは電車のなかでの例ですが、同伴者とおぼしき二人が近づくのをみて、ひとつおきに空いていた席を詰めて二人が座れる余地がつくられるといった場面を目にしたことは無いでしょうか。こうした場面を秩序だてているのは、二人を同伴者であると見て、関連づけることです。そして、多くの場合、お互いが相手をどのように見て、関連づけているかは、そのつどの、身体の動きやジェスチャーといったものによって表示され、今度はそれがリソースになって振舞いの安定性がつくりあげられます(5)。

次に高速道路のような複数車線を走行する自動車の様子を考えてみましょう。交通渋滞について、数理的に扱う研究においては、十分な時間が経過すると車間距離は均等化すると予想されているようです(6)。しかし、実際の交通をよく観察してみると、その予測するところとは違って、各車線を走る車両はバラバラで走るのではなく、かたまりとなって動いているということに気づくでしょう。それは、まず、周りの車両との関係において、「はやい」車、「おそい」車、「ふつうの」車という区別にもとづいています（Sacks 1992）。ドライバーは、お互いを見て（振舞いによって）その判断を

（5）ここでは特に、場面について の観察可能性を可視性と呼んでいる。そうした可視性は、場面や振舞いを言葉にし、カテゴリーを割り振ることによって与えられることもある（「聞く人の格率」が用いられる）が、人や物の配置によっても与えられる（「見る人の格率」が用いられる）【5章】を参照。

（6）数理的な研究とＥＭには方法論上の違いがあるがそれ以上に、研究課題として渋滞を設定し、既存のさまざまな方法によって説明していこうとする研究の手順と、それ自体を秩序現象としての行列を記述しようとする研究の手法には大きな違いがある（西成 2006）。

伝えあうことができるので、しばらく走っていると、一見して「ふつうの」速度で走っているとわかる交通の流れがつくりだされます。(7)「はやい」ドライバーは、隙を見つけて「ふつうの」車両のかたまりを追い越していきます。また、「おそい」車両は、徐々に流れから遅れていくので、結果として「ふつうの」速度で流れる車両のかたまりができるのです。こうしてひとかたまりになった群れが走行車線を走っているなら、そのかたまりを「はやい」車が追いこしていくことになります。

こうしたかたまりは、偶然に出来上がっているのではありません。ドライバーたちが、お互いがその動きを見て（振舞いによって）判断を伝えあい、運転を協調させあっているからこそ生じるものなのです。可視性ということ一般に言えることですが、人は、周りの人が**「見ているということを見ている」**のです。もし前の車が、何かをよけたり、急に減速したりするなら、ドライバーはその原因となった対象に気を配ることでしょう。ドライバーたちは、その場面についての判断や振舞いがどのようにして組織されているのかということを、お互いの振舞いを協調させるためのリソースとして利用しあっているのです。

場面が組織されることで、もたらされる可視性は、そこでの実践に内在している人びとに見通しを与えてくれます。しかし、これまで、社会秩序の問題は、場面の可視性がどのように組織され、使われているのかといった形で考えられてきませんでした。**秩序現象のあり方を記述する**ことには関心が向けられてこなかったのです。ＥＭにお

(7) この「ふつうの」速度が法定速度を越えた速度であるということは、普通に起こりうる。また、複数車線においてなら、どの車線を走るかで「ふつうの」表示をすることができる。

いて、「社会秩序は可能か」という問いが、「それぞれの場面において、社会秩序にどのように可視性が与えられているのか」といったものに変わり、状況に埋め込まれてある社会秩序を、具体的に、どのように研究できるのかについて考えることになります。

3-2 秩序現象の再特定化

ＥＭは、秩序現象を生み出すように、場面を組織して可視性を与えている方法を特定化しようとしています。場面を組織する普遍的なメカニズムである相互反映性やエトセトラ（等々の）項目については、第1章で詳しく触れられていますので、この節では、人びとの実践とその背景となる場面とが、何らかの仕方で組織され、可視性が与えられていく様子を、どのように研究するのかについて考えてみたいと思います。秩序（現象）について、ＥＭが、実際にどのように研究を進めようとしたのかについて、社会制度とかかわる現象を中心に述べていきましょう。

ある場面の可視性が、物や人の空間的な配置（組織化）によって与えられることがあります。そういった空間のデザインについて、皆さんも経験があるかもしれない病院の待合室を例に考えてみましょう。[1] 順番が来て名前を呼ばれると、カーテンなどで区切られた中待合で診断を待つ仕組みをもつ病院があります。診察時に脱衣を求められる必要のない耳鼻科や眼科であれば、診療場面と待合場所のカーテン自体がないということもあるでしょう。患者はそこで、その場を成り立たせている具体的な手続き物や人の配置によって可視性が与えられると、今度は、その可視性を頼りにして、別の活動を組織することができるようになります。他人が「見ていることを見る」ことで社会生活が組織されるといったことです。場面に可視性を与えている概念や物の実際の使用法をフィールドワークによって明確化するＥＭ研究の手順を再特定化と言います。

(1) 交通裁判所をフィールドワークしたＭ・ポルナーは、裁判の手順が簡略化され、手際よく順々に執行されていく過程で起こったことを記述した（Pollner 1979）。そこでは被疑者は、自分の前の審理の進行を実際に見ることができた。それによって、最初の数人以外の被疑者は裁判官の質問の意味を事前に学ぶことができ、簡単な事実確認といったルーティンの質問には的外れな答えをしなくなる。このことは、ガーフィンケルが述べた陪審員が「裁判官が『口にしたこと』とは区別された『ほんとうに言いたかったこと』を学ぶ仕組みの一端である。

Melvin Pollner（1940-）カリフォ

を耳にすることになります。それは、医師の声掛けに対する患者の受け答え、インフルエンザ、花粉症といった、自分と類似した症状の患者に対する診断や治療の手順、それに応じる患者の振舞いといったものです。物や人の配置がもたらす可視性（可聴性）によって、診断の場が、見て学ぶ場としてもデザインされ、組織されているのです。患者は、物理的な配置によって場面に可視性があることで、そこで行なわれている「ふつうの」診断は、どのように組織されているのかを聞いて（見て）学ぶことができます。(2) 前の人と同じものについては同じように答えればよいわけですから、この場面で自分がどう応えるべきかは、物や人の配置によって見通しが与えられ可視的にされているといってよいでしょう。

　秩序問題の問いのかたちが、「場面の可視性がどのように組織され、使われているのか」といった経験的なものに変わることで、その研究対象を日常の言語に埋め込まれている論理によって組織され、秩序だっている「現象」、すなわち「秩序現象」としてみていくことになります。そして振舞いの秩序を、それが埋め込まれている場面と一緒に、ひとかたまりのものとして特定化していく（その詳細をつまびらかにする）ということが目指されたのです。こういったＥＭの手順が「再・特定化」（respecification）（Garfinkel 2002）と呼ばれます。

　従来は、権力、ルール、あるいはその他の社会構造上の文脈といったものが、人びとの行動に規制を加えることで秩序を生み出すと考えられてきました。ガーフィンケ

ルニア大学ロスアンゼルス校（UCLA）教授。精神医療研究、理論社会学。ＥＭ研究第一世代で、近年相互反映性に関する議論を巻き起こした。「現象としての日常生活」（1970, ジンマーマンとの共著）、「エスノメソドロジー（左派）に残されたもの」（1991）

(2) 純粋に見て学ぶ場でありながら、それが主題化されることが少ないのが、さまざまな実習の場面である（樫田・岡田ら 2001）。実際の診断の場には、学ぶための可視性に制約を加えるプライバシーという問題が存在している。

ルは、こうした発想が知らず知らずに築いてきた垣根を越えます。さまざまな場面の組織によって生み出される多様な秩序とそれを生み出している**固有の方法**という「獲物を追う」ことを選んだのです。これまで、社会学の専門家は、特定の方法論を過度に信頼して、研究対象の性質や成り立ちに関わらず、いわば外側からの規準を当てはめるというようなことをしてきました。それに対してガーフィンケルは、H・サックスの考えを受け容れ、さまざまな場面の組織化の方法をフィールドワークによって明らかにしていく営みを**「ワークの研究」**と呼びました（**【8章】**）。「ワークの研究」は、社会秩序の産出を理論的に探求し、特定の方法論にもとづいてそれを実証するという、それまでの社会学の思考法から抜け出した結果として生みだされたものなのです。では、具体的にどうやって調査を進めていくことになるのでしょうか。ここで、少し歴史をさかのぼってみましょう。

一九六三年のある日、ロサンゼルスの自殺防止センターにいたサックスはガーフィンケルの研究室にやってきて「捨ててある物（possessables）」と「置いてある物（possessitives）」という区別について語りました。具体的には、こういう区別です。道を歩いていて何ものかが目に入る。それが欲しければ自分のものにしてもよいとわかるとき、あなたは、ある場面において、それを「捨ててある物」だと見分けているのです。魅力的な何かを見つけてもそれを自分のものにすることはできないとわかるとき、あなたは、それが「置いてある物」だと見分けているのです。たとえば、どこかにものを置くことで場所取りができるのは、その場面において、誰かが場所取りをする可能性があり、そこにあるものを場所取りという意図でも「置いてある物」として識別しているからです。人びとは、こうした**概念上の区別によって場面を、そして実践を組織している**のです。

　サックスは、この概念上の区別について、フィールドワークによって知ろうとします。「日常の業務としてそういったことについて知っているワークグループを見つけ出し、その人たちに、概念的な区別について知っていることを教えてもらいたい」といいました。そしてサックスは、警官たちの実践に目をつけます。彼らは、日常の業務の一部として、自分たちの管轄区域を巡回して、捨てられている車を探すのです。同じようにひどいものであるように見えても、それぞれの状況や個々の振舞いの組織について知っている彼らには、「置いてある物」はそれとして見分けることができるようになっているのです。そして、捨ててある車には、レッカー車を呼び、置いてある車には、駐車違反の切符を切ります。私たちも日常生活において、何が、どこに、どうやって、どういったものと一緒にあるのかといったことから、それぞれの場面とそのなかにある物について同様の区別をしています。フィールドワークによって、こうしたワーク（グループ）の、**機会ごとの、それに応じた実践から秩序を生み出している社会組織と活動の組織化について学ぶ**ことができます。こういった研究を「ワークの研究」と呼んだのです（Garfinkel 1986, Garfinkel & Wieder[3] 1992）。

（3）Lawrence D. Wieder（1938-2006）オクラホマ大学教授。博士（カリフォルニア大学ロスアンジェルス校）言語と社会的相互行為の研究。EM研究第一世代。麻薬中毒者の中間施設をフィールドにした制度場面のエスノグラフィーは、初期のエスノメソドロジーの代表作の一つであった。『言語と社会的現実』(1974)

こうして、EMに、フィールドワークによって、多様な制度・専門領域の実践の「核心」に入り込もうとするプログラムが加わりました。以前から、それぞれの領域で進められていた研究の蓄積があるので、教育なら教室、医療なら診察室、音楽なら演奏、科学なら実験室といったフィールドで用いられている方法を特定化しようとするEMによる研究の作業は、それ以前の社会科学の営みに対する**「再・特定化」**と呼ばれます。自然主義の立場によって立つエスノグラフィー(4)が、そのフィールドで流通して主流となっている解釈にもとづいて記述していくことだとすると、EMは、記述の精度を高め、人びとの方法に迫るという課題を追っていることになります。EMは、実践について話すことを学ぶだけではなく、研究対象となっている実践に内在し、それに習熟しようとします。実践に内在することによって、実際にさまざまな「秩序」の詳細を成り立たせ、それを組織している具体的な方法が浮かび上がってきます。そこに照準して、それらを、まとまりのある秩序だった現象として記述しようというのです。その場で実際に効いている組織化の方法を記述しようとするのです。そのため、**詳細なフィールドワーク**や**記録のテクノロジー**が用いられることになります。

秩序問題を理論的に、一括して解決しようとしてきた社会学は、社会制度の「核心」にある実践の組織を描くことに失敗してきました。それに対する反省から生み出された研究プログラムであるEMのフィールドワークは、**場面に可視性を与え、秩序を生み出す多種多様な方法に関心を寄せる**ものなのです。

(4) エスノグラフィーに関わる態度を自然主義、ロマン主義などとして分類することができる。これらはフィールドワークの成果を記述する関心の違いである。

3-3 道徳的な秩序

日常生活の場面の隅々、あるいは振舞いの詳細にある秩序は、ルールが明示されてはいないものの、それに反してしまうと**道徳的な反感**を買うものです。こうした秩序は、研究の対象とされる場合であっても、ゲームというメタファーにもとづいて語られてきました。(1) とはいうものの、ルールが明文化されているはずのゲームであっても、そこに明示されていない、さまざまな要素があります。ルールがしてはいけないと禁じるものに絞ったとしても、たとえば、ルールは、ゲーム中に突然踊りだすといったゲームと関わりのないことを個別に列挙して禁じることはできません。そこにも、基本的なルールとして明示されてはいないが、それに反してしまうと道徳的な反感を買う秩序があるのです。基本的なルールを書き出すことができ、容易に学べるようにおもわれるゲームでさえ、じつのところは、その場その場の常識からみて理にかなっている必要があり、それは、実践に内在することによってのみ習熟することができるのです。(2) そこでEMは、明示的なルールを持つゲームというメタファーに頼らず、日常生活上の道徳的な秩序そのものに目を向け、研究をおし進めました。

EM研究において、日常の道徳的な秩序の例として提出されたのが行列でした。行列は、物や人の配置によって与えられた可視性が、道徳的な秩序の物理的な基盤になっている典型例です。それによって、人びとは、一目で、順番を見分け、「割り込み」といった違反を指摘し、道徳的な判断を根拠付けることができるようになります。

(1) ゲームにおいては、合法的な振舞いと合法的でない振舞いを仕分けるルールが明文化されており、それが研究の手がかりとなる。明文化されたルールが支えているゲームは、たとえばサッカーなら、イエローカードによる警告やレッドカードで退場といった、それが悪いことだと示し抑止しようとする明示的なサンクションが伴っている。

(2) 契約には、それを支えている多くの要素があるが、それ自体は契約書には書いていない。こうした要素は、「契約の非契約的要素」、「背後の期待」、「信頼」と呼ばれ、契約を背後から支えているものが何かと

ＥＭにおいて、こうした道徳的な秩序の例として提出されてきたのが、行列を産みだすことに関わるさまざまな判断の組織化です（Livingstone 1987, Garfinkel 2002)。行列をめぐる判断は、法やゲームのルールとかかわる判断とは違って、合議にもとづいた明示的なものではありません。また、知覚や感情といった、いわゆる個人的で自然だとされるものについての判断とも違っています。しかし、法的な判断も知覚上の判断も、実践に内在することによってはじめて知ることができ、実践に習熟することによって、一目でそれを見分けて、利用することができるという点で道徳的な判断と共通点があります。

さて、行列の性質として挙げることができるのは、それが何らかのサービスを待つことで出来上がるものだということです。行列によって、何人ぐらいの人がサービスを待っているかが可視的になります。(3) さらに、行列に並ぶ人びとの配置や行列が組織されていく様子をよく見ると、そこからさまざまなことが観察できます。そこに共在している人たちにとって、行列がどのように組織されているかということは、目に入ることでそこから学ぶことができる、「観察可能‐かつ‐報告可能」な存在として利用されているからです。

行列は、順番を可視化することで、その秩序をひとびとが利用できるようにします。行列のもたらす可視性を、逸脱を見分け、秩序を回復するために用いることもできます。行列の可視性は、**秩序の副産物ではなく、行列が道徳的な存在であるために欠か**

いうことが社会学的な探究の対象になった。初期のＥＭは、「信頼」や「背後期待」といった「契約の非契約的な要素」に焦点を合わせることで、日常のそこかしこにあり、日常生活を支えている道徳的な秩序を見いだそうとした。その存在が浮き立つようにさまざまな実験やエクササイズがデザインされ、期待破棄実験やガーフィンケリングと呼ばれていた。現在とは違った倫理規定の元ではあるが、このガーフィンケリングは物議をかもした。だが、実践とは別に、ルールと独立した「背後期待」といったものがあるわけではない。この点で、ゲームも特権的な存在ではなく、明示化されたさまざまにルールと結びついた道徳的な判断にもとづく、日常のあり方のひとつである（【4‐2】）。

（3）これは、サービスの確実性に関連している。行列は、財を欲している希望者の数を数えられるように可視性を与えることで、十分な財が確保されているのかを一目で見分けさせてくれる。希望者には、行列に並ぶことで、その場への到着順に、サービスを受ける優先権が与えられる。

せない要素なのです。行列の可視性は、並ぶという実践によってなりたっており、また、実践に内在して、それを目にする人に、その姿、形によって、たとえば、どこが最後尾なのかを指示し、行列に加わりたい人には、そこに並ぶことを促すのです。

　行列の組織化と、そのなかでの出来事の例をさらに付け加えましょう。行列があることで、人びとにそれをめぐっての権利と義務が生じます。先に述べたように、まず行列は、順番を可視的なものにします。そして、それによって「割り込み」という概念が意味のあるものになります。このことは、行列が道徳的な秩序の物理的な基盤のひとつであるということです。道徳的な秩序には、交渉や再交渉の余地があります。それに関わる人は、自分たちの振舞いが「割り込み」にならないように、さまざまな工夫をするでしょう。たとえば、そのために自分が誰と連れ立っているのかを示そうとするかもしれません。遅れてきた人は、実は、同伴者の片割れで、行列の正当な参加者なのだと示そうとするでしょう。個々の行為が「道徳的な判断」にもとづいており、この場合は、同伴者という関連づけにもとづいて自分の振舞いを正当なものにしているということです。行列をよく見るとわかることですが、前に並んでいる人との距離（を縮める）、身体の向き（を変える）といった振舞いのひとつひとつが、その都度の行列の形に影響を与え、**行列をめぐる権利と義務**について、お互いに見通しを与え合う実践になっています。

　お互いの身体のあいだの位置取りについての協調においては、言葉ではなく、身体の動きやジェスチャー、まなざしや視線といったものが重要になります。ガーフィンケルは、行列のなかで観察されるものには、ある一貫性があると言います。ひとまとまりの一貫性（ゲシュタルト）は、それと違うものを見分けて、それにも対処するように求め、サービスを秩序だてます。サービスの秩序と、その仕組みをつかんだときには、それにふさわしい振舞いやその理由といったものが、その具体的な一貫性の詳細と関わって組織されるのです（Garfinkel 2002）。

たとえばエレベーターの前で形の整った行列を見かけることは少ないはずです。ドアの幅は、一度に一人かせいぜい二人しか入れない程度のものです。にもかかわらず、人びとはエレベーターに、整然と乗車することができます。乗車前に形式の整った列をつくっていないとすれば、実際の乗車は、どのように成し遂げられているのでしょうか。すなわち、エレベーターの前のフロアで、バラバラに時を過ごしている人びとが、どのようにして、一度に一人、あるいは二人の列になるのでしょうか。この変換は、誰にも指示されないし、一瞬のうちに起こるものでもありません。人びとは、誰と誰とが同伴者であるとか、何階まで行くのかとか、さまざまな観点から、お互いがお互いを適切に関連づけて識別し、エレベーターが自分たちのいる階に到着する前に、それにもとづいた位置取りを準備します。ドアが開いて降車客がおりるタイミングを見計らって、ある乗車客は前へ進み、ある人は留まり、一度に一人（か二人）の乗車の列に変換されることになります。乗車の行列は、そこでそのときに、身体の向き、歩く速度、視線といったものを利用して、成し遂げられることになります。人びとは乗車という活動において、誰に優先権があるのかを比較考量して、その場面に適したやり方で、振舞いを協調させているのです。

この活動を成しとげるのには「行列作りのユニット」が鍵になっています（Lee & Watson 1993）。行列をつくる最小のユニットは、一番目と二番目の人からなる二人のユニットです。乗車の順序は、そのつど、この前と後ろという最小のユニットを組織することで成り立っています。この位置に関する振舞いの協調は、言葉ではなく、特定の身体の動きとジェスチャーを通じて組織されます。また、まなざしや視線は、その場面にいる人びとの振舞いを、適切に関連するものとそうでないものに仕分けるとき、お互いの活動を抑止したり、起こりにくくしたりするために利用されます。

このほかにも場面の可視性を利用して、行列作りのユニットがそのつど、組織されたり、解消したりする例があります。それは、高速道路への入路のような優先―非優先のはっきりしているT型の交差点で、渋滞（低速）時に、本線に一台ずつ、互い違いに合流していくようになる場面です。このルールは、交通規則にも書かれていません。そのつどにつくりあげられている自生的な秩序です。車両の速度と交差点の空間が可視性を生み出すように組織されていることによって、そうした協調が可能になっています。自分たちの前の車も秩序だってそうしていることが目に入り、そこから学ぶことで、「一台ずつ」は、そこで従うべきルールとして働くようになるのです。また、合流のさいに、進入する車両のドライバーと進入を許す車両のドライバーとのあいだでは、お互いの運転を妨げない範囲で視線のやり取りがおこなわれるはずです。優先道路のドライバーが、速度を落とさず、視線を送らないなら、相手は「見ているということを見る」ことができないので、進入をゆるさないという表示になるでしょう。このように、路上では、一瞬のうちに、**一瞥によってさまざまな交渉**がおこり活動が組織されています。それが可能なのは、**お互いの可視性を生み出す空間的なデザイン**であり、そうした場面のなかでの行列をつくるということに習熟しているからでしょう。

ＥＭは、社会秩序の問題を、社会学理論の問題である前に実践に参加している人々にとっての課題であると考えました。実践に参加している人々にとって、それぞれの場面に組織された、さまざまな秩序が存在することによって、場面ごとに可視性が与えられ、それを利用して、さらなる秩序が生み出されるということが重要なのです。また、実践と関わる秩序は、行列がそうであったように、道徳的な判断の基盤となる秩序でもあります。そうして秩序と規範とは深く結びつくことになるのです。

第4章　合理的であるとは、どのようなことか

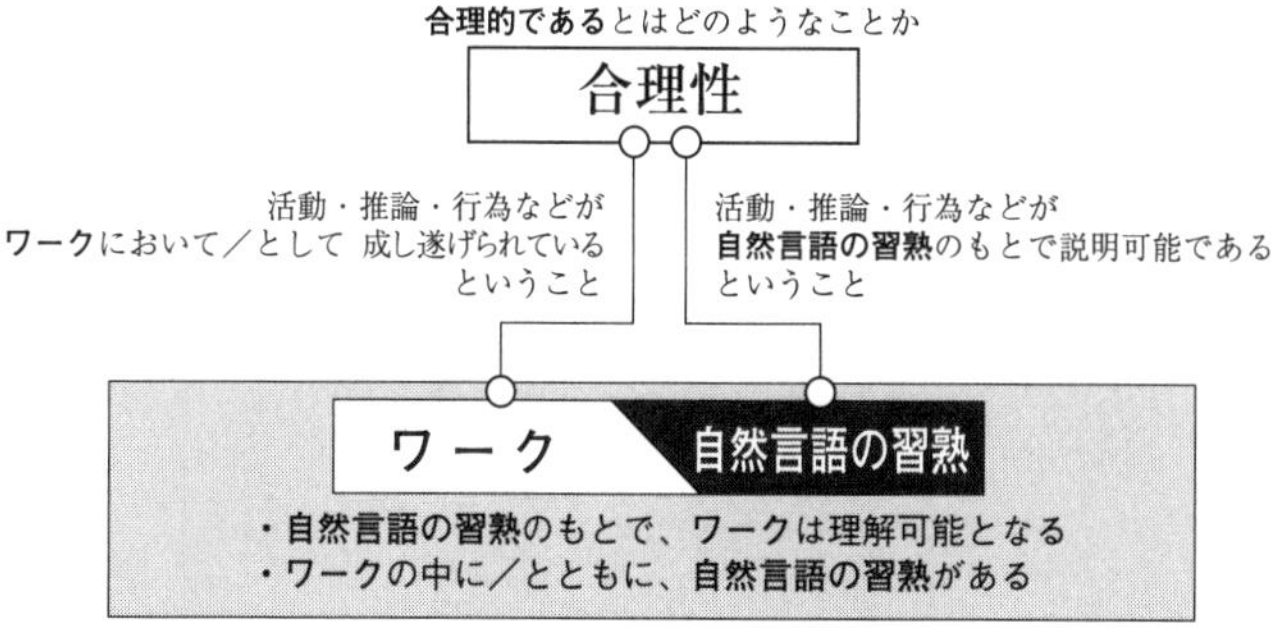
合理的であるとはどのようなことか
合理性
活動・推論・行為などが
ワークにおいて／として 成し遂げられている
ということ
活動・推論・行為などが
自然言語の習熟のもとで説明可能である
ということ
ワーク
自然言語の習熟
・自然言語の習熟のもとで、ワークは理解可能となる
・ワークの中に／とともに、自然言語の習熟がある

第4章では、社会学の基本概念のひとつである「合理性」に関して、ハロルド・ガーフィンケルの議論を追いながら考えていきます。合理性を考える際、従来の社会学は行為者モデルをたてることで、実際の行為を評価し、修正案を提出するといったことを行ないます。しかし、そうしたモデルを実際に作動させようとすると人びとの実践はうまくいかなくなることをガーフィンケルは示します。そして、合理性とは、モデルではなく、人びとの実践そのもののなかにあり、実践それ自体が観察できて報告できることにあるという結論に到達します。

【4-2】では、合理性を経験的に探究していく際の方法について考えます。ガーフィンケルは当初、実践の合理性に関して、実践の規則の背後にある期待を強調していました。しかし、こうした期待が前景たる人びとの実践と分ちがたく結びついており、そして人びとの実践が合理的である、つまりは観察できて報告できるものであるのは、そもそも人びとが「自然言語に習熟している」からであることを見いだし、初期の強調点を弱めていきます。以後「自然言語の習熟」に根差して、さまざまな実践の合理性が探究されることが目指されます。

【4-3】では、このEMが提案した実践の合理性と、いわゆる「科学的合理性」との関係についての考察がなされます。EMも含めた科学の現場のフィールドワークの知見によって、「科学的合理性」に基づく行為モデルは破棄されます。科学者の実践を非合理的なものにすることなく、合理性の探究を行なっていくというEM研究の方向性が示されます。

4-1 実践のなかの合理性

合理性とはどのようなものでしょうか。日常語では、たとえば「あの人は合理的だよね」などと、自分がたてた目標に最も適した手段を選んで、無駄なくそれを進めていく人をさして言います。しかし、どうやってそのような人であることがわかるのでしょうか。誰かが合理的であることが他の人びとにわかるには、そもそも、ある行動がある目的にとって手段となることが「自然と観察できて、報告でき」なければなりません。この「観察・報告可能性」こそが、エスノメソドロジー（以下、ＥＭ）の観点からすると「合理的」ということになります。ここではＥＭがいかにして、この合理性にたどり着いたのかを見ていきます(1)。

かつて、パーソンズという理論社会学者は、たとえば「一つの商品には一つの値段が定まっている」といった社会規範の共有が社会秩序の安定にとって重要であることを説きました。この規範を社会の成員が内面化すれば、つまり、社会の成員が何ら抵抗を感じることのない心からの欲求として、この規範にしたがって行動するようになれば、安定的な契約制度が実現されるからです。そして、契約制度などの社会の諸制

人間の行為の合理性を解明していくにあたって、モデルを構築する必要はありません。行為が理に適って成し遂げられていること、このことが観察可能で報告可能であることこそが合理的であるということなのです。

(1)【1-2】のアカウンタビリティを参照。

度が安定すれば、社会全体の安定につながります。こうしてパーソンズは規範や価値の内面化[2]を、社会の安定の必要条件としたのです。

では、この規範の内面化という考え方のもとでの「人間モデル」を使って人間の行為を考察してみましょう。すると、奇妙な事態になります。いったん内面化してしまった規範には抵抗を感じずにしたがってしまうのですから、社会の成員本人はもはやあれこれ考えることができず、それゆえ変更することもできません。たとえ規範を変える必要性がある場合でも、内面化されてしまっては、その規範にしたがっていることに気づくこともできずにしたがってしまうことになるのです。

ガーフィンケルはこのような社会のなかの人間のことを**「文化的な判断力喪失者」**(cultural (judgemental) dope) と名づけ、批判しました。そして、このことを先の「一つの商品には一つの値段が定まっている」という規範に関わらせて批判するために、学生に「定価のある商品」を値切ってみるという課題を与えました。すると学生のなかには、最初は不安の念にかられたり、止めてしまう者も出ました。しかし続けて値切った者は次第にこの課題をうまくこなしていき、とくに高い値段の商品ならばこれからも値切ってみることを決めたのでした。

社会の成員たち（この場合は、学生たち）は、そのつどそのつどの今ここの真只中で、判断作業をとおして、したがうべき規範を発見し、生成し、保持し、限定的にであれ修正していったのでした。「文化的な判断力喪失者」モデルでは、こうした判断

（2）規範の内面化については【5-1】も参照。

作業などの実践は通常の社会現象に対する、あくまで二次的な附随現象として扱われてしまい、研究対象とはなりませんでした。「判断力喪失者」という批判は、規範などを内面化するのではなく、それを使って（ときに修正して）なされるさまざまな実践こそが、社会の成員の日々の営みそのものであり、観察・報告可能になっているという意味で合理的な社会現象であることを主張するためのものだったのです。

一方で、既存の社会学の調査のなかには、現実の人間の行為を、社会学者の設定した何らかの合理性を付与された人間モデルと対照し、それからどの程度離れているのか、つまり、どれほど非合理的かという観点から見ていくものが多々ありました。パーソンズも例外ではありません。これでは、いわば**「間違い探しの社会学」**（sociology of error）であり、現実の社会活動の合理性はつかめません。

もちろん、より良い、状況に根ざした合理的モデルを複数つくって操作していけば、不当な間違い探しに陥らず、人間行為がうまく説明できるという主張もあるかもしれません。しかし、ガーフィンケルはそうした方向は取りませんでした。なぜなら、より良いモデルを社会（科）学者が構築しなくとも、すでにわれわれの日常活動は、理に適って成し遂げられていると考えたからです。すでに達成されている日常活動を、まさにそれとして記述し、分析的に解明していくことがＥＭの方向性であるとガーフィンケルは説いたのでした[3]。

ここで、合理性のエスノメソドロジー研究にとって、最大の転換点となる「不十分

（３）（Garfinkel 1967;chap.2）を参照。また、ＥＭの知見とモデルとの相違に関しては、二六二頁下のＱ＆Ａを参照。なお、ガーフィンケルによるこうした問いの転換はモデル構築を否定するわけではない。モデルを使って自らの営為を定式化し、可視化するという実践は、社会学者にかぎることなくさまざまな活動のなかでなされている。ＥＭ研究においては、〈モデル構築〉たるものを実践として、社会現象として解明することが目指される。なお、このような研究の方向性の先駆けとして、ガーフィンケルとサックスによる「実物大模型」の議論を挙げることができる。（Garfinkel & Sacks 1970）を参照。そして、このようにして、「合理性」や「秩序」といった社会学がテーマとしてきた伝統的トピックを、個々の社会活動において、そして個々の社会活動として扱っていくことをガーフィンケルは「再特定化」と呼んでいる。「再特定化」に関しては、【３‐２】（Garfinkel & Wieder 1992）を参照。

なカルテの十分な理由」というガーフィンケルの研究と、その論点を継承したヒースとラフの研究を紹介しましょう。

病院での診断過程を研究する目的から行なわれたガーフィンケルの研究は、まずはそれまでの社会学的手法にしたがって、すでに記入されているカルテの項目を分類しました(4)。そして、たとえば、職歴や年収や民族的背景など、記入すべき項目に記入のない場合などのさまざまな不十分な点があることに気づきました。

その際、ガーフィンケルは、それまでの社会学の調査のように、こうしたカルテの「不十分な」事態を指摘して、カルテの書き方に修正案を出すことは行ないませんでした。その代わりに、「不十分なカルテ」の理由を研究していきました。カルテという記録が、病院で**慣行化され価値づけられた実践と分かちがたく結びついている**ことに注目したからです。すると、きわめて多岐に渡る理由があることがわかりました。たとえば、カルテには診断や処置が、一見わかりにくく不十分な断片的語句で書かれていますが、そうした断片は、必要が生じた際には患者と病院の関係がとくに問題のない医療的営為における関係であったことを定式化するために集められるものでもあったのでした(5)。つまり、カルテの断片的語句は医療行為の遂行にとって最適であるのはもちろんのこと、医療活動の法的正当性をつくりあげる際に都合の良いものでもあったのでした(6)。

また、こうした理由ばかりが隠されたほんとうの理由として強調されたわけではあ

(4) この研究は、精神病院に外来する治療希望者が、いかにして、いくつかの段階を経て処置すべき患者として選ばれていくのかを社会学的に調査する目的で行なわれたものである。(Garfinkel 1967:chap.6) を参照。

(5) それ以外の理由としては、まずは単純なコスト上の問題からはじまり、カルテが評価や指導のために用いられる可能性への対応として詳細な記述を避けようとする戦略がとられることや、調査関心からの「良い」カルテの基準と、医療従事者としてのサービスへの関心とが矛盾すること、書かれた情報の将来の利用可能性の不明確さ、それゆえに現在のコストを最低限にしようという傾向、記録にはないことを参照して定まる各記録の意義、記録の形式と、記録する事例について知っていることとのギャップ、診療のシステムにおける何らかの変化によって変わる記録の各詳細の意義、公平無私な記述によって個人のキャリアや組織にのしかかるリスク、などが挙げられている。

りません。カルテが、カルテに関わった人たち、病院の組織やそのあり方、患者と医療従事者とのやりとりの経緯、医療手続きについての知識を前提として書かれていたことも注目されています。そして、この点こそ、カルテがある特定の状況の**活動の構成要素**であり、その活動において観察可能で報告可能である、というガーフィンケルの最大の強調点につながるものです。

この点を経験的研究によって例証したのはヒースとラフです[7]。彼らの研究によれば、〈患者の訴え〉〈診断〉〈処置〉は、とくに明示されていないのに、カルテのなかで書かれる場所や順番が決まっていました。これにより、カルテの読み手は、たとえば"depressed"という書き込みが〈患者の訴え〉なのか〈診断〉なのかを端的に判断していました[8]。また、たとえば〈診断〉の箇所に書き込みがなければ、記入漏れではなく正確な判断の据え置きなのだといったことを、ときには〈欄外の示唆〉の助けなども借りながら理解していました。また、再診の際には、読み手の知識をあてにして、不要な繰り返しなどは避けられました。そして、このようにして各医療面接の記録を連ねていくことで、患者の全般的印象や病気の進行状態が理解できるようにもなっていました。こうしたことすべてが、さまざまな場面でカルテを用いていくなかで、観察可能で報告可能なことであったのです。ヒースたちがフィールドワークを行なったイギリスの病院では、この観察・報告可能性にまったく注意を払わない電子カルテを導入してしまいました。結果は悲惨なものでした。多くの場合、患者たちは、パソコ

(6) なお、ガーフィンケルは、この主張によって、読み手の関心から、カルテにはさまざまな意味を与えることができることを論じている。そして、その際の方法として「医者-患者のやりとりを構成するもののドキュメント的表象として展開させていく」(ibid.:202) あり方に言及している。解釈のドキュメンタリー的方法に関しては【1-2】を参照。

(7) Christian Heath（1952-）ロンドン大学キングス・カレッジ教授。科学技術社会学、医療社会学、ヴィデオ・エスノグラフィー。地下鉄管制、ニュース配信など労働場面や、診断場面、博物館の鑑賞場面の相互行為研究を行なう。『医療の相互行為における身体の動きとスピーチ』(1986)、『行為中のテクノロジー』(2000, P・ラフとの共著)

(8) もちろん、このことは、"depressed"という英語の言葉が、日常用語（「気落ちした」）としても、診断上の専門用語（「抑鬱性の」）としても使われることが前提となって

ンのディスプレイばかり見る医師たちによって話をさえぎられ、医師たちは電子カルテと手書きのカルテの併用を余儀無くされてしまったのです。

一見したところ不十分に書かれ、さまざまな欠陥があるように思われるカルテは、医療という活動のなかで、カルテを用いてさまざまな実践を行なっていく人びとにとって、十分な理由をもって秩序だって使用されており、しかもそのことは観察可能で報告可能でした(9)。この観察可能で報告可能であることを、ガーフィンケルは**「合理的な説明可能性」**と名づけました。説明可能性、つまりは観察・報告可能性こそが合理性であると主張したのです。そのような合理性とは、さまざまな活動自体の観察・報告可能性といってよいでしょう。そしてどのような社会活動のどんな実践であれ、それが観察可能で報告可能となっていること、その仕組みを解明することが、ＥＭが目指す合理性の探究となったのです。合理性とは、社会学者によって設定されるのではなく、社会活動におけるさまざまな実践の観察・報告可能性から成るものとして、実践のなかにあるものなのです。こうしてモデルを使わずに人間の行為を解明していくことを経由して、観察・報告可能性の研究が切り開かれました。

いる。この点、日本語の場合には区別されているので、本文ではあえて訳出しないこととした。（Heath & Luff 2000:chap.2）を参照。

（9）ガーフィンケルは、カルテを「機会的表現」（occasional expressions）の一種として捉え、指示の確定が重要となる「客観的表現」（objective expressions）と対照させてもいる。

4-2 背後期待から自然言語の習熟へ

日常生活の合理性を探究していくにあたって、当初は規則の背後にある期待が強調されていたために、社会活動が織り成される様を分析的に解明する方向性がありませんでした。この欠陥は「自然言語の習熟」という考え方が提出されることによって克服されました。

「実践のなかの合理性」【4-1】では、エスノメソドロジーが各々の実践における合理的特性の解明を目指すことを論じました。しかし、その合理性をどのように探究していくのかに関しては、初期のガーフィンケルにはっきりした考えはありませんでした。初期の段階ではインタヴューやエスノグラフィーという手法以外を持ち合わせていなかったのです。[(1)] が、ガーフィンケルは、サックスとの共同研究を行なったあと、最終的には、**それぞれの実践ごとに固有な研究方法**を発見しなければならない、と主張するようになります。ガーフィンケルが、そのような主張にたどりついたのは、常識的合理性についての考え方を変えていったからです。ここでは「違背実験」と呼ばれる独特な試みを取り上げて、EMがどのようなやり方で合理性を探求していくようになったか、考えていきましょう。

合理性を探究していくにあたって、ガーフィンケルは常識的世界がいかにして可能なのかという問いに着手しました。そして、これが可能となるのは、人びとが内面化した規範にもとづく規則によってではないことをまず示します。【4-1】で論じた

(1) この方法と対象の不可分性・適合性は、「方法の固有な適切性」というテーマで論じられている(Garfinkel & Wieder 1991)。こうした主張にもとづき、たとえば論文上において実践をデモンストレーションするといった手法もとられることになる(Bjelic and Lynch 1992)。

ように、もしも「一物一価の法則」（一つの商品に一つの定価）という規則を内面化してしまうのなら、常識的世界はむしろ働かなくなってしまうのです。つづいてガーフィンケルは、規則ではなく、規則とは独立に、その背後にあるもの、たとえば「信頼」といったものが日常的な場の秩序を支えていると主張していきます。「違背実験」（背後にある「信頼」や「期待」を破ってみて、その反応をみる）と呼ばれるさまざまなタイプの実験は、多くはこのことを例証するために用いられました。

〔違背実験1〕違背実験は、まず「三目並べ」という二人で行なう簡単なゲームを対象に行なわれました。ゲームのような明確化された規則のある行為のなかで、実験者にわざと規則を破らせて、相手の反応を見たのです(2)。結果はさまざまでしたが、なかでも規則を破る振舞いをゲーム外の出来事として取り扱った例、同様の規則破りで応じられた例などにガーフィンケルは注目しました。これらの例においては、規則が破られているのに、実験者とその相手の間では振舞いが続けられ、それ相応の秩序が成り立っているのです。ガーフィンケルは、こうした秩序を成り立たせている条件として、規則とは独立にその背後にある「信頼」を掲げました。

〔違背実験2〕それに続いて、この「信頼」という概念を「日常生活の態度」や「背後期待」といった名称のもとに細分化した上で、今度は、この「背後期待」を破棄してその結果を調べる実験も行ないました。たとえば以下の実験（会話断片1）を取り上げましょう。

（2）三目並べにおいて、たとえば、升目にまたがって丸印をつけるなどして、規則を破ってみたのである。（Garfinkel 1963）を参照。

この実験はどのような背後期待を破棄するためのものだったのでしょうか。それは、概ね以下のようなものです。「人はそれぞれ異なる人生を送ってきた以上、人それぞれものごとの見方には異なる部分がある。しかし、人と共同で何かをしていく際には、こうした相違はその行為の目的にとってはさしあたり関連しない。こうしたことは当たり前だし、さらに、相手の方でも当たり前だと思っていることは当たり前である。」これを日常生活の背後にある前提のひとつとし、この破棄を試みた実験とされます(3)。

たしかに、実験者とその相手の視点から考えて、ここでなされるはずのことはあいさつであり、実験者と相手の諸々の生活史上の相違にもかかわらず、その目的たるあいさつは難無く行なえるはずだし、相手もそのようにわかるはずだというのは背景的な期待としてあると言えそうです。ガーフィンケルは、こうした実験を呈示しながら、規則ではなく背後期待こそが常識的世界に安定をもたらしていることを説き、さまざまな背後期待を列挙していきました。

この実験において、私たちの活動には背後期待と呼べるものが存在するという重大な発見がなされました。しかし、この方向性には重大な欠陥もありました。それを理解するために、もうひとつ別の実験（会話断片2）を検討しましょう。

その実験は、実際の会話を用紙の左側に書き、その右側に、会話者お互いが語っていたと理解している内容を書かせる課題として、最初は呈示されました(4)。

この実験から、初期のガーフィンケルは、さまざまな背後期待を取り出して提示し

会話断片1

事例　犠牲者（被験者）が陽気に手を振った。
被験者：どうだい？
実験者：何がどうなんだい？　僕の健康、お金、勉強、僕の心の平静さ、僕の…
被験者：（真っ赤になり、急に自制心を失い）そうかい！　お愛想で言ったまでだ！　はっきり言って、おまえがどうかなんて知ったことじゃないよ！

(Garfinkel 1963:221=1967; chap.2 =1989:44)

（3）この前提は、A・シュッツが「知識の社会化」を論じるなかで述べた「視界の相互性の一般定立」の構成要素である「レリヴァンスの一致の理念化」というものである。(Schutz 1962）を参照。

（4）そうした背後期待としては、生活誌への参照をあてにした理解

会話断片 2

夫：今日、ダナは抱き上げてやらなくてもパーキング・メーターにうまいこと 1 ペニー入れたよ。	私の 4 才になる息子のダナは、以前はパーキング・メーターの高さまで抱き上げてやらねばならなかった。でも私が彼を幼稚園から連れ帰った今日の午後、車をパーキングに止めた時には、息子はメーターの高さに十分手が届き上手に 1 ペニーを投入することができた。
妻：あなた、あの子をレコード屋に連れていったの？	息子がメーターに 1 ペニーを入れたのなら、あの子が一緒のときにあなたは寄り道をしていたのだ。息子を連れていく途中か、それともその帰り道のどちらかで、レコード屋に寄ったに違いない。帰り道に寄ったのであの子はあなたと一緒だったのか？それとも、迎えに行く途中でレコード屋に寄り、帰り道はどこか別のところに寄ったのか？
夫：そうじゃないよ。靴の修理屋に寄ったんだ。	いいや。私は息子を迎えに行く途中でレコード屋に寄り、一緒に家に帰る途中で靴の修理屋に立ち寄ったんだ。
妻：どうして？	私は、靴の修理屋にあなたが立ち寄らねばならない理由を一つ知っている。でも、実際はなぜか？
夫：新しい靴ひもを何本か買ったんだ。	私の茶色のオックスフォードの片方のひもが切れているのを知っているだろう。だから、何本か新しいひもを買うために寄ったんだ。
妻：あなたのローファー、すぐにでもかかと新しくしなくっちゃね。	私が考えていたのは、あなたの買ったものとは別のことだ。かかとを直さないわけにはいかない、あなたの黒のローファーを持っていけたのに。すぐにでも、それを直した方がいいわ。

（Garkinkel 1967; chap.2=1989:37-38）

た上で、「会話という行為の過程と結果は会話者による会話展開の内部からしか知ることができない」と主張していました。つまり、右側にあるような、発話それ自体とは別の、発話の意味内容なるものが得られなければ会話の秩序には接近不可能ということになります。これでは、会話のほんとうの意味なるものは当事者以外には分析不可能になってしまいます。また、会話が理解されて継続していくという事態を、発話の背後に隠された意味を付与したり、その意味を解釈する過程として提示していました。これでは、会話を理解するということが、まるで常に発話から意味内容を推測していくような解釈作業が伴う過程であるかのように見えてしまい、具体的な行為のその場その場から離れた認識作業ばかりが強調されることになってしまいます。(5)

背後期待を強調する方向性の欠陥は、当事者だけに閉ざされている認識作業を強調し、しかも背後期待なるものを社会活動の条件と定めるのみで分析を終了してしまったことにあります。しかし、社会活動とは、条件が揃えば自動的に達成されるものではありません。たんに背後期待があるというだけで、さまざまな日常的な営みが成立するわけではありません。また、テレビドラマや電車内の会話などを考えればわかるとおり、他の人びとの活動が第三者にとって根本的に観察不可能・報告不可能なわけではありません。こうした第三者の観察可能性からすれば、たとえば会話断片2では、妻の「どうして」を、靴の修理屋に寄った理由を尋ねる〈質問〉と把握し、その質問の〈答え〉として適切な発話を次に続けていることこそが夫の理解（の表示）である

や、発話の意味がその次の発話から遡及的に確定することへの期待といった、さまざまな背後にある特徴が述べられている。

(5) たとえば、妻の「どうして」という発話の意味内容を夫は確定しようとするが、それは、その次の「あなたのローファー、すぐにでもかかと新しくしなくっちゃね」という発話を聞いて初めて近づいていけるといった具合である。こうした点ばかりを強調しては、会話のその場その場で生じている端的な理解が見失われかねない。

と、観察／報告可能です。つまり、社会活動において、そして社会活動そのものとして、行為と行為が連鎖していくことによって社会秩序がつくりだされるのだという視点が不足していたのです。そのために、たとえば、あいさつのような社会活動がそもそもいかに織りなされているのかが探究の外に置かれてしまったのです。

けれども、ガーフィンケルは、常識的世界についての考え方を変えることによって、社会秩序についてのこうした視点を、しだいに獲得していくことになります。その変化が、この実験に関して後になってなされた変更に、はっきりと現れています。[6] 変更されたのは、次の二つの重大な点です。一つは課題の設定の変更です。改められた課題では、学生に、会話を盗み聞いて会話の発言自体を書き、次にその会話の当事者が伝えたい意味内容をそのわきに書くよう求められたことになりました。会話の当事者と、その会話の意味内容を書くよう求められた学生とが区別されたのです。

もう一つは課題の結果の分析の変更です。発話の意味内容を右側に書くという作業が終わりなく続けられ、左側の欄と右側の欄の対応関係を根拠づけようとすればするだけ、学生は右側の内容を増やしつづけねばならないことになったという変更がなされます。このようにして、この実験は発話とその意味内容の関係を、記号と指示対象の関係と同様のものとして捉えていくことへの批判として（およびその奇妙さを示す例として）用いられるようになります。そして、とうとうガーフィンケルは、実はこの課題は達成不可能な課題であり、会話を理解する方法——たとえば、物語り風に

（6）（Garfinkel 1967: chap.1）、（Garfinkel & Sacks 1970）を参照。

話しているとか、わざとあいまいに話しているといったこと――として発話を用いていくことを理解することが、真の狙いであったとさえ主張します(7)。

こうして、「当事者」から「会話者」や「人」へと中心概念を移行させ、しかも会話の方法について述べ始めることによって、ガーフィンケルは会話への焦点を、会話をしている当事者のみにしか接近できない解釈の領域から、その会話へと参加していくことができる者、ともかくも「会話」として聞くことができる者なら理解できるはずのものとしての会話の方法へと、曖昧ながらも変更させていったのです。こうした変遷の末に、ガーフィンケルは、サックスとともに「自然言語の習熟」としての「成員（member）」という考えに至ります。自然言語に習熟している人、つまり成員（メンバー）である（→【1-1】）ならば、誰でもしている／わかっている話し方／聞き方こそが、まず第一に探究すべき現象であることを論じたのです。

それでは、「自然言語の習熟」の考えにもとづくならば、先に取り上げた会話断片1の違背実験はどのようにみえてくるでしょう。先の「実験(8)」場面が〈あいさつ〉の場面として観察／報告可能であるのなら、どのようなことがわかるでしょうか。「どうだい？（How are you?）」に対するお決まりの肯定的な応答は、「うん元気だよ。そっちは？（Fine, thank you. And you?）」や「悪くないよ（Not bad.）」です。否定的な応答としては、若干の間《ポーズ》を置いた後に「いや、あまりよくないんだ（Well, not so good.）」といったものです。いずれにせよ、こうしたやりとりを〈あいさつ－あいさ

（7）該当箇所を引用しておく。「会話者の語る意味内容を説明するという課題は、会話者の言ったこと自体を精緻化していくことに学生を巻き込むものではない。そうしたことではなく、会話者の言うこと自体を理解する方法として当事者が言うことを用いるやり方を私に教える試みから、学生の説明はつくられるべきだということこそ私の示唆なのである。（中略）言われたことを認識することとは、人がどのように話しているのか、たとえば、「あなたのローファー、すぐにでもかかと新しくしなくっちゃね」と言うことで妻は、物語風に話しているとか、比喩的に話しているとか、遠回しに話しているとか、故意にあいまいに話しているとか、こうしたことを認識することなのである」（Garfinkel 1967:chap.1:29-30）（強調は引用者による）。

（8）「実験（者）」とカッコをつけるのは、〈あいさつを始めた者‐あいさつを返す者〉という特徴づけが適切な場面において、〈あいさつを始めた者〉にはそう認識されていな

つ〉という対になるものとしてわれわれは理解しており、行なっています。

この〈あいさつ‐あいさつ〉の対からすれば、「実験者」の応答である「何がどうなんだい？」という〈質問〉の発話は明らかに不適切だと観察／報告できます。〈あいさつ‐あいさつ〉の対においては別の対が間に挿入されるというのは、通常は期待できないということも、観察／報告できます。(9) 通常期待できるのは、先に述べたような肯定的な応答ないし否定的な応答です。「実験者」の応答は、こうした期待から逸脱するような応答になっています。この発話は「あいさつへの応答がない」という記述のもとに観察／報告可能であることによって、「不適切」な応答となっているのです。注意すべきなのは、このような記述のもとでの観察／報告可能性は、決して経験的一般化によってもたらされるわけではなく、あいさつの規則を把握することによってもたらされるということです。あいさつは対をなして行なわれるという知見は、経験的ではなく概念的なものです。(10)

さて、このように理解できるゆえに、あいさつをした者（「被験者」）のつぎの振舞いは「実験者」の応答に「怒りで応えている」という記述のもとに観察／報告できますし、それがもっともなことであることも観察／報告できます。この怒りは自分の最初の発話があいさつであること、かつ、そのあいさつが適切な発話によって応えられることを期待してよいことを示しています。この期待が不条理にも裏切られたからこそ、「被験者」は「実験者」の発話を逸脱的なものとし、同時に怒ることもできるの

い実験を行なっているという、奇妙さのゆえにある。なお、〈あいさつ‐あいさつ〉のような、会話分析が「発見」した相互行為の仕組みが、経験的知見ではなく概念的知見であることに関しては、クルターの議論（Coulter 1983a）を参照。会話分析の知見に関しては【6章】でくわしく説明されている。

(9) 〈あいさつ‐あいさつ〉の対にも、〈質問‐答え〉の対のように何かが入り込むことが許容されることがないわけではない。そのような場面として、日常的な電話会話が挙げられる。シェグロフの分析によれば、電話の受け手とかけ手の双方は、相手が誰であるかをそれぞれ特定する作業を、〈あいさつ‐あいさつ〉の対以降のやりとりで行なっていく。よって、〈あいさつ‐あいさつ〉の対の間にその作業が入り込むこともある。（Schegloff 1979）を参照。

(10) 事態の観察／報告とは外的な振舞い自体の記述ばかりではない。（外的な振舞いではないが）統語論的な特徴から、発話された一文を取

です。[11]「被験者」が、〈一時に一人の人が話す〉という会話の規則（【6-1】）からすればトラブルになりうる〈同時発話〉までして、「実験者」の発話の最中にしゃべり始め、自分の話す順番としてしまっていることにも注目しましょう。これは、相手（「実験者」）の無礼にたいして同様の無礼をもって応じている、という記述のもとに把握することができます。

さて、こうした分析の方向性は違背実験2における背後期待の強調とは大きく異なります。期待や信頼が背景的なものとしてその場の規則から離れて存在するというのは、それ自体、きわめて特殊な状況です。むしろ、われわれの日常的活動がよどみなく織りなされている場合には、会話断片1の再分析からも分かるとおり、期待や信頼はその場の実践の規則と分かち難く結びついており、そして、それが織りなされるあり様こそEMの探究現象に他なりません。「自然言語の習熟」という考え方はこの現象を真の意味で焦点化してくれるものだったのです。サックスとともにこの考え方を提出することによって、ガーフィンケルは自らが探究対象とする現象――それぞれの実践の合理的特性――にしっかりとアプローチしていく道具立てを初めて手にしたのです。[12]ここから、サックスは、会話という実践の方法を分析する**会話分析の方法**を発展させていきました（【6章】）。そしてガーフィンケルは、それぞれの実践に固有の方法を見出していく研究方針として、次の【4-3】でみるような、**ワークの研究**に乗り出していくことになるのです。

り出して、たとえば、それを質問と見なすだけでは、あまりにも不十分である。

（11）もちろん、〈怒り〉以外の対応もあって構わない。実験者の振舞いの不可解さに〈理由説明の要求〉をすることで、その振舞いを例外化しようとする事例もガーフィンケルは報告している（Garfinkel 1967; chap.2）。これもまた、あいさつの規則にもとづく行為をするという期待に反する行為を受けた際の対応のひとつのあり方と言える。

（12）EMの方法と現象学的社会学の方法との関係については、（中村 2000）を参照。

4-3 科学のワークの研究[1]

科学のEM研究は科学実践の「フィールドワーク」を行ない、科学が日常性に埋め込まれていることを例証しました。そして、この例証は、発見や発明に対して、懐疑主義をとることなく、社会現象として捉えていくことによってなされました。

【4-1】では、日常語で「合理的」という際の例として、自分が立てた目標に最も適した手段を選んで、無駄なくそれを進めていく人を挙げました。そうした合理的な人は、さらに、いくつかの手段を分類、比較して、その結果を推測してみたり、手段となる行為を行なっていく際の戦略を練ったりさえしているかもしれません。こうした合理性は現象学的社会学者A・シュッツによって「常識的合理性」と名づけられました[2]。

たしかに日常生活では、「常識的合理性」で十分なのですが、科学においては、これでは不十分であり、むしろ、それ以上のことをしなければならないこともあります。たとえば、日常生活においては、周囲の人の行動を際限なく疑うことは禁じられていますし、しゃべるときはもちろんのこと、文章を書くときも、具体的な特定の他者に向けて書きます。ところが、科学において理論を扱う際には、むしろ研究仲間たちの主張に間違いがないかくまなく探したり、論文を書くなら誰にでも読んでもらえるように書かねばなりません[3]。このような合理性もまたシュッツにより「科学的合理性」

（1）この「ワークの研究」は、社会秩序の局所的産出は会話実践の秩序として存在するというサックスの観察に端を発するとされており（Garfinkel 1986）、この「ワーク」の含意は、ある語や文の意義はある明快な場面におけるその使用とともにあるという主張とも連関している（Garfinkel & Sacks 1970）（Garfinkel & Wieder 1992）。こうした観点からすれば、「ワーク」の研究とは事実上はEM研究の別名であると言って差し支えないだろう。

（2）常識的合理性として、「カテゴリー化／比較」「『手段』の探求」「代替となる行為やその帰結の分析」「戦略」「（観察と理論との適合性における）許容範囲にある誤り」「タイミングへの関心」「予期可能性」

と名づけられ、先の「常識的合理性」とは区別されてきました。

もちろん、科学におけるこうした「合理性」は、日常生活の特徴ではありません。しかし、社会理論においては、「科学的合理性」を模範としてつくられた人間モデルは少なくありませんでした。そうした傾向に抗して、ガーフィンケルは、「科学的合理性」にもとづいた人間モデルというものは、日常生活の出来事を解明していく際には無用の長物にすぎない、と考えたのです。このようにして、「常識的合理性」の探究として、新しい経験的研究が行なわれていきました。このことは【4-1】で述べたとおりです。

では、日常ではなく科学の研究ならどうでしょう。科学を研究するのならば話は別であり、やはり先の「科学的合理性」が必要であるように思えてくる人もいるのではないでしょうか。科学のEM研究も含めて、一九八〇年代に興隆した科学の社会的研究は、科学的合理性による活動が行なわれていると思われる科学の現場（たとえば実験室）に入り、いわば、「合理性のフィールドワーク」を行なっていきました。結果は、ある意味で予想をうらぎるものでした。こうした研究は、さまざまな科学実践を取り上げて、科学実践が常識的合理性に満ちていることを示したのでした(4)。

ガーフィンケルの弟子にあたるマイケル・リンチは、こうした知見をまとめて、常識的合理性と科学的合理性との区別を批判しました。科学の実践には統一された方法があらゆる対象に対して存在するかのように思われることもありますが、しばしば科

「手続き規則」「選択」「選択の根拠」が挙げられている（Garfinkel 1967 chap.8）。

（3）A・シュッツは、これらを「科学的理論化の態度」とした。こうした態度にもとづいた科学的合理性の特徴は4点挙げられており、それらは「目的−手段関係の形式論理の原則との両立可能性」や「明晰性／識別性を目的として追求すること」「意味論的明確性／識別性」「状況の定義の科学的知識との両立可能性」になる。

（4）科学の社会的研究（Social Studies of Science）の概説としては（Lynch 1993:chap.3）（椎野 2007）を参照。また、このリンチの著作は、EMと科学社会学との関係、さらにはウィトゲンシュタイン派エスノメソドロジーの展開のひとつのあり方を示している点で示唆に富むものである。

（5）（Lynch 1988a）を参照。リンチは、まずシュッツの諸著作から、常識と弁別的に区別された科学観を

学者は試行錯誤を繰り返しながら、手持ちの手段でその場をやりくりしています。また、科学的方法にもとづいた実験は、すべてが厳密に規定され、およそ日常的振舞いとは縁遠いように思われるかもしれませんが、たとえば、顕微鏡を見ながら研究対象を同定し、その特徴を精確に示す作業は、誰にもお馴染みの日常会話をとおして成し遂げられています。発見も必ずしも天才一人の成果なのではなく、相互行為による産物なのです。そして、科学者とは普遍的他者に向けて研究をし、悲観的で懐疑的な態度をとることは先に述べたとおりですが、実際には、科学者は「特定の者」に向けて研究をし、また楽観主義的な場合もあります。またある発見や発明の再現実験は、その真偽を左右するため、古くから科学者の関心の的でした。この際、その実験のインストラクション（指示書）さえあれば実験を再現できるように思われるかもしれませんが、実際はインストラクションだけでは実験の進め方がわからないこともしばしばです。それを読んでいくなかで、書かれてはいないけれども必要なことを探し出していきながら、インストラクションの意味は見いだされます。うまくいかないと、最初に発見や発明をした実験室のスタッフを連れてくることさえあります。リンチは、こうした経験的知見をふんだんに用いて、先の区別の批判に証拠を与え、科学の日常性を主張しました(5)。

　そして、この批判が単なる提言に終わっていないことも重要です。理論化も含めた科学実践が何らかの形で合理的であるという主張は研究の出発点にすぎません。科学

五つの提言に分け、次にその反証となる経験的研究を挙げながら、それぞれと非対称的な反対提言を提出した。リンチがシュッツの諸主張から引き出した五つの提言は「諸科学の統一、及び科学的方法の普遍性」「諸科学の自律性、及び常識的合理性・社会的行為からの諸科学の明確な区別」「明確な前提にもとづいた諸命題が論理的に構築されたシステムとしての科学理論」「非具現的で公平無視なものとしての科学理論」「個人的出来事としての科学的理論化」である。また、反提言は「諸科学の異種混成、及び科学的方法の局所的編成」「科学的行為と、日常的推論・社会的相互行為の分離不可能性」「科学活動についての認知的な説明の不十分性」「利害関心があり具現的な、科学者・数学者の活動」「本質的に社会的な現象としての科学活動」になる。

　もっとも、先の章で述べたように、シュッツは科学的理論化のみに科学的合理性があるとしたので、理論化以外の科学実践に常識的合理性があることは批判としては的外れであるように思える。しかし、そうではな

活動が備えている合理的特性がいかなるものであるのかは、陪審員を陪審員たらしめているものと同じ身分（→【1-1】）において、発見されなければならないのです。科学のEM研究は、この問いに答えようとします。

さて、合理的特性を探究するEM研究を理解するために、以下でその他の科学の社会的研究の方向性と比較します。理念ではなく実際の科学のフィールドワークなどをしていくなかで、「科学的合理性」なるものを批判していくことでは意見を等しくしていた諸々のアプローチも、科学がそなえているのは実際はどんな合理性かに関しては大きく隔っていました。このことを、脈動星（パルサー）の発見に至る瞬間のテープ等を分析したガーフィンケルたちの研究をめぐる論争から見ていきましょう[6]。

脈動星（規則正しい間隔で電波またはX線を放射する天体）発見に至ることになる天文学者たちの観察では、その初期において、一人の天文学者はその当初からスクリーン画像上のパルスが脈動星であると確信して興奮していますが、もう一人の天文学者は懐疑的な態度をとり、なかなか同意しません。その強いパルスは脈動星ではなく、人為的なミスによる産物（人工物）ではないかと再三にわたって疑い、器具の調整を頼んだりするのです。そして、数回の確認作業の後になって、両者ともようやく脈動星が実在することを確信するにいたります。今度は、この観察実践を報告としてまとめあげ、他ならぬ脈動星の発見であることを世界の天文学者に認めてもらうための作業に取りかかっていきます。

い。これに関しては中村（1999a）を参照。結論だけを述べてしまえば、科学的理論化の態度は科学活動のなかにも入り込んでいる。よって、実験室における活動と、論文執筆の過程に代表される科学的理論化を弁別可能な特性によって排他的に区別することはできないのである。

（6）くわしくは、（Lynch 1992）を参照。

この研究に対して、**「科学的知識の社会学」**（Sociology of Scientific Know-ledge: 以下、ＳＳＫ）からは、科学者の作業の成果が偉大な発見となるかどうかを知るには、その作業の場面以外つまり発見の社会的側面を見る必要がある、という批判が出されました（Collins 1983）。すなわち彼らによれば、録音テープから「発見」の瞬間をどんなに詳細に研究しても歴史的出来事としての発見にはけっして到達しないのだから、それよりも天文学の「共同体」の「合意」の形成過程を研究し、合意の社会的側面を探し出していくことが有意義であるというわけです。

このような批判を投げかけるＳＳＫとＥＭとのいちばんの相違点は、ＳＳＫが科学技術に対して「懐疑主義」をとっていることにあります。ＳＳＫの議論では、科学的発見や技術の発明に関して、科学・技術的な側面と社会的な側面との区別が前提にされます。そして、科学・技術的な側面の正しさに疑いを投げかけて否定したり、あるいは相対化することで条件を設けて、その正しさを限定的なものとしたりします。これにより、なぜ発見とされたのか、なぜ優れた技術とされたのかを、自然科学者がするように科学・技術的な側面から説明することはほとんど無効にされ、最終的には、実験をとりまく社会的な側面を原因とすることによって、発見や発明を説明します。社会的な側面とは、たとえば、ある実験室の「権威」であったり、科学的な基準にいちいち拠らなくても、これまでの実績だけで発言ができる「有力な判定者」の判定といったものです。(7)

（7）たとえば、（Collins 1974）を参照。

さて、このようにして、研究対象の真理や実在を否定する条件を設ける、あるいは、確実性や卓越性を格下げする懐疑主義や相対主義の主張をし、その上で社会的条件を挙げるというスタイルは、伝統的には知識社会学的手法と言われるものです。科学の社会的研究は、「科学的合理性」を批判して、（知識）社会学的手法をとるあまり、科学活動をいわば「非合理的」なものとして特徴づけてしまったのです。これでは、サイエンス・ウォーズのような自然科学者との大論争が起きてしまうのも当然です。(8)

これとは対照的に、科学のEM研究は同種の現象に対してSSKとはまったく異なるアプローチを展開し、懐疑主義や相対主義に対して自然科学者とは異なる態度をとることで、科学活動の持っている合理的特性を考えていきました。そのアプローチは、社会的条件を挙げて説明を行なう以前に、そしてそれとはまったく別に、発見がすでに実践のなかで達成されているという端的な事実を拠りどころとします。この事実をいったん受け容れると、EMの探究課題は、科学者自身が行なう「同僚なら誰にでもわかるように、自分が行なったことが発見なのだということを、まさにその発見のただなかで理解し、理解させていく」実践を観察、記述し、見通しのよい洞察を与えることとなります。

先に取り上げたパルサー発見の研究も、こうしたことを試みたのです。そして、この研究は、相対主義や懐疑主義に対して、どのように考えていけばよいのかを示してもいます。たしかに観測の過程において何かが疑わしいという事態が訪れていますが、

(8) 科学・技術に対する非合理的な特徴づけが誤解を生んで、「(社会構成主義者は) 二一階から飛び下りてみろ」などと主張される (Sokal 1996) のも無理からぬことであろう。サイエンス・ウォーズに関しては、(金森 2000) を参照。

こうした事態は、全面的な懐疑をもたらしてはいません。懐疑的態度は、同僚の主張を批判してみたり、観測結果を疑ったり、ときには、科学的対象の表象が実在を反映しているものではないとして実験や観測をすべてやり直したりするという作業において見てとれますし、そのなかで受け容れられたり、拒否されたり、留保されたりしています。よって、この研究からすれば、社会学者が相対主義や懐疑主義をとって、科学的発見や技術の発明の真偽を判断するのは無理があることがわかります。発見や発明が社会に及ぼす影響ではなく、それらの科学的意義に疑義をさしはさむには自然科学の根拠が必要なのです。むしろ懐疑的態度が自然科学者たちによってどのように展開されていくのか、そうした活動の合理的特性はなにかを探究すべきなのです。

以上をまとめればＥＭ研究の観点から、こう言えます。科学的対象の探求はあくまで実在論的志向、つまり人間とは独立に存在する自然の対象について研究しようとする方向性に根差したものであることを踏まえれば、**実在論的志向も懐疑的態度も、科学実践にとって不可欠の両輪**です。そして、この両輪を駆使してなされる、さまざまな手続きややりとりのなかに科学実践の合理的特性があるのです。それは、ある実験がまさにその実験として秩序だっていると観察可能／報告可能なことと同義です。科学者たちの実践というものはあらかじめ全面的な懐疑に服するような現象ではないし、ましてや、社会学者のようなよそ者によって相対化されたり無秩序にされるものではないのです。

このような把握にもとづいた探究をしていくという方向性が、実在論や懐疑主義といった社会科学における認識論問題を、社会の成員の実践的達成として取り扱った末に出されたのです。解明すべきは「科学」[9]と名付けられる人びとの活動において成員の実践が織りなされていくさまなのです。

(9) EMとSSKとの方法論上の相違に関するよりくわしい説明としては、(中村 2001) を参照。

第5章　規範があるとは、どのようなことか

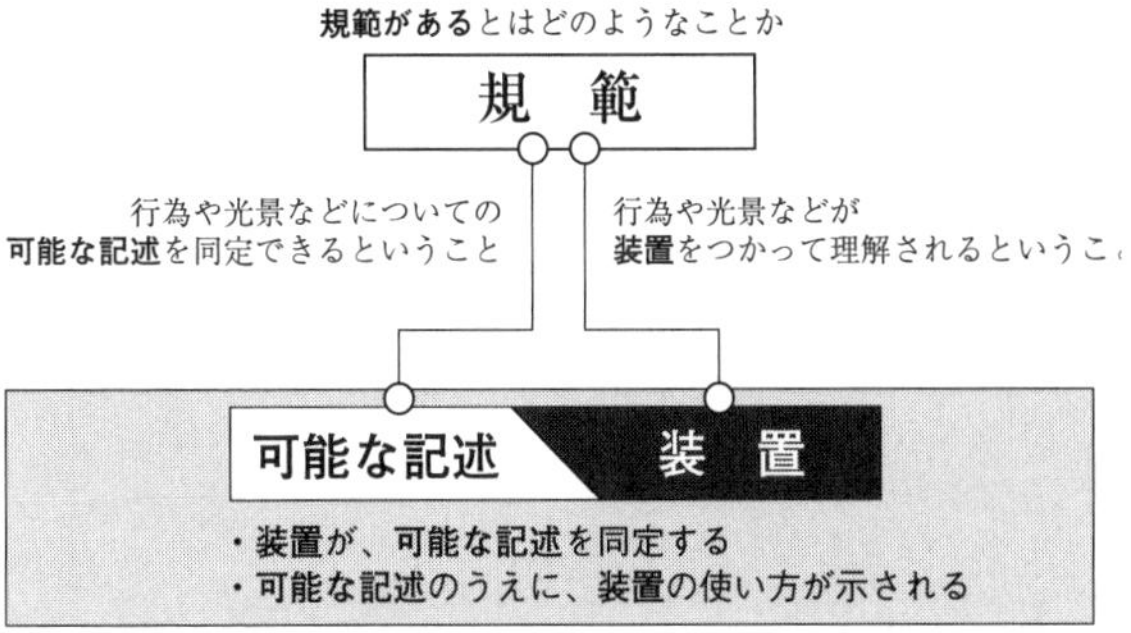

規範があるとはどのようなことか
規　範
行為や光景などについての
可能な記述を同定できるということ
行為や光景などが
装置をつかって理解されるというこ
可能な記述
装　置
・装置が、可能な記述を同定する
・可能な記述のうえに、装置の使い方が示される

第5章では、社会学におけるもっとも重要な概念のひとつである「規範」について、ハーヴィ・サックスの「成員カテゴリー化装置」というアイディアから考えてみたいと思います。社会学は伝統的に、規範によって人びとの行為を説明するということをしてきました。そこでは、規範は行為の原因のようなものだと考えられてしまいがちです。けれど実際には、行為の理解可能性は規範によって与えられているという点で、規範と行為はわかちがたく結びついています。両者を原因／結果のようにわけることはできないのです。このとき、社会学が行なうべきことは大きく変わってきます。

サックスは、「人」についてのカテゴリーがどのように使われるかを調べることで、実際に規範がもちいられることで行為に理解可能性があたえられるようすを描き出しました。私たちは人のカテゴリーを方法的に（一定の規則にのっとって）使うことで行為したり、あるいは出来事を理解したりします。「成員カテゴリー化装置」とは、「人」に関わる規範の使用方法のことであり、サックスが示したのはその使用方法を研究するという社会学の方針だったのです。

5-1
規範と行為

社会学は、人びとの行為を説明することを主要な仕事のひとつにしてきました。行為を説明するというのは、人びとはなぜこのような行為をするのだろうか、という問いをたて、それに答を与えることです。人びとが勤勉に働くのはなぜだろうか、犯罪がおこるのはなぜだろうか、自殺がおこるのはなぜだろうか……、それは○○だからだ、というように。そして、「規範」はそうした説明を行なうための、もっとも重要な概念のひとつでした。人びとが勤勉に働くのは、「天職をまっとうすべし」という宗教的規範があったからだ。犯罪がおこるのは「犯罪をしてはいけない」という規範を身につけることに失敗する人がいるからだ。自殺がおこるのは社会の変動期にこれまでの規範が失われ、どうすべきかわからなくなってしまう人びとが出るからだ、といったように。(1) 社会学は規範によって人びとの行為を説明する、ということをずっと行なってきたのです。

ここには、規範というものについてのふたつの考え方が現われています。ひとつは、規範は人びとの行為を制約し、一定の方向に導くものである、という考え方。人は何

人びとの行為を制約するものだと考えられてきた「規範」は、実は行為を制約するどころかむしろ可能にしている重要な道具になっています。その道具に「成員カテゴリー化装置」という名前を与えることで、サックスは規範の研究方法を大きく変えていきました。

(1) ウェーバーが『プロテスタンティズムの倫理と資本主義の精神』のなかで論じたのは、資本主義の誕生にあたって、プロテスタンティズムの宗教理念が人びとを世俗的職業労働へ駆り立てる心理的動因となったことだった。あるいはデュルケムは『自殺論』のなかで、産業の発展に伴った欲望の肥大化と、それを規制する規範の衰退を自殺の原因のひとつに数えた。もちろん両者の説明の形式はまったく異なるものだが、いずれも「規範」によって行為を説明している点は同じである。

も規範がなければ好き勝手に行為してしまうけれど、規範があることでそうしないようになっている、ということです。もうひとつは、規範はそれに人びとが自ら望んで従うようになることでうまく働くようになる、という考え方。単に「こうしなさい」とか「してはならない」とか言われるだけでは守らない人もいるかもしれないけれど、自分がそうしたいと欲してそうするようになれば、規範はよりよく守られるようになるだろう、ということです。

規範の「内面化」　こうした考え方は、理論的にも実際の研究においても非常に大きな影響力を持ちました。理論的には、人びとが好き勝手に行為してしまわないのは人びとが同じ規範を内面化しているからだ、というようにして「社会秩序」が説明されます（→【3-1】）。他方で実際に人びとが行なう行為については、それは○○という規範に従うことで行なわれたものだ、という説明がなされます。そのための有名な概念として「役割」と呼ばれるものをあげることができるでしょう。役割とは特定の「地位」と結びついた規範のことです。ここで地位とは、「地位や身分」というときのような上下関係を表わすものではなく、他者との関係のなかで人が占める場所のことだと考えてください。たとえば友達同士という関係であれば、お互いに「友達」という地位にある、といいます。そして、地位と規範が結びついているというのは、地位によってすべきこと・してはならないことが決まっている、ということです。たとえば、「親」なら「子ども」の「面倒をみる」べきだ、「部下」は「上司」の「命令を聞く」べきだ、「男」なら「簡単に泣いてはならない」、など。こうした地位－役割概念をもとにして社会学は、一方で人びとが役割を内面化することで社会秩序が保たれる、という説明を行ない、他方で性別や年齢、職業や階層といったさまざまな地位によって人びとを分類し、それによって人びとの行為を説明する、ということをしてきたわけです。どちらも、規範についての同じ考え方のもとでなされてきた、ということができるでしょう（↓【3章】）。

さて、規範についてのこうした考え方には、たしかにもっともらしい部分があります。「遊びたいけどテスト前だから勉強しなきゃ」と思っているときなどは、自分の行為が制約されているような感覚を覚えるでしょう。そのとき、「学生という地位と結びついた規範が行為を制約している」と言われれば、「なるほど」と思うかもしれません。しかし、こうした感覚を、「行為の説明」というかたちで社会学が行なう研究のなかに取り込むことには、実は大きな問題があるのです。ハーヴィ・サックスが**「成員カテゴリー化装置」**というアイディアを展開するにあたって最初に行なったのも、「地位－役割による行為の説明」という考え方に対してひとつの問題を提起することでした。

ある人の行為を「地位－役割」によって説明するということは、「〇〇だから△△すべきだ」という規範にしたがっていると見なす、ということです。「〇〇」には「学生」とか「親」とか、なんでもよいですが地位の名前が入り、「△△」には「勉強する」とか「子どもの面倒を見る」とかいった行為の名前が入るわけです。このとき、そうした説明を行なう人は、説明の対象となる人をなんらかの地位によって特徴づけていることになります。この特徴づけのことを、サックスにならって「カテゴリー化」と呼ぶことにしましょう。サックスが問題にしたのはまさにこの点、すなわち、**ある人をなんらかの地位によってカテゴリー化するというそのことはいかにして正当化されるのか**、ということでした（Sacks 1972a=1989）。

私たちはさまざまな社会関係のもとで生活しています。ということは、一人の同じ人を複数の地位によってカテゴリー化することができるわけです。ある人は、「男性」であり、「父親」であり、会社では「上司」でもあり「部下」でもあり、「友人」がおり、ある宗教を信仰しており、特定の政治的信条を持っており……といったように、さまざまな社会関係のなかで多様な地位を帯びていることでしょう。であるなら、ある人の行為を説明するとき、どうして他の地位カテゴリーではなく、この地位カテゴリーによる特徴づけを用いた説明が正しいのか、ということが常に問えるわけです(2)。

社会学者は年齢や性別、職業や階層といったさまざまなカテゴリーによって人びとを分類し、その行為を説明します。しかし、説明のためになぜそのカテゴリーを用いるのかという選択それ自体は、実は正当化されていない。これがサックスの問題でした。しかもこのことは、人びとが同じ規範を内面化することで秩序が保たれる、という理論的説明をも危うくします。人が常に複数の地位のもとにありうるなら、複数の

（2）サックスはこの問題を「カテゴリー化問題の一般性」と呼び、次のように示した。あらゆる人を特徴づけることができるカテゴリー集合（→【6-2】）が少なくともふたつある（n人の母集団成員をカテゴリー化できるという意味で、そうした集合によって構成される成員カテゴリー化装置のことを「Pn1型」と呼ぶ）。ひとつは性別（男、女）であり、もうひとつは年齢（赤ちゃん、子ども、大人、老人）である（年齢集合の要素はさまざまでありうるが）。であるなら、いかなる人も常に複数のカテゴリーによってカテゴリー化されることができる。

人びとが今どの地位‐役割規範にしたがっているのかが一致するとは限らなくなってしまうのです。これはお互いの行為を理解することにとって決定的な問題です。

こうした問題は「行為者をくわしく観察する」などといった方法で解決できるものではありません。なぜなら、行為者が今いかなる地位カテゴリーのもとで行為しているかは、観察可能な外見上の特徴からわかることでは必ずしもないからです。もちろん「警察官」のように制服などの外見からわかるカテゴリーもあるでしょう。けれど非番の日の警察官であっても、偶然事件に出くわしたりすれば、私服のまま警察官として行為するかもしれません。そのとき、その行為を説明すべきカテゴリーは、外見からはわからないことになります。問題は行為者の観察可能な外見にあるのではなく、その**行為者が今何者として行為しているかという、行為者の帯びている意味**にあるのです。

では、いったいどうすればよいのでしょうか。ここで注意すべきなのは、もしほんとうに上のような「問題」があるとしたら、それは社会学者にとってだけでなく、この社会で生活している人びとすべてにとっての問題であるはずだ、ということです。なぜなら、自分や他人の行為を説明したり理解したりすることは、なによりもまず社会成員たち自身が行なっていることだからです（【2章】）。けれど、私たちはふつうそんな「問題」の前で立ち止まってしまったりすることはありません。であるなら、それはなんらかの仕方で解決されているか、でなければそもそも問題などないのだということになるでしょう。そこで、サックスが行なったのは、私たちが実際どうやってさまざまなカテゴリーを用いているのかを調べてみることでした。そのなかで彼は、規範と行為の関係が、実は上でみたものとはまったく異なったものであることを見いだしていきます。

サックスが注目したのは、規範は行為を制約するのではなく、むしろ**規範によって行為が可能になっている**(3)ということでした。たとえば、生徒が授業中におしゃべりをしていて教師が「静かにしなさい」と注意するときのようなことを考えてみましょう。誰かのおしゃべりを注意することは、いつでも誰でもしてよいことではありません。喫茶店でおしゃべりしている人たちに「静かにしなさい」と言っても、言われた人たちは（よっぽど大声で話していたのでないかぎり）たぶんなぜ注意されなければならないのかわからないでしょう。けれど、教師に注意された生徒は（たとえどんなに小声で話していたとしても）自分たちがなぜ注意されたかわかるはずです。「おしゃべりの注意」には、それをしてよい場所と人物があるのです。そして、教師が生徒を注意できるのは、そこに「生徒は授業中静かにしなければならない」「教師は授業中おしゃべりをしている生徒を注意してよい」という規範が関わっているからにほかなりません。その規範は、教師が生徒を注意することを可能にしているものなのです。

こう考えるとき、上でみた「問題」は、まったく違ったふうに見えてきます。ある行為をどの地位－役割（＝規範）によって説明するか、という問題は、「規範が行為

(3)「行為を可能にするものとしての規範」という考え方は、エスノメソドロジーの影響もあり、今では多くの社会学理論のなかで一般的なものになっている。有名なところではピエール・ブルデューの「ハビトゥス」概念や、アンソニー・ギデンズの「構造化」概念など、あるいはニクラス・ルーマンにおける社会システムの「構造／作動」概念にも同様の考え方を見ることができる（酒井・小宮 2007）。ただ、社会学にとって決定的に重要なのは、そうした考え方が経験的な研究プログラムと本質的な仕方で結びついているかということである。この点で、サックスのアイディアと例証は抜きんでている。

を制約するものである」と考えるときにのみ解決できない問題になります。そこには、規範が行為とは独立に存在して行為に影響を与える、という前提があるからです。けれど、規範によって行為が可能になっているのなら、私たちがその場にふさわしい行為を行なうことができているとき、規範はその行為とともにあることになります。もちろん、ふさわしくない行為が為されることもあります。授業中おしゃべりをする生徒はいるでしょうし、その生徒を注意しない教師もいるでしょう。それでも、そうした行為を「ふさわしくない行為」だと理解する（そして時には非難する）ことができるのは、やはり上記の規範を用いてのことにほかなりません。「どの規範によって」という問いは、私たちがふさわしい行為をしたり、またふさわしくない行為を非難したりする実践のなかで、解消されているのです。規範が行為を制約するように感じられるのはむしろ、私たちがそのように規範を用いており、それゆえ**ふさわしくない行為をすれば非難される可能性があることを理解していることの効果**なのです。

なぜ複数の人の間でしたがっている規範が一致するのか、という問題についても同様です。「相手がしたがっている規範が他人からはわからない」という前提に立てば、これはやはり解決できない問題になるでしょう。けれど、規範によって行為が可能になっているのなら、私たちはその場にふさわしい行為をするなかで、あるいは他人の行為をその場にふさわしくないと非難したりするなかで、**自分が今どの規範にしたがっているのかを相手に示している**はずです。教師が生徒を注意するとき、まさしく

「注意をする」ことによって、教師は「今授業中である」「相手が授業中おしゃべりしてはいけない地位にある（つまり生徒である）」「自分が授業中おしゃべりをしている生徒を注意してよい地位にある（つまり教師である）」といったことの理解を示しているでしょう。もちろん、理解が一致しないことはあるでしょうが、それはけっして他人からわからないものではなく、私たちは互いに理解を示し合い、互いの理解をチェックしあいながら行為することができるのです。

こうして「問題」は、私たちが実際に行為をし、また他人の行為を理解していることそのもののなかに、解消されていくことになります。そしてここから、「規範」というものに対する(4)まったく異なった研究方針が出てきます。すなわち、規範によって行為を説明するのではなく、私たちが規範をどのように用いて行為をし、また行為を理解しているのか、そのやり方自体を研究しよう、というものです。「成員カテゴリー化装置」とは、私たちが人をカテゴリー化することでさまざまな規範を用いている、そのやり方のことを指しているのです。

（4）社会学者が行なう説明はむしろ、人びとの行為を理解するために規範を使う実践のひとつである。たとえば調査票のフェイスシートにさまざまな項目を並べるとき、それらの独立変数としてのもっともらしさが考慮されているはずである。そもそも何を独立変数にして何を従属変数とするのかということからして、「説明としてのもっともらしさ」と無関係ではありえない。社会学研究のなかで「カテゴリー化問題」が意識されることがないのは、私たちが日常生活において通常それを意識しないのと同様に、それがひとつの規範使用実践になっているからなのだ。この点で、「人びとの行為を説明する」社会学者の実践は、サックスにとってひとつの研究対象になりうる（→【5-3】）。

5-2 成員カテゴリー化装置

規範とは行為を制約するものではなく、行為を可能にするものであること、これが「成員カテゴリー化装置」というアイディアのひとつでした（→【5-1】）。けれど、「装置」という言い方には、さらに重要な含意があります。それは、装置である以上一定の仕組みに沿った働き方をする、ということです。毎回でたらめな働きをしてしまうようなものであれば、それはもはや装置としては役立ちません。「成員カテゴリー化装置」という名前には、私たちがでたらめにではなく、一定の仕組みに沿って人をカテゴリー化している、という含意があるのです。サックスはこれを**「方法的」**と表現しました（Sacks 1972a=1989）。

カテゴリー化が方法的になされるものであるということが重要なのは、そのことが、社会学者はそれを記述することができる、ということを意味するからです。方法的であるとは、規則にしたがってなされる、ということです。そして、規則に従うことは、自分一人だけに理解可能なように為しうることではありません（→【2-2】）。したがって、カテゴリー化の方法、その規則は、本来的に他人にとっても、つまり社会学

成員カテゴリーは方法的に（一定の規則にしたがって）用いられています。「誰も頼れる人がいない」という言葉が「助けの求め」という行為だとわかるのは、そこで成員カテゴリーが一定の用いられ方をされているからであり、社会学者はその方法を記述することができるのです。

者にとっても理解可能なものであり、それゆえに社会学者はその方法＝「装置」を記述する、という仕事に取り組むことができるのです。「成員カテゴリー化装置」という名前には、単に規範についての考え方の変更だけではなく、**実際の研究を進めていくための指針**もが同時に込められているのです。

サックス自身は、自殺防止センターにかかってくる相談の電話を分析し、そこでどのような成員カテゴリー化装置が用いられているかを明らかにしていきました。彼が注目したのは、多くの相談者が繰り返し言う「誰も頼れる人がいないんです」という言葉です。この言葉は、見方によっては奇妙なものだとも言えます。というのも、相談者は自殺防止センターのスタッフを現に「頼って」いるのですから。けれど、私たちはこの言葉を不自然なものだとは思わないでしょうし、相談者が助けを求めていることを難なく理解できるでしょう。では、この「助けの求め」という行為はどのような装置を用いてなされ、他人にも理解可能なものになっているのでしょうか。

サックスによれば、成員カテゴリー化装置は「**カテゴリー集合**」と「**適用規則**」とがセットになってできあがっています。カテゴリー集合というのは、人を特徴づけるカテゴリーの集まりのことです(1)。たとえば｛男、女｝｛親、子｝｛教師、生徒｝はそれぞれ集まりになっていると理解できるでしょう。重要なのは、私たちは人をカテゴリー化するとき、単にひとつのカテゴリーを使っているのではなくて、実は**カテゴリーの集合を使っている**、ということです。「静かにしなさい」という教師の言葉が正当

（1）ただし、あるカテゴリーがどの集合の要素になるのかということは、それなりに複雑である。ある集合はさまざまな要素によって表現できる。たとえば「年齢」集合は｛子ども、大人｝のような二元的な区別として使われることもあれば（公共交通機関の料金など）、｛0歳、1歳、2歳…｝というような一年刻みの要素をもつものとして使われることもあるだろう（書類の年齢欄など）。あるいは、ひとつのカテゴリーが異なる集合の要素であることもある。「赤ちゃん」カテゴリーは「年齢」集合の要素でもあるし、「家族」集合の要素でもある。それゆえ、ある集合やあるカテゴリーが用いられるとき、それがどのようなものとして用いられているかは、実際のカテゴリー使用と切り離して考えることはできない。

な「注意」となりうるのは、単にその人が教師として行為しているからだけでなく、相手が「生徒」だからでしょう。場所が職員室で、おしゃべりをしてるのが校長と教頭であったりすれば、「注意」をする正当性は生まれません。

他方、適用規則というのは、そうした集合をどのように使うかについての規則です。もう少しわかりやすい言い方をすれば、私たちが実際にそうした集合をどのように使っているかという、その使い方のことです。たとえば、もっとも重要な規則のひとつに、**経済規則**と呼ばれるものがあります。これは、**ひとつのカテゴリー集合だけで十分である**、というものです。教師が生徒を注意するためには、〔教師、生徒〕という集合を使えばそれで足ります。教師や生徒である人の他の属性（性別や年齢、家族内での地位など）は考慮される必要はありません。どんな人も複数の地位カテゴリーによって特徴づけることが可能であるのに、実際にはひとつの集合で足りるのは、今どの集合を使うべきかを私たちが常に示しあいながら行為しているからであり（【5-1】）、経済規則はそのことを表現していると言えるでしょう[2]。

もうひとつ、**「一貫性規則」**と呼ばれる重要な規則があります。これは、**同一の場面内では、人びとは同じ集合の要素であるカテゴリーによって特徴づけられるべき**だ、というものです。家族の紹介をするとき「この人がお姉ちゃんでこの人がお父さんでこの人が教師です」と言ったら、たとえ「お母さん（や他の家族の誰か）」がほんとうに「教師」であるとしても、奇妙に聞こえるでしょう。ある人に「家族」集合のな

(2) このことはもちろん、複数のカテゴリーを組合わせて用いてはならないということを意味しない。「初の女性学長」とか、「若手の社員」とかいう表現をするときのように、複数のカテゴリーが組み合わされて用いられることは珍しいことではない。異なる集合に属するカテゴリーがどのように組み合わされるかは、それ自体探求に値する問題である。

かのカテゴリーが適用されるときには、他の人にも同じ集合のなかのカテゴリーが適用されるべきなのです。

では、「誰も頼れる人がいないんです」という言葉のなかでは、どのような集合と適用規則、すなわち成員カテゴリー化装置が用いられているでしょうか。サックスの観察では、ここで用いられているのは、「二人の人間がどのような関係にあるか」ということを示す装置です。二人の人間の関係はさまざまな仕方で表現することができるでしょう。〈夫－妻〉〈親－子〉〈恋人－恋人〉〈友達－友達〉〈知り合い－知り合い〉……〈他人－他人〉など。そしてここでは、こうした対になった関係が集まって集合がつくられている、とサックスはいいます。つまり〔〈夫－妻〉、〈親－子〉、〈友達－友達〉、〈知り合い－知り合い〉……〈他人－他人〉〕という集合が使われている、というわけです。こうした集合によってつくられる装置を、サックスは「R」と名づけています。

ポイントは、この集合の適用規則、つまりその使い方にあります。実は、こうした二人関係には、相手が悩んでいたりしたときにお互いどういう態度を取るべきか、あるいは取ってよいかについての規範があります。ちょうど「教師」なら授業中うるさい「生徒」を注意してよいし注意すべきであるのと同様に、「夫」が悩んでいたら「妻」は気にかけたり相談に乗ったりすべきだし、夫は妻になら悩みを相談してよいし、むしろ相談すべきだ、というように。反対に、「知り合い」くらいなら気軽に相談できないでしょうし、ましてや「他人」には相談しないでしょう。つまり、二人関係が集まっているこの集合の要素は、悩みを訴えるのにふさわしい二人関係と、そうでない二人関係とに分けられるのです。前者をRp、後者をRiと呼びます。悩みを相談してよい相手とそうでない相手に人を区別する、これがRのひとつの使い方なのです。

また、悩みを相談してよい二人関係のなかには、**関係の強さの序列**があります。たとえば、悩みを抱える人は、配偶者がいればその配偶者よりも先に友達に相談すべきではない、というように。(3) 逆にいえば、より強い関係の相手がいるにもかかわらずより弱い関係の相手に相談したならば、咎められる可能性がある、ということです。重大な病気を患ったというようなことを、友達には相談していたのに配偶者に黙っていて、そのことが後で知られたら、きっと「なぜ黙っていたのか」と怒られるでしょう。悩みを相談してよい相手がいた場合、どういう順序で相談すべきかを決める、これがRのもうひとつの使い方です。

このように、Rという装置を使うことは、誰に・どういう順序で・悩み相談をすべきかという規範に従うことになります。しかも、それは悩んでいる本人にとってだけではありません。悩んでいる人が誰に相談すべきか・してよいかを、他人が判断するためにもこの装置は使われます。たとえば自殺した人の動機を調べようとするとき、警察はその人に配偶者がいたなら他の誰よりもまず配偶者に話を聞こうとするでしょう。それは、自殺者に配偶者がいたなら配偶者に悩みを相談していただろう、という

(3) 関係の強さの序列は、すべての人に共通に決まっているわけではない。けれど、序列があるということ自体はおそらくすべての人に共通であるはずだ。一般的にいえば、「友達」のような何人もいる相手よりは、「親」や「配偶者」のような、人数が決まっている相手のほうが「関係が強い」だろう。いずれにしても重要なのは、私たちが誰かに悩みを相談したり、逆に隠したりするとき、そうした序列を気にかけながらそれをしているということであり、そこでどのような規範が用いられているかということである。

ことが**Rという装置のもとで予想可能**であるからにほかなりません。

こうして、自殺の悩みを抱えた人はRという装置を使って、Rpの相手（配偶者や親、友達など）のなかから助けを求める相手を探すことになります。けれどこのことは逆にいえば、Rpの相手がいなかったり、いてもその相手に助けを求められなかったりする場合には、今度は「助けを求められる関係の相手がいない」ということをも、Rは明らかにしてしまう、ということにもなるのです。それでも誰かに助けを求めようと思うなら、悩みを抱えた人はRiの相手（単なる知り合いや他人）に助けを求めなければならないということになるでしょう。けれど、それは**Rという装置のもとでは、「助けを求めるべきではない」相手**です。そして、自殺防止センターに電話をかけている人にとって、そこのスタッフは紛れもなく「他人」です。それでももうそのスタッフに頼るしかないのであれば、人は次のように言うことになるわけです。「誰も頼れる人がいないんです」、と。その言葉は、自分にはほんらい頼るべきRpの相手がいないことを主張しているのです。と同時にそれは、ほんらい頼るべきではないRiの相手に頼ってしまっていることの言い訳にもなっています。つまり、頼るべき相手が誰もいないので、いわば仕方なく、最後の手段として、自殺防止センターに電話をしたのだ、ということを伝えているわけです。その言葉が、他ならぬ「自殺防止センターに助けを求める」という行為として理解可能になっているのは、その言葉がRという装置のもとでもつ、こうした含意によってにほかなりません。まさにこの点でRは、その行為を可能にするための道具になっているのです。

「誰も頼れる人がいないんです」。この言葉を聞いただけで、私たちはそれが「助けの求め」だとわかります。けれど、どうしてそうわかるのかということは、けっして自明ではありません。そのことを明らかにするためには、相手や状況に依存しながら、私たちがどのような規範のもとで＝どのような装置を使って、行為しているのかというその実践の詳細を見てみなければなりません。「成員カテゴリー化装置」は、その**詳細に名づけられたひとつの名前**(4)であり、またその**詳細へと照準するためのひとつのアイディア**にほかならないのです。

（4）成員カテゴリー化装置のすぐれた研究として（西阪 1997）の特に第2章を参照。

5-3 カテゴリーと結びついた活動

ここまで「行為を可能にするものとしての規範」という観点から成員カテゴリー化装置というアイディアについて考えてきました（【5-1】【5-2】）。けれどこのアイディアは、行為にかぎらずさまざまな活動や出来事、ひいてはおよそ社会現象といえるものについて考えるときにはいつでも、豊かな含意をあたえてくれます。ここではサックスによる**「カテゴリーと結びついた活動」**という着想について見てみることから、そのアイディアのもつ含意をひろげていきたいと思います。

サックスはある本から、二歳の女の子が言ったという次のような言葉を紹介しています（Sacks 1972b）。「赤ちゃんが泣いたの。ママが抱っこしたの」。この言葉を聞いたとき、私たちは文字どおりには言われていないことをわかってしまいます。たとえば、赤ちゃんを抱っこしたママが、その赤ちゃんのママである、ということ。あるいは、ママが赤ちゃんを抱っこしたのは、赤ちゃんが泣いたからであるということ。これらは直接子どもの言葉のなかで述べられているわけではありません。にもかかわらず、私たちはその言葉を、「赤ちゃんが泣いたから、その赤ちゃんのママが抱っこし

成員カテゴリーを多様な概念の結びつきのなかで用いることで、私たちはさまざまな現象を理解します。どんなに些細に見える現象でも、どんなに巨大に見える現象でも、どちらも私たちが規範を使用する実践のなかでそれとして理解できるものになっているのです。

た」という出来事の報告として理解することができます。というよりもむしろ何も言われなくてもそう聞いてしまうでしょう。その言葉は、たとえ直接言われていなくても、そう聞くのが**もっともらしい（ありそうな）出来事の記述**になっているのです(1)。

このことを可能にしているのは、やはり成員カテゴリー化装置の働きです。そのひとつの特徴は、成員カテゴリーがカテゴリー集合のもとで使われるということでした（【5-2】）。「赤ちゃん」というカテゴリーは「家族」あるいは「人生段階」といったカテゴリー集合に属しているでしょう。他方「ママ」というカテゴリーもやはり、「家族」集合に属しています。だから、「赤ちゃん」と「ママ」が一緒に用いられれば、私たちはそれを同じ「家族」集合のなかの「赤ちゃん」と「ママ」だと理解することができるわけです。「ママ」が、泣いた赤ちゃんの「ママ」に聞こえるのは、カテゴリーのこうした使われ方にもとづいてのことなのです。

続いてサックスは、**あるカテゴリーが特定の活動と結びついている**ということに注意を促します。たとえば、「彼は患者を診察した」という記述をみれば、私たちは「彼」が誰だかまったく知らなくても「医者」だとわかってしまいます。それは、「診察する」という活動が「医者」というカテゴリーと結びついているからです。同様に、「赤ちゃん」というカテゴリーは「泣く」という活動と、「母親」というカテゴリーは「子どもの世話をする」という活動と結びついています。もちろんこれは「医者」と「診察」のような強い結びつきではありませんが、それでもたとえば幼児が転んで泣

（1）サックスはそうした記述のことを「可能な記述possible description」と呼んだ。このことは、私たちが他者の行為や、光景や、起こっている出来事などを、なんらかの概念を用いることで理解しているということを意味している。サックスが「聞く人の格率」「見る人の格率」と呼んだのは、「可能な記述」を同定するための、そうした概念の用い方のことにほかならない（Sacks 1972b）。逆にいえば、たとえ事実としては正しくても用いられる概念が異なれば、理解可能性は失われるか、少なくともまったく異なったものになってしまう。たとえば「大柄な女が泣いている男をもちあげた」という表現をすれば、たとえ「ママ」が実際に大柄で「赤ちゃん」が実際に男の子であったとしても、何のことを言っているのかわからなくなってしまうだろう。

（2）カテゴリーと活動とのそうした結びつきを、サックスは「帰納を免れた知識」と呼んでいる（Sacks 1992:180）。私たちは「赤ちゃん」や「母親」を何例も観察して、そこ

かなかったときに「偉いね」と言って褒めたり、あるいは子どもの面倒をみない母親を「母親なんだから面倒見なさい」と非難したりするときには、「赤ちゃん」と「泣く」、そして「母親」と「面倒を見る」との概念的な結びつきが参照されているでしょう。「カテゴリーと活動が結びついている」とは、その**結びつきが行為や出来事の理解にとって前提となっている**、という意味なのです。だから、たとえその赤ちゃんの性別が事実男であったとしても、「男が泣いていた」と言えば、全然ちがった事態を述べているように聞こえてしまうでしょう。赤ちゃんはまさに赤ちゃんであるがゆえに泣いており、母親はその泣いている赤ちゃんをあやすために赤ちゃんを抱っこした、という理解は、カテゴリーと活動とのそうした結びつきのもとで可能になっているのです[2]。

　こうして、「赤ちゃんが泣いたの。ママが抱っこしたの」という子どもの言葉は、それだけで何が起こっているのかを理解することが可能な記述になっています。そして、その理解を支えているのは、カテゴリー同士の集合としての結びつき、またそのカテゴリーとさまざまな活動との結びつきにほかなりません。したがって、成員カテゴリー化装置の記述という課題は、そうしたさまざまな概念同士の結びつき（【2-3】）を明らかにしていくものだ、ということもできるでしょう。

　であるなら、その作業は人についてのカテゴリーだけにかぎられるわけではありません。**場所や時間をどのように特徴づけるか**ということも、行為や出来事の理解と大

から帰納的に「赤ちゃんは泣くものだ」「母親は子どもの面倒をみるものだ」という知識を得るのではない。むしろ、「赤ちゃん」や「母親」という概念を適切に使えるようになるということのうちには、それらが他の概念とどのように結びつくのかを理解するということが本質的に含まれているのである。その知識は、「赤ちゃんなのに泣かない」とか「母親なのに子どもの面倒をみない」というような違背事例をまさに違背として理解するためにも必要不可欠なものである。この点でそれは、「帰納を免れている」のである。

きくかかわっています（Schegloff 1972）。あるいは、人を特徴づけるやり方も、他にたくさんあるでしょう。代名詞をつかうことや固有名をつかうことも、ひとつの特徴づけです（Watson 1987）。そうした特徴づけは、私たちが何をどのように理解するなかでなされているでしょうか。また、カテゴリーと結びついているのも活動だけではありません。たとえば〔専門家、素人〕というようなカテゴリー集合であれば、**専門家であれば持っているであろう知識や経験、素人に対して持っている権利や負うべき義務**などがそこに結びついているでしょう。(3) 私たちは病院や法律事務所などのさまざまな制度的場面のなかで、そうした結びつきを用いながら「診察」や「法律相談」といった実践に参加しているはずです。そうした実践は、ちょうどサックスが会話データや子どもの物語を用いたように、さまざまな具体的素材を吟味していくなかで明らかにしていくことができるでしょう。

このことはふたたび社会学の方法論にとって重要な意味をもっています。というのも、行為や出来事がそれとして理解されるやり方を研究対象にしていくということは、**さまざまな社会現象が社会現象として理解されるやり方**も研究対象になる、ということになるからです。これは社会現象の説明をこころみてきた社会学の方法とは、決定的に異なった作業を行なうことになります。

なんであれ社会現象の説明を行なうためには、それが社会現象であるということを（少なくとも可能性としては）すでにわかっていなければなりません。犯罪を前にし

（3）たとえばサックスは「ホットロッダー」という短い論考のなかで、それを「革命的カテゴリー」だと述べている（Sacks 1979=1987）。その含意はこうである。成員カテゴリー化装置のなかには、カテゴリー集合のなかのどのカテゴリーを誰に適用するかについて権利配分が存在するものがある。たとえば〔赤ちゃん、子ども、若者、大人、老人〕のような「年齢」集合では、誰が「子ども」で誰が「大人」であるかといったことを決める権利は「大人」にある。「子ども」に対して「もう大人だな／まだまだ子どもだな」と評価したり、「老人」に対して「まだまだお若い／もう歳なんですから」と評価したりできるのは、基本的には「大人」なのである。他方「ホットロッダー（改造車で爆走する連中）」というカテゴリーは〔ホットロッダー、非ホットロッダー〕という集合の要素であり、そこでは誰が「ホットロッダー」で誰がそうでないかを決める権利は「ホットロッダー」の側にある。「若者」たちは自ら「ホットロッダー」と名乗ることで、「大人」たちに対してカテゴリー化

て、それを行なう人の社会的な属性に原因があるのではないかと考えたり、アメリカのイラクへの宣戦布告を前にして国際政治状況を論じたりするとき、そこに社会現象としての「犯罪」や「宣戦布告」があるということは、社会学的な問いの前提になっています。けれど、ある行為や発言がそもそも「犯罪」や「宣戦布告」として理解できるものになっているのはどのようにしてかということ、このこと自体のなかに、問うに値する社会学の課題があることを成員カテゴリー化装置の議論は示しています。たとえば犯罪数と経済状況との関連が論じられるとき、あるいは罪を犯した人の階層や家庭状況が論じられるとき、そこでは「貧困」や「不幸な生い立ち」といった、犯罪行為の「可能な理由」が参照されているでしょう。行為の理由となりうるような社会的状況のカテゴリーは、「個人の性格」や心身の「病気」を行為の原因とするような場合と違って、犯罪という現象の「社会性」を理解可能にしてくれるものです。同様に、たった一人の人間の発言が「アメリカによる宣戦布告」と理解されうるのは、その発言の場所にアメリカ全国民が集まっているからでもなければ、アメリカ全国民がそれに賛同しているからでもありません。それはむしろ、その発言者を「アメリカ大統領」とカテゴリー化できるかどうかということと不可分にかかわっているはずです。さまざまなカテゴリーの用いられ方は、ある行為や発言の、**「社会現象としてのもっともらしさ」**を与えているものでもあるのです[4]。であるなら、社会学者は、説明したい現象について仮説を立てたり、誰にインタヴューするかを決めたり、統計調査

の権利配分を逆転させ、評価される側からする側になる「革命」を起こしている、というわけだ。ここでは、カテゴリー化を行なう権利についての分析がなされているのである。

(4) それゆえ、いわゆる「ミクロマクロ問題」は擬似問題である。「ミクロな相互行為からマクロな社会現象を説明できるか」という問いは、ある現象が「ミクロな現象」あるいは「マクロな現象」として理解されうることそれ自体が、すでにしかるべき概念使用のもとで与えられていることを無視することで生じてくるものだからだ（Scehgloff 1987=1998）（Coulter 1996）。

で回答者のどのような属性を聞くかを決めたりするとき、実はさまざまなカテゴリーをもちいて、説明しようとする「社会現象」をほかならぬ「社会現象」として理解できるものへと組み立てていく作業を行なっているのだということになるでしょう。このとき、その作業自体が、社会学にとって興味深い記述の対象となりえます。「規範によって行為を説明する」という作業の批判から出発した成員カテゴリー化装置の議論は、こうして、そもそも**「説明」がどのようにして「説明」として理解可能になっているのか**を問う、まったく異なった水準の作業を行なう研究プログラムを提示することになっていきました。

規範をもちいることは、私たちが社会生活を営むことのなかに本質的に含まれています。私たちの社会生活から切り離されたどこかに、「規範」というものだけが存在していると考えることはできません。「自由な行為」でさえ、その行為をまさしく「自由」なものとして理解可能にしている規範とともにあるはずなのです。であるなら、その社会生活を研究しようとする社会学者は、規範によって研究対象を説明するのではなく、対象をつくりあげている規範そのものを記述しようとしなければならないでしょう。(5) 「成員カテゴリー化装置」というアイディアは、「規範がある」ということを、そのように私たちの社会生活と切り離さずに扱おうとする試みのひとつにほかならないのです。

(5) 他方で、社会学はもっと積極的に「あるべき社会」を語るべきだ（規範の記述だけでなく規範的主張をすべきだ）、という立場もあるだろう。だが、注意しなければならないことがいくつかある。ひとつは、どのような社会が「あるべき社会」かという主題そのものが、私たちの社会生活のなかで争われるものであるということ。それゆえ、その社会生活についての理解を欠いたまま「あるべき社会」について論じることなどできない。もうひとつは、社会学者の言葉もまた、ひとつの社会的行為だということ。それゆえ、そこに「単なる記述／規範的主張」というような単純な区別を外から適用することはできない（小宮 2005）。こうしたことを忘れるなら、「規範」はふたたび私たちの社会生活から切り離されたところで語られることになってしまうだろう。

III

エスノメソドロジーの記述

――実践の記述に向けて

第Ⅲ部では、エスノメソドロジストたちが、具体的にどのように実践を記述してきたのか、紹介したいと思います。第Ⅲ部は、さまざまな実践を具体的に記述していますが、それらは、医療、科学、教育、メディア、法……といった領域ごとというよりは、会話する、議論する、物語を語る、教える、学ぶ、実験する、測定する、見る……といった、具体的な活動や現象ごとに分類されています。こうした具体的な活動や現象が組織されるようなそれぞれの実践に、それぞれ**固有な「人びとの方法論」**があることを、実感していただきたい、と思うからです。

第Ⅲ部は、まず、日常会話で用いられている「人びとの方法論」を記述するところから出発します（第6章）。そこから議論する、ジョークを語る、ニュースを伝える、といった活動が、会話においてどのように組織されているかを記述していきます（第7章）。続いて、授業や実験室といった具体的な状況において、さまざまな具体的な作業がどのようになされているかについて、教える、学ぶ、実験する、測定する、比較するといったワークの実践を記述していきます（第8章）。最後に、見る、感情を持つ、想い出す、といった認識にかかわる言葉で語られる現象を、状況に埋め込まれた実践として、記述します（第9章）。これらの実践は、少なくとも可能的には、私たちが参加できるものです。

EMは、**私たちが参加しうる実践であれば、どこからでも研究を始めることができます**。きっと、第Ⅲ部の各項目のなかに、自ら実践していることを見つけだしていただくことができるはずです。気になった項目からまず読み始め、全体にさかのぼる、というような、読み方もありうるでしょう。

第6章　会話をする

第6章では、「会話をする」という活動について紹介します。会話（ここでは日常会話のことを指します）の分析は、ハーヴィ・サックスがエスノメソドロジーの創始者であるハロルド・ガーフィンケルと交流するなかで始め、その後エマニュエル・シェグロフやゲイル・ジェファーソンといった人たちの手で、「会話分析」というひとつの研究領域として確立されていったものです。

会話とは、複数の人の発言がつながっていくことに他なりません。そこでは、あらかじめ誰が話すか決まっていなくても、重ならないように、間があかないように、発言をつなげていくためのルールが用いられています。また、そうやって発言をつなげながら、同時に私たちはさまざまな行為をしたり、会話のなかで生じたトラブルに対処したりしています。会話をすること、そして会話をしながらさまざま行為や活動をすること。ここではそうしたことが、私たちが用いている実に精巧な技法によってつくりあげられている実践であることを見ていきたいと思います。

6-1

会話における順番交代

私たちはさまざまな実践にたずさわりながら社会生活をおくっていますが、そのなかにひとつ、とても際だった特色をもつものがあります。それは、**「人と言葉を交わす」**という実践です。と言うと、そんなありふれたもののどこが際だっているのか、と思われるかもしれません。けれど、それがあまりにありふれているということこそ、実は注目すべき点なのです。私たちは、人と言葉を交わすなかでさまざまなことを行ないます。挨拶をすること、質問すること、冗談を言うこと、おしゃべりすること、会議をすること、レストランで料理を注文すること、タクシーに乗って行き先を告げること、挙げていけばきりがないくらい多くのことが、みな人と言葉を交わすなかで行なわれています。このことを逆にいえば、多くのことを行なっているとき、私たちは同時に、「言葉を交わす」ことも行なっている、ということになるでしょう。「人と言葉を交わす」という実践の特徴は、そのなかでさまざまな行為や活動がなされるという点、いわばそれ自体が**さまざまな行為や活動をおこなう際の枠組**になっている点にあるのです。会話分析という方法を誕生させたのは、まさにその「人と言葉を交わ

「会話」は発言の順番交代によって成立しています。何気ない日常会話でさえ、むしろいつ誰がどのくらい話すか決まっていないような日常会話でこそ、スムーズな順番交代が行なえるような規則を私たちは使っているのです。

すことそのもの」への注目でした。

　では、「人と言葉を交わす」とはどのような実践なのでしょうか。まずは友達とのおしゃべりのような、日常会話を思い浮かべてみましょう。そこにはいくつかの特徴があります。ひとつはなんといっても、**基本的に一度に一人の人が話している**、ということです。つまり、会話に参加している人たちのうち、誰か一人が話していて、他の人はそれを聞いている、ということです。もちろん発言が重なったり、逆に間が空いたりすることはあるでしょう。けれど、重なったまま二人以上の人がずっと話しつづけることはあまりないでしょうし、間が空きっぱなしになることもあまりないでしょう（それはむしろ、会話がとぎれたり終わったりしたことになるはずです）。このことは、会話の重要な特徴へと関係しています。それは、**話し手の交代がある**、ということです。一度に話すのが基本的に一人であるなら、ある人が話しているときには他の人はそれを聞き、別の人が話し手になったら今まで話していた人が今度は聞き手になる、という交代があることになるのです。

　これは一見実にあたりまえのことに聞こえるかもしれません。話しながら同時に人の話を聞くことはできないのだから当然そうなるだろう、と。もちろんそうです。けれど、じゃあどうやってそうするのか、と考えてみると、このことは驚くべきことになります。日常会話では、学校での授業（→【7－4】）などと違って、誰がいつどのくらい話すかがあらかじめ決まっていません。言いかえれば、会話の参加者は、誰でもいつでも話し手になる可能性をもっています。であるなら、今誰が話し手になるかということ、そして次に誰が話し手になるかということは、会話をしている人たちにとってひとつの問題になります。あらかじめ誰が話すか決まっていない以上、「一度に一人だけが話し、交代で話す」ことがうまくいくためには、今誰が話し、次に誰が話すのかということを、会話のなかで常に気にかけ、そのつど決定していかなくてはならないということになるのです。つまり、私たちは会話をするとき、**発言の順番交代を管理しなければならない**わけです。もちろん、私たちはいちいち「今は誰の順番で次は誰の順番」と意識しながら会話をしているわけではありません。けれど、実際に一人の人だけが話し、順番の交代がなされていて、しかも発言の重なりや間があくことの少ないスムーズな交代がなされているのなら、その順番交代のやり方というものがあるはずだ、ということになるでしょう。それはどのようなものでしょうか。このことはけっして当たり前にわかることではありません。「人と言葉を交わす」という実践をあきらかにしていく最初の鍵は、その順番交代のなされかたにあるのです。

サックスたちは実際の会話を録音して書き写しながら、ふたつの側面からその順番交代（turn taking）について考えていきました（Sacks et al. 1974）。ひとつは、今話している人の順番がどこで終わるのかということです。講演のように一人の人がずっと話してよい場合とちがって、日常会話では頻繁に順番が代わるのですから、どこで今の話し手の順番が終わるのかが問題になります。ずっと話しつづけてよいわけではなく、かといって「あの」と言っただけで終わってしまっても困るでしょう。そうすると私たちは、どこまで話せば／聞けば順番が代わってもよいか、ということを気にかけながら会話している、ということがわかってきます。別の言い方をすれば、今の話し手の順番が終わり、順番が代わってもよいような区切りの場所を気にかけながら会話している、ということです(1)。

もうひとつは、その順番が代わってもよい区切りの場所で、誰がどうやって次の順番をとるのか、ということです。これには大きく分けてふたつのやり方があります。ひとつは、現在の話し手が次の話し手を選ぶ、というやり方。たとえば名前を呼んで呼びかけたりすれば、その呼びかけられた人が次の話し手になる権利を得る、ということです。もうひとつは、順番をとろうと思う人が、自分から次の話し手になるやり方。順番が代わってもよい場所がきたら、すかさず話しだすことで次の話し手になる、ということです。つまり、次の順番をとる人が選ばれるやり方は、「他者選択（現在の話し手から選ばれる）」と「自己選択（自分から次の話し手になる）」のふたとおりがあるわけです。

こうして、「今の順番がどこで終わり、次の順番がどう始まるか」という順番交代の仕組みが見えてきます。サックスたちはそれを次のようなルールのかたちで表わしました。

（1）ある人の発言順番が終わってもよい場所のことを、順番のpossible completion（PC：可能な完了点）という。「可能な」というのは、あくまでそれが「終わってもよい」場所であって実際に「終わる」場所だとは限らないということである。後述の順番交代のルール１ｃを参照のこと。通常は、現在の順番のPCは、次の順番へと代わることが適切になる場所transition-relevance place（TRP）になる。ただし、会話が終了するときの最後の順番などは、そのPCがTRPとなってはならない場所であり、例外である。「会話の終了」については（Schegloff and Sacks 1973）を参照のこと。

ちなみに、発言がどこまでいけばPCをむかえるのかは一般的には決まらない。長い物語を話し終えなければ終わることのできない発言もあれば、「うん」と返事をしただけで終わってよい発言もある。それはあくまで会話の具体的進行のなかで決まることである。

また、順番が終わってもよい場所までの発言のまとまりをturn-constructional unit（TCU：順番構成

（1）現在の順番の、最初の「順番が代わってもよい場所」において

（a）そこまでに現在の話し手が次の話し手を選んでいれば、選ばれた人が次の話し手となる権利と義務をもち、順番が代わる。

（b）そこまでに現在の話し手が次の話し手を選んでいなければ、現在の話し手以外の人は次の話し手として自己選択してよい。その場合、最初に話し始めた人が権利を得て、順番が代わる。

（c）そこまでに現在の話し手が次の話し手を選んでいなくて、さらに誰も自分から次の話し手として自己選択しなければ、現在の話し手が話しつづけてよい。

（2）最初の順番が代わってもよい場所で1aも1bもおこらず、1cにしたがって現在の話し手が話しつづけるなら、次の順番が代わってもよい場所でふたたびa - cのルールが再適用される。順番が交代するまで、これが繰り返される。

注目してほしいことがいくつかあります。ひとつは、このルールが、実際に**会話が進行していく時間軸にそって使われるもの**になっていることです。現在の話し手は、自分の順番の区切りまでに次の話し手を選ぶかどうか決める必要があります。そこまでに次の話し手が選ばれればルール1aにしたがって順番が代わり、選ばれなければ他の人が自己選択する機会が生まれます。そこで誰かが自己選択すればルール1bにしたがって順番が代わり、誰も自己選択しなければふたたび現在の話し手が話しつづ

単位）と呼ぶ。ただし、何をひとまとまりと見なしてよいかということも、やはり一般的には決まらない。会話のなかではその状況に応じて、単語、句、節、文のどれもがひとまとまりと見なしうる。（Sacks et al. 1974: 720-）を参照のこと。

けるかどうかという選択機会（1c）が生まれます。つまり、時間軸にそって、ルール1aにしたがうか、1bにしたがうか、1cにしたがうか、という選択肢が順番に現われてくるわけです。

もうひとつは、このルールが、**会話のなかでどのような行為や活動がなされているか、あるいは会話の内容が何であるかといったことからは独立に使える**ものになっている、ということです。会話者がどんな行為をするか、何を話題にするのかについては、このルールは何も指定していません。逆にいえば、どんな行為をしていても、どんな話題を話していても、会話をしているかぎり私たちはこのルールを使っていると言えるのです。挨拶をするときでも、冗談をいうときでも、おしゃべりをするときでも、私たちはこのルールを使いながら順番交代をなしとげている、というわけです。

こうしてみると、このルールが日常会話の特徴をよくとらえていることがわかるのではないでしょうか。そこでは、あらかじめ誰がいつ話すか決まっていなくても、そのつどの会話の進行のなかで順番交代を管理することで、発言の重なりや間を最小限にしながら会話を進めていくことができるようになっています。むしろ、順番交代をそのつど管理するやり方があるからこそ、**「あらかじめ誰がいつ話すか決めない」という会話の仕方（つまり日常会話）**が可能になっている、とも言えるでしょう。

またこのルールが、会話のなかでなされる行為や活動、あるいは会話の話題などとは無関係であるということはとても重要です。なぜなら、会話の順番交代が特定の行為や活動や会話の話題などから影響を受けないということは、私たちは会話そのものをしながら、同時にそのなかでさまざまなことを行なうことができる、ということを意味するからです。たとえば「次の話し手を選択する」ということを、私たちは状況に応じて多様なやり方で行なうことができます。名前を呼ぶこと、質問をすること、視線を向けること、特定の人にしかわからない話題を出すこと、そうした多様なやり方を状況に応じて使い分けたり組合わせたりしながら、そのつどの順番交代はなされていきます。「人と言葉を交わす」という実践が他のさまざまな行為や活動と同時になされる、ということには、順番交代のルールが大きくかかわっているのです。

こうして、順番交代という会話の特徴が描き出されることで、会話という活動そのものを記述しようとする研究である会話分析が誕生することになりました。この「会話そのもの」への視線は、実に多くの研究課題と、実際の研究を生み出すことになります。たとえば、たくさんのことを自分の順番で話そうと思う人は、順番の区切りで他人に自己選択されないようにしなければなりません。あるいは、会話を終了するときには順番交代のルールを使うことを止めなくてはなりません。そうしたことのために、私たちはどういうやり方をしているでしょうか。あるいはまた、日常会話以外の「人と言葉を交わす」場面では、順番交代はどうやってなされているでしょうか。法廷のようにかなりきっちり発言順番が決まっている場合もあれば、会議のようにある程度ゆるやかに決まっている場合もあるでしょう。であるなら、そこでの順番交代をみていくことは、単に「人と言葉を交わす」ことの研究になるだけでなく、「法廷」や「会議」といった実践を研究することにもなるはずです。どんな場面であっても、私たちが人と言葉を交わすとき、一度に話せるのが一人であるなら、限られた時間を誰が使うのか（誰が話すのか）を決めなければなりません。したがって、人と言葉を交わすことの研究は、私たちが**他者と時間を共有し、共用する多様なやり方の研究**でもあるのです。それは、紛れもなく**私たちが生きている「社会」の研究**に他なりません。

6-2 行為の連鎖

会話という活動の特徴は、発言の順番が交代していく仕組みにありました（【6-1】）。順番交代がなされることで複数の人の発言が次々とつながり、会話は進行していきます。とはいえ、会話をしているとき私たちは順番交代だけをしているだけではありません。というよりも、順番を意識することのほうがまれでしょう。むしろ、相手の質問に答えたり、昨日あったことを報告したり、冗談を言ったり、いろいろなことをしながら会話をしているはずです。会話とはそうしたいろいろなことをするなかで発言の順番交代をし、また順番交代をしながらいろいろなことをする、そういう活動だということができるでしょう。ここでは、私たちが会話をするなかでやっているさまざまなことのうち、最も代表的で重要なもの、「行為をすること」について考えてみたいと思います。

もちろん、行為をすることそれ自体は会話のなかでだけなされることではありません。一人でする行為もたくさんあるでしょうし、また他人とやりとりする場合でも、必ずしも会話をしなければならないわけではありません。黙ってお辞儀をするだけで

私たちが行なう行為のなかには、結びついた複数の行為のうちのひとつとして行なわれるものが少なくありません。そうした行為の連鎖に注目すると、会話のなかで発言がつながっていく複雑な仕組みが見えてきます。

も「挨拶」という行為をすることができますし、手紙やe-mailで「質問」という行為をすることもできるでしょう。ここで考えたいのは、あくまで会話のなかでなされる行為、言いかえれば、**発言をとおしてなされる行為**についてだけです。とはいえ、それは「行為をする」ということがどういうことなのかについて、そしてそれがどのように会話という活動をつくりあげているかについて、一定の見通しと考えるべき課題を教えてくれるでしょう。

さて、私たちが「行為をする」やり方について考えるとき、とりわけ重要なことがひとつあります。それは、多くの行為について、私たちはそれを単独の行為として行なうのではなく、複数の結びついた行為のうちのひとつとして、言いかえれば**行為連鎖のなかの行為**(1)として行なうということです。たとえば、「質問する」という行為は「答える」という行為と結びついていて、「質問 - 答え」という連鎖をつくります。答えることをまったく要求しないような（つまり「答える」ことと結びついていないような）単独の「質問」なる行為を私たちは行なうことができませんし、同様に質問がないところで「答える」ことだけを行なうこともできないでしょう。両者を結びついたものとして使うことは、それぞれの行為を正しく（理解できるように）行なうために必要不可欠なことなのです。

このことは、会話のなかで行為をするときにはとくに重要な意味をもってきます。なぜなら、「質問 - 答え」のように結びついた複数の行為は、普通はそれぞれ別々の

（1）会話分析で連鎖（sequence）というときには、一般にこの「行為の連鎖」のことを指す。sequence organization といえば、会話のなかで行為がどのようにつながっているかというそのあり方のことを指す。他方、sequential organizationという表現はより広い意味で用いられる。（Schegloff 2007）すなわち、なんであれ先行する指し手との関連のなかで後続の指し手が生じていくあり方全般のことを指す。したがって行為の連鎖も、順番交代（【6 - 1】）も、会話がどのように始まりどのように終わるかという全体的な構成なども、すべてsequential organizationの一例だということになる。「連鎖」という表現は便利であるがゆえに濫用されがちであるが、それが何のことを指しているかについては注意が必要である。

人によって行なわれるからです。ということは、それが会話のなかでなされるなら、質問をする人と答える人の間で発言の順番交代があることになるでしょう。このとき「質問‐答え」という行為連鎖は、その順番交代を行なうための道具として使えることになります。質問と答えが結びついており、かつそれぞれが別々の人によって行なわれるのであれば、質問がなされたらその質問をした人とは別の人によって答えがなされるべきであることになるのです。だから、私たちは誰かに「質問」という行為をすることでその人を次の話し手として選択することができるわけです。

会話のなかでなされる行為の結びつきのもっとも基礎的な単位は、**「隣接ペア」**と呼ばれるふたつの行為の連鎖です。上で例に出した「質問‐答え」もそのひとつです。「呼びかけ‐応答」「挨拶‐挨拶」など他にもたくさんの隣接ペアがあるでしょう。「隣接」ということの意味は文字通りふたつの行為が隣りあって並んでいることですが、会話のなかで行為がなされるときにはさらに別の含意が生まれます。ふたつの行為が別々の会話参加者によってなされることで、そこに順番上の前後関係が現われるからです。つまり、ある行為の後の順番で別の行為がなされるということです。他方「ペア」というのも文字通りふたつの行為がセットになっているということですが、その意味はふたつあります。ひとつにはどの行為とどの行為が結びつくかが決まっているということ。「質問」は「答え」と結びつくのであって「質問‐挨拶」というふうには結びつきません。もうひとつは二つの行為の順序が決まっているというこ

と。「質問」は必ず「答え」より前にあって逆にはなりません。(2)

もちろん、質問がなされたからといって次の話し手の順番ですぐに答えがなされるとは限りませんし、そもそも答えてもらえるとも限りません。けれど、もし質問された人が黙っていたら、その人は「質問に答えていない」と見なされるでしょう。その沈黙は、単に会話をしていないときの「話していない」状態とはまったく意味が異なります。そこでは「話すべきなのに話さない」という**「不在」が観察可能になる**のです。「隣接ペア」という言葉が表現しているふたつの行為の関係は、それらが事実として隣りあって生じるということではなく、**ふたつの行為は隣接してなされるべきだ、という規範的な関係**に他なりません。「ない」ことがわかるのは、「本来あるべきだ」というこの規範があるからこそそのことなのです。(3)

このように、会話のなかで行為をすることへの注目は、ひとつひとつの発言がどのようにつながっていくのかを、順番交代とはまた違った側面から、しかも順番交代との関係をも考慮に入れながら、とても見やすいかたちで描き出すことを可能にしてくれます。たとえばこんな会話を考えてみましょう。

[例1] 01 A：明日暇?
02 B：うん
03 A：じゃあ映画でも行こうよ

(2)「隣接ペア」とはこのように前後関係をもってペアになった行為のことであるが、このとき、前の行為は隣接ペアのFirst Pair Part (FPP：第一成分)、後の行為はSecond Pair Part (SPP：第二成分) と呼ばれる。「質問－答え」であれば質問がFPP、答えがSPPである。

(3) シェグロフは、この規範的関係のことを「条件付きの適切性conditional relevance」と呼んでいる (Schegloff 1972: 76)。すなわち、FPPの行為がなされたという条件のもとで、SPPの行為がなされる適切性が生じるということである。もちろん本文で述べたとおり、これはSPPの行為が必ずなされるということを意味しない。むしろ、FPPとSPPの結びつきは論理的なものであり、それはSPPの行為がなされなければ「あるべきものがない」ということをも理解可能にする。この意味で、両者の結びつきは、「質問」や「答え」といったそれぞれの行為概念の論理文法だと言うことができるだろう (→【2 - 3】)。この点については (Coulter 1983) も参

04Ｂ：いいよ

発言の順番が、Ａ→Ｂ→Ａ→Ｂの順で交代しているのはわかりやすいでしょう。他方、行為の連鎖としては、この会話はふたつの隣接ペアの組合わせになっています。01‐02が「質問‐答え」であり、03‐04が「誘い‐受諾」です。しかも、これは単にふたつの隣接ペアが並んでいるだけではなくて、最初の「質問‐答え」が次の「誘い‐受諾」のための準備になっていることもわかるでしょう。もし02でＢが「いや、忙しいんだ」と答えたら、誘いはなされなかったかもしれないのです（→【6‐4】）。この会話は、いわば「誘い‐受諾」という隣接ペアを基礎にして、その隣接ペアが生じるための準備として、その前に「質問‐応答」というもうひとつの隣接ペアが付け足される形になっていると理解することができるわけです。

もうひとつ別の例として、こんな会話(4)も見てみましょう。

［例2］ 01Ａ：佐藤さんに会ったのは昨晩が初めて？
02Ｂ：誰に会ったのが？
03Ａ：佐藤さん
04Ｂ：そう、初めてだよ。

照のこと。

（4）会話例は（Schegloff et al. 1977）からのものを、読みやすさを考慮して人名を変えたものである。

ここでも発言の順番は、A→B→A→Bの順で交代しています。注目したいのはやはり行為の連鎖のほうです。最初のAの質問に対して、Bは答えずに質問を返しています。けれど、別にBはAの質問を無視しているわけではないでしょう。むしろ、質問に答えるために必要な情報を聞き逃したのでそれについて質問していることがわかるはずです。だから、03でAがBの質問に答えると、すぐにBもAの最初の質問に答えています。したがってここでは、01の「質問」と04の「答え」が隣接ペアになっており、そのふたつの行為の間にもうひとつの「質問－答え」が入りこんだ形になっているわけです。

こうして、隣接ペアという行為の結びつきは、それが複数組み合わさったり、入れ子構造になったりしながら会話が組み立てられていく仕方を綺麗に描き出してくれます(5)。これは、順番が直線的につながっていることとは非常に対照的でしょう(6)。ところで、［例2］では質問への答えがすぐ後の順番でではなく、後になってなされているわけですが、なにも質問された人は必ず答えなくてはいけないわけではありません。もうひとつ別の例を見ておきましょう。お母さんと子供が一緒に動物の絵本を見ているときの会話です(7)。

［例3］01子：これ何？
02母：何でしょう。言ってごらん。

(5) 隣接ペアが複数組み合わせられながら行為連鎖が組織されていくことはexpanded sequence（拡張連鎖）と呼ばれる。［例1］は基礎になる行為連鎖の前に別の行為連鎖がおかれるpre-expansion sequence（先行連鎖）の例であり、［例2］は基礎になる行為連鎖のなかに別の行為連鎖が入り込むinsert expansion sequence（挿入連鎖）の例である。その他のヴァリエーションについては（Schegloff 2007）を参照のこと。

(6) 順番交代と行為連鎖の関係については（串田 2006）も参照。

(7) 会話例は（Schegloff 2007）からのものを簡略化したものである。

03子：しまうま
04母：そう、しまうまよ。

母親もやはり子供の最初の質問に答えずに質問を返しています。けれど、これは［例2］とはだいぶ違ったことをしているでしょう。［例2］では、BはAの質問に答えるための情報を質問していました。それは同時に、自分が依然としてAの質問に答えるべき人であり続けていると理解していることをAに示すことにもなっているはずです。その意味で、そこではあくまでAの質問が基礎にあり、Bの質問はそれに従属するものになっています。他方ここで母親がしている質問は、その性格がまったく異なります。母親が行なっているのは、「これ」が何かを相手に言わせること、「答える」人を自分ではなく相手にすることです。「質問－応答」連鎖は、いわば方向が逆転させられているのです。この逆転は、今がどういう場面であるかということについての母親の理解を示しているでしょう。つまり、今は子供が答えるべき場面、すなわち子供の学習の場面である、という理解です。そして実際に子供が答え、母親がそれに「正解」であるという評価を与えることで連鎖が終わっています。(8) 最初の子供の質問は答えられることなくその効力を失ってしまったのです。

会話のなかで「行為をすること」はこうして、今どういう場面なのか、相手の行為が何であるのか、自分がどんな行為をすべきなのかといった**会話参加者たちの理解を**

(8)「質問－答え」の隣接ペアのあとに、質問者が「評価」をして行為連鎖が終わるような形式は、学習場面に顕著に見られる（→【7-4】）。

その上に表示しながら発言をつなげていきます。質問をする人は、それによって次の話し手を選択すると同時に、次の話し手がなすべき行為を明らかにできます。他方で質問された人は話し手となる権利と義務をもつと同時に、相手の行為を自分がどう理解したかを自分の順番で示すことができます。すぐに答えることも、情報が足りないことを示すことも、そもそも相手が質問すべき場面ではないと示すこともできるわけです。そしてその反応はふたたび、質問をした人が次にどうすべきかを明らかにすることにもなるでしょう。「行為の連鎖」は、順番交代と同様に、私たちが会話をしているときにはいつも気にかけていなければならないことであり、またそうすることで**発言をつなげていく（＝「会話」を成立させる）ための重要な道具**となっているのです。

6-3 修復

ここまで順番交代と行為の連鎖という側面から会話という活動について見てきました。どちらも発言をつなげていくための（＝会話を成立させるための）重要な仕組みです。けれど一方で、実際の会話はけっして何の問題もなく進行していくわけではありません。言い間違ったり、相手の言ったことを聞き逃したり、発言の意味を誤解したりされたりといったことは誰しも経験があることでしょう。その意味では、会話はさまざまな「トラブル」に満ちてもいます。ここで見てみたいのは、私たちの会話には、そうした**トラブルを「修復（repair）」するための特別の実践がある**ということです。

まず注意しておきたいのは、ここでいう「トラブルの修復」とは、必ずしも「間違いの訂正」には限られないということです。あきらかに間違った表現がされても、言いたいことはわかるから特に訂正もせずにそのまま会話が進むということはいくらでもあるでしょう。その場合、その「間違い」は会話にとっての「トラブル」ではないわけです。反対に何も間違ってはいなくても、違った表現で言い直したり、より詳細

現実の会話はさまざまな「トラブル」に満ちています。と同時に、会話にはそのトラブルを修復するための仕組みが備わっています。何がトラブルなのかを特定し、修復を行ない、元の会話の流れに戻る。そうした修復の工程を、私たちは誰が発言の所有者なのかを気にかけながら実践しています。

な表現を用いたり、相手が聞き取れなかったので繰り返したりすることがあるでしょう。その場合、その「間違ってはいないこと」はそれでも会話のなかで「修復」されるべきものとして扱われていることになります。修復を行なうことは、それが「間違い」であるか否かにかかわらず、**その会話のなかでは修復されるべきものであるという理解を示す**ことになるのです。訂正ではなく修復という言い方をするのは、それによってその会話をつくり出している実践へと照準したいからなのです。

では、私たちは実際にどのようにしてトラブルを修復しているでしょうか。シェグロフたちが注目したのは、会話のなかで修復がなされるときには、そのための特別の工程（segment）が用意されるということでした（Schegloff et al. 1977）。言いかえれば、私たちは**どこから修復が始まって、どこでそれが終わるのかがわかるように修復を行なう**、ということです。いわば会話本体からいったん脇道にそれるようなかたちで、修復のための操作がなされるのです。たとえば【6-2】で見たこの会話も、修復の例としてみることができます。

［例1］ 01 A：佐藤さんに会ったのは昨晩が初めて？
02 B：誰に会ったのが？
03 A：佐藤さん
04 B：そう、初めてだよ。

この場合は02と03が修復のための工程になっています。Bは01のAの質問に答えず「誰に会ったのが？」と質問を返すことで、Aの質問の「に会った」以下の部分は聞き取れたけれど、「誰」の部分が聞き取れなかったことをAに伝えています。これが「修復の開始」で、これによってもとの「質問－答え」からいったんそれて、Bが聞き逃したというトラブルを修復するための工程に入っているわけです。それに対してAはその「誰」の部分だけを繰り返すことで修復を行なっています。こうして修復がなされ、修復のための工程はここで終わります。そのため次でBは最初の質問に答え、会話はもとの流れに戻っている、というわけです。

このように、修復には開始と終わりがあることに注目するということは、ある重要な意味を持っています。それは、修復にはそのための工程に入る**「修復の開始」**と、そこでなされる**「修復の操作」**という別々の作業があるということです。(1) 上の例でいえば、02のBの質問が「修復の開始」、03のAの答えが「修復の操作」にあたります。修復という実践はこのふたつの作業について考えることで明らかにしていくことができるのです。

まず、そのふたつの作業を誰が行なうのか、について考えることができます。これには基本的にふたつの場合があります。ひとつはトラブルの源を含む発言をした人が自分で行なう場合。もうひとつはその発言をした人以外の人（他人）が行なう場合で

(1) 別々の作業があるということは、修復が開始されたけれども修復の操作はなされずに終わってしまう場合もあることを考えればわかりやすい。「昨日会ったあの人、なんていう名前だっけ、えーと…、だめだ、思い出せない」というような場合は、「言葉探し」という修復の工程に入ったけれども、思い出せずに修復の操作がなされないままその工程が終わってしまうことになる。

す。「修復の開始」と「修復の操作」のそれぞれにこのふたつの可能性があるので、修復のなされ方には全部で四通りの場合があることになります。

（1）トラブルの源を含む発言をした人自身が修復を開始し、自分で修復の操作を行なう

（2）トラブルの源を含む発言をした人自身が修復を開始し、他人が修復の操作を行なう

（3）他人が修復を開始し、トラブルの源を含む発言をした人自身が修復の操作を行なう

（4）他人が修復を開始し、他人が修復の操作を行なう

［例1］は（3）にあたりますが、形式的に（1）（2）（4）それぞれの場合の例をつくってみればたとえば次のようなものになるでしょう。

［例2］（1）aの場合

01 A：佐藤さ―　T大の佐藤さんに会ったのは昨晩が初めて？

［例3］（1）bの場合

01Ａ：佐藤さんに会ったのは昨晩が初めて？　あ、佐藤さんじゃないや鈴木さん。

［例4］（2）の場合

01Ａ：佐藤さん――　えーと佐藤何さんだっけ

02Ｂ：佐藤一郎さん

［例5］（4）の場合

01Ａ：佐藤さんに会ったのは昨晩が初めて？

02Ｂ：佐藤さんじゃなくて鈴木さんでしょ。初めてだよ。

続いて、修復の開始と修復の操作のふたつの作業がどこで行なわれるのか、について考えることができます。「どこで」というのは、順番交代がなされていくなかのどの位置で、ということです。再び形式的に書けば、これには次のような場合があります。

Ａ：［　①　］①′

Ｂ：［　②　］

Ａ：［　③　］

（2）例外的だが、③の位置で修復が開始されることもある。トラブルの源となる発話をした人が①の位置で自己修復を開始しようとしたとき、その前に相手の反応が入ってきてしまう場合などである。以下の例を［例3］と比べてみてほしい。

01Ａ：佐藤さんに会ったのは昨晩が初めて？

02Ｂ：うん＝

03Ａ：＝あ、佐藤さんじゃないや鈴木さん。

このとき、02のＢの発言は03でのＡ自身による修復開始に何の影響も及ぼしていない。上の例と［例3］とでは、Ａがやっていることは同じであり、ただ偶然Ｂの反応が入ってしまったかどうかが違うだけである。だからこの場合、02と03の発言の位置関係は、この修復という実践には何の関係もない。ただ形式的に、トラブルの源を含む発言から数えて三番目の順番で修復がなされているという意味で、このような修復はThird turn repair（第三の順番での修復）と呼ばれる。これに対して

［　］で囲まれた部分はひとつの順番をつくっている発言だと思ってください。そうすると、①はトラブルの源を含む発言内、①'はトラブルの源を含む発言の順番が代わってもよい場所、②は次の順番、③は次の次の順番ということになります。上の例でいうなら、［例2］では修復の開始も操作も①の位置でなされ、［例3］では修復の開始も操作も①'の位置でなされています。［例4］では開始が①の位置で、操作は②の位置でなされています。［例1］では開始が②の位置で、操作は③の位置でなされています。同様に［例5］では開始も操作も②の位置でなされていることになります(2)。

さて、やや形式的な話を続けてきましたが、修復の形式に注目すると、その開始と操作を「誰が」行なうのかということと、「どこで」行なうかということが密接な関係にあることがわかるのではないでしょうか。修復の開始にせよ操作にせよ、トラブルの源を含む発言をした人が自分で行なう場合には、その位置は①①'③のいずれかになり、他人が行なう場合には、その位置は②になることになります。

重要なのは、誰がどこで修復の開始や操作を行なうかについて、こうしたさまざまな場合があるにもかかわらず、修復はどのようになされてもよいわけではない、ということです。精確にいえば、**修復のなされ方のさまざまな可能性のうち、どれを優先的に行なうか**ということを気にかけながら修復はなされるのです。シェグロフたちの

［例1］の場合は、③の位置で修復の操作がなされたのは②でBによる修復の開始がなされたからである。つまり、［例1］においては02と03の発言の位置関係が決定的に重要である。「第三の順番での修復」と区別して、こちらはThird position repair（第三の位置での修復）と呼ばれる。（Schegloff 1992, 1997）を参照のこと。

(3) シェグロフたちは、他者による修復開始の技法には強弱があり、それぞれ相手に伝えるトラブルの種類が異なることを示している。［例1］の場合でいえば、「え?」とだけ言えば全面的に聞き取れなかったことを伝えることになるだろう。これが最も弱い形式である。以下弱い順に例をあげれば、「誰?」と聞き返せば、自分が聞き取れなかった箇所の種類を特定することになる。「誰に会ったのが?」と聞き返せば、聞き取れなかった部分を明確に特定することになる。「佐藤さん?」と聞き返せば、「そう聞こえたけどそれでいいのか」という確認の意味をもつだろう。最後に、「鈴木さんの

観察によれば、修復においては「自己修復」、つまりトラブルの源を含む発言をした人自身によって修復の操作がなされることが優先されます。シェグロフたちの観察は以下のようなものです。

まず、進行中の会話のなかで他人が修復を開始するのは、②の位置まで会話が進行したときである、ということ。他人が①の位置（相手の発言順番中）に割り込んで修復開始したり、①の位置（相手の順番が終わってもよい場所）で即座に修復開始したりすることはあまりありません。つまり、トラブルの源を含む発言をした人自身が修復開始する機会をまず与えて、そこで修復が開始されなかったときに初めて他人が修復開始する、ということです。その結果、他人が修復を開始する発言と、前の順番の発言とのあいだにわずかなギャップが頻繁に生じることが報告されています。

続いて、他人が修復を開始する場合でも、他人は修復を開始するだけで修復の操作はあまり行なわないということ。他人による修復開始がなされるときには、何がトラブルであるかを相手に伝えるための技法がもちいられ、それによって相手の（つまりトラブルの源を含む発言をした人自身による）修復操作が促されることになります。たとえば［例1］では「部分的に聞き取れなかった」というトラブルが伝えられています。[3] そこでは修復の操作はなされておらず、それに答えるかたちで、その次の順番（③）でA自身による修復の操作がなされているわけです。

このように修復は、トラブルの源を含む発言をした人自身による修復操作（自己修

こと？」と聞き返せば、相手の発言にトラブルがあり、本来どう理解されるべきかという候補を提示していることになるだろう。これが最も強い形式である。

重要なのは、より強い形式が用いられうるのは、より弱い形式において示されるトラブルがない場合だということである。「誰？」と聞き返せるためには、相手が人に言及したことは聞き取れていなければならない。「佐藤さん？」と聞き返せるためには、誰に言及したのか聞こえていなければならない。「鈴木さんのこと？」と聞き返せるためには、相手が発したのが間違いなく「佐藤さん」という語であると確信できていなければならない。

したがって、他者修復開始によってトラブルを特定するときには、可能な限り強い形式を用いなければならない、ということになる。「鈴木さんのことじゃないのか」と確かめたいのに「え？」と聞き返したら、相手は「発言全体が聞き取れなかったのだ」と理解してしまうだろう。より強い形式が可能であるにもかかわらずそれを用いないなら、トラブ

復）が優先されながらなされます。このことはおそらく、ある発言やその一部分について修復を行なうときに、その発言が誰のものであるのかを私たちが気にかけていることを意味するでしょう。つまり、発言は基本的には発言した人のものであり、そこにトラブルがあるかどうかという判断や、またトラブルがあった場合の修復操作は、その発言をした人にまずは委ねられるべきである、という私たちの理解が自己修復の優先性というかたちで現われている、ということができるでしょう。その意味では、会話における修復のための工程は、**話し手を自分の発言の所有権をもった人として処遇する、配慮のための工程**でもあるのです(4)。

社会学理論においては、しばしば自己／他者という区別が非常に重視されてきました。そこでは、行為の意図は本人にしかわからないのに「他者」の行為を理解することなどできるのだろうか、といった問いが解決すべき理論的問いとして立てられることになります（【2-2】）。けれど実は、自己／他者のような区別は、私たちが日々携わっている実践において、いつでもどこでも有意味な区別であるとは限りません。それはたとえばここで見た「修復」という実践などにおいて、相手の発言権を配慮するというようなときに、初めて私たちの実践に関連あるものとなるような区別なのです。であるなら、私たちがどういうときに、どのような仕方でその区別を用いているのかを考えることは、**自己や他者というものに接近していく、ひとつの方法**だということができるでしょう。

ルはそれ以前の地点にあると理解されてしまうのである。

（4）だから、実際に他者修復がなされるときには特別なかたちがとられたり、あるいは特別な場合だったりする。シェグロフたちが報告しているのは、他者修復はしばしば「不確かさ」の指標をともなって、いわば格下げしたかたちでなされるということである。あるいは、他者修復はジョークのように「まじめではない」会話をするときや、教育場面のようにあらかじめ知識に対する権利が非対称に配分されているときなどになされるものである。

6-4 優先性

【6-3】では、会話における修復という実践に自己修復の優先性という特徴があることを述べました。トラブルを処理するだけなら、修復を行なうのは自分だろうが他人だろうがどちらでも構わないでしょう。けれど、私たちは実際に自己修復を優先しながらそれを行ないます。そこにはおそらく次のような意味があります。すなわち、会話において修復をするということのなかには、単にトラブルを処理するということだけでなく、発言の所有権を気にかけながらそれをするということまでもが本質的に含まれているということです。トラブルがあると理解することができても、発言の所有権を気にかけながらそれを処理することができなければ、修復という実践に十分たずさわる能力があるとは言えないのです。実際、積極的に他者修復を行なうなら、それは単なる修復以上の意味をもつことになってしまうでしょう。実は、私たちが行なうさまざまな行為にも、こうした意味での「優先性」が備わっています。つまり、一見目的を果たすためにはどちらでもいいようなことでも、私たちは**ある選択肢を他の選択肢より優先しながら行為することを行なっている**、ということです。

多くの行為について、相手の行為に肯定的に応対することのほうが否定的に応対するよりも望ましいものとして扱われています。それは単なる個人的な好みを超えた、行為をするためのルールの一部です。行為連鎖における「優先性」と呼ばれます。

【6-2】で見たように、私たちは多くの行為を、複数の行為の結びつきのなかで行ないます。代表的なものが「挨拶-挨拶」や「質問-答え」のように結びついたふたつの行為で、会話においては「隣接ペア」と呼ばれる発言の結びつきでした。ところで、そのなかにはふたつ目の行為に選択肢があるものがあります。たとえば「質問」が「はい／いいえ」で答えられる質問であれば、「答え」の仕方には「はい」と「いいえ」のふたつの選択肢があることになるでしょう。同様に「依頼」や「誘い」という行為に対しては、「受諾」「拒否」というふたつの選択肢があります。そして、こうした複数の選択肢のあいだには非対称性がある、つまり**いずれかの選択肢に優先性がある**のです。多くの行為について、相手の行為に対して肯定的に応じることのほうが、否定的に応じることよりも優先的であることが知られています（Pomerantz[1] 1984）（Sacks 1987）。たとえば「同意」と「非同意」なら「同意」のほうが、「受諾」と「拒否」なら「受諾」のほうが、優先的であるということです。

　重要なのはもちろん、「優先的である」ということの中身です。まず、それは実際に相手の行為に対して「同意」や「受諾」をすべきだとか、しなければならないということではありません。同意しないことも拒否することもいくらでもあるでしょう。また、それは個人的な好みや傾向性のことでもありません。この誘いは都合がよいから受け容れたいとか、「人の頼みを断れない人」がいるとかいうこととは関係がないのです。それが意味しているのはむしろ、相手の行為にどのように応じるにせよ、

（1） Anita Pomerantz ニューヨーク州立大学アルバニー校准教授。博士（カリフォルニア大学）。コミュニケーション研究、医療社会学。サックスの指導下で会話分析の基礎概念「優先性（preference）」を定式化する。エスノグラフィーと会話分析を結びつける研究を行なう。「誉められたときの反応」（1978）

「肯定的な応対がなされたほうがよい（否定的な応対は避けたほうがよい）」という理解を示しながらそれをしなければならないということです。優先性とは、**実際に「断る」ときでも、その行為を十分に行なうために考慮に入れられなければならない**ことなのです。では、それは会話のなかにどのように現われるのでしょうか。

第一に、否定的な応じ方がなされるときは、肯定的な応じ方とは違った仕方でなされます。肯定的な応対は相手の行為に可能な限り近接する（できるだけすぐになされる）のに対し、否定的な応対の場合はさまざまな仕方で遅延が生じるのです。遅延が生じるというのは、否定的な応対の前にさまざまなものが入りこむということです。答えるまでにわずかな間があいたり、「えー」や「うーん」のような間投詞が挟まれたり、言い訳や正当化がなされたり、相手への聞き返しがなされたりといった具合です。だから実際には、はっきりと否定的な応対がなされない場合でも、「すぐになされるべき肯定的な応対がない＝応対が遅延されている」ことによって、それは否定的な応対であることがわかってしまうことがよくあります。たとえば次のように。

［例1］ 01 A：すぐ来れる？
02 B：ちょっとやらなきゃいけないことがあるんだ

BはAの質問に肯定的にも否定的にも答えていません。けれど私たちはBの答えが否定的なものであることがわかり、Bの発言の内容がその理由であることまでわかるはずです。すぐに答えないことは、それだけで否定的に答えることになりうるのです。

第二に、内容としては否定的な応じ方をするときでも、かたちのうえでは否定的なかたちが取られなかったり、まずは肯定的な応じ方がなされたりすることがあります。

[例2] 01 A：どこに住んでるの？ フロリダ？
02 B：そこは生まれたところ

[例3] 01 A：彼女はユーモアのセンスがあると思うんだ
02 B：そうだね。でも彼女のはちょっと違ってるんだ(2)

[例2] では、Bの答え方から私たちはBが明らかに今はフロリダに住んでいないことがわかります。けれど、BはAの質問に「いいえ」と答えることをしていません。[例3] では、BはAの「彼女」に対する肯定的な評価に対して、いったん同意をしたうえで異論を唱えています。「同意＋でも…」という否定的な応じ方はよく見られるものですが(3)、それもまた、否定的応対を遅延させているものであることがわかるで

(2) [例2] と [例3] の会話例はそれぞれ (Sacks 1987) (Pomerantz 1984) からのものである。

(3) だから、ほんとうに同意がなされるときには、「同意」はしばしば非常に強い仕方でなされる。ポメランツは「評価－第二の評価」という行為連鎖を観察するなかで、第二の評価が同意としてなされるときには、最初の評価をさらに格上げされるかたちでなされることを見いだしている (Pomerantz 1984)。

しょう。

第三に、ペアになった行為の最初の行為をする人には、そもそも否定的な選択肢を生じさせないようにするための仕組みが用意されています。たとえば、私たちは「誘い」のような行為をするときに、しばしばそのまえに「前置き」をします。

［例2］01 A：明日暇？
02 B：うん
03 A：じゃあ映画でも行こうよ
04 B：いいよ

【6-2】でも見たとおり、これはふたつの隣接ペアが組み合わさって行為連鎖をつくっている会話です。注目したいのは01の「質問」で、これが03の「誘い」の前置きになっているということです。前置きになっているというのは、その質問に対する答えしだいで「誘い」をするかどうかが決まる、ということです。02でBは「うん」と答えていますが、これが「いや、用事があるんだ」だったら、そもそも03の「誘い」自体がなされないでしょう。ということは、もし「誘い」をしていたらなされたであろう「拒否」もまた、生じないことになります。誘いの前置きは、拒否されそうなときはそもそも誘いをしないということを可能にすることで、「拒否」という選択肢が

生じるのを避けるための仕組みになっているのです。

こうした特徴は、事実として肯定されるか否定されるかにかかわらず、肯定的な応対がなされたほうがよい（否定的な応対は避けたほうがよい）という優先性に配慮しながら私たちが行為していることを示しているでしょう。だから、そうしたやり方を破るなら、行為の意味は違ったものになってしまいかねません。相手の行為に対してなんの遅延もなくただちに否定的に応じることは、単なる「非同意」や「拒否」以上の、挑戦的・敵対的な態度をとることになるかもしれません。だから、対立をはっきりさせるべき場面（たとえば討論など）では、あえてそうしたやり方がとられることもあるでしょう。それもまた、**通常はどのように行為すべきかという優先性があるからできること**に他ならないのです。

もちろん、こうした肯定的応対の優先性は、すべての行為について不変にあてはまるものではありません。行為によっては肯定と否定の優先関係が逆になったりすることもあります。たとえば、「お世辞」を言われたときや相手が「自己卑下」をしたときなどには、「非同意」つまり否定的応対をすることが優先的になるでしょう（Pomerantz 1984）。また、ひとくちに優先性といっても、さまざまな水準がありえます。たとえば、上の例の「明日暇？」という質問は、形式的には「はい／いいえ」で答えられる質問ですが、行為としては「誘いの前置き」という意味も持っています。このときここには質問に肯定的に応じる（つまり「はい」と答える）という優先性と、

「誘いの前置き」に肯定的に応じる（相手が実際の誘いへと進むことを促す）という優先性のふたつの側面があることになります。だから、同じ誘いの前置きになるとしても「明日忙しい？」という聞き方をするなら、形式上の優先性と行為の意味上の優先性がねじれるということが起こってしまいます。質問に「はい」と答えると、「誘いの前置き」には否定的に応対することになってしまうわけです。だからこそ、私たちはふつうは「誘いの前置き」をするときには「明日忙しい？」と聞くよりは「明日暇？」と聞くのです。(3)

こうして、「優先性」への注目は私たちの行為がなぜ（他でもよさそうなのに）そのかたちをとってなされているのかを、さまざまな角度から見ていくことを可能にしてくれます。それはせまい意味での論理的な制約ではありません。つまり、必ずしもそうしなければ行為できないわけではないでしょう。けれど、こうした優先関係が完全に無視されるなら、そこでは「同意する」とか「誘いを断る」とかいった行為のありかたは、今とは全然ちがったものになってしまうはずです。その点で、それはやはり私たちの行為をつくりあげている実践の論理（【2-3】）と呼ぶことができるでしょう。

(3) 複数の水準の優先性が一致するように組み立てられた発言のことを「最適化されている」と言うことがある。優先性には他にも、いわゆる社会規範上の望ましさとでも言うべき水準もある。たとえば「ご両親はお亡くなりですか」と聞くよりは「ご両親はご存命ですか」と聞くほうが相手への配慮という点では望ましいだろう。同様に、依頼をするときなどには、「明日忙しい？」と聞くほうが、相手の都合に配慮した望ましい聞き方になるだろう。行為連鎖における優先性についてのさまざまな角度からの議論として、(Lerner 1996)(Heritage 2002)(Schegloff 2007) などを参照のこと。

第7章　会話における実践

第7章では、言葉や語りによって、さまざまな活動を成し遂げていく「人びとの方法」について、そのいくつかを記述していこうと思います。「議論する」「物語をする」「ニュースを伝える」「教える」などといった活動です。EMは、社会制度のなかで行なわれている、言葉を交わすことによってなりたっている会話以外の活動についても、それぞれ固有の論理をもつ「状況に埋め込まれた実践」として記述してきました。【7-1】では、「議論する」という活動の前提には、それぞれの参加者の理解を表示するという実践があるということが示されます。【7-2】では、参加者が共同して、「物語をする」という活動を成し遂げることが明らかにされます。また、【7-3】では、ニュースを伝えるという活動にともなって行なわれている、さまざまな実践の姿が示されています。さらに、【7-4】では、教えるという実践のあり方の一端（言葉と論理に関わる部分）が明らかにされています。ここで扱われる、それぞれの活動は、多様な社会制度の基盤となる、言葉を交わすことでなりたっている活動です。そこで成し遂げられている、さまざまな活動の固有の論理を解明していきたいと思います。

7-1 議論をする／釈明をする

言葉によるやりとりは、ニュースを伝える、物語をする、議論をするといった、それぞれに**固有の実践の論理**を持つ、さまざまな活動から成り立っています。ここでは、まず、そうした言葉によるやりとりのひとつである、議論や討論についてみていきましょう。

さしあたり議論を、「ある程度以上の長さの、言葉によるやりとりである」と特徴づけることができるでしょう。ただし、そうした条件を満たすからといって、そのすべてが議論だということではありません。いかに盛り上がって、長く続いていく、言葉によるやりとりであっても、井戸端会議のような対立点のない意見の交換を議論とは呼ばないでしょう。さらに、議論といえども、それを一括りにすることもできないでしょう。さまざまな議論の形式があり、さまざまな議論の場があります。たとえば、ある形式の議論を討論と呼ぶには、国会などでの党首討論のように議論のための場があらかじめ設定されているということが前提となっているでしょうし、裁判はとくに法律にのっとった特定の議論の手続きが制度化された場であるといえるでしょう。こ

議論という活動は、意見の対立そのものでも、その直接的な帰結でもありません。議論は、お互いが、自分の信念にもとづいて、相手の話す内容への理解を示しつつ、立場や意見の対立を明確化していく秩序だった相互行為として組織されるものです。

うした討論会や裁判といったものを、まとめて、**議論が制度化された形**であると見ることができるでしょう(1)。

　議論という実践の成り立ちを丁寧に見ていけば、その実践への参与者に、議論としての固有の見通しを与えて、議論を成り立たせている実践の論理を見てとれるはずです。また、本項の後ろのほうでは、議論という活動で用いられている資源《リソース》について少しくわしく見ていきたいと思います。具体的には、議論を活動として成り立たせている道具である「意見」、さらに「言い訳」「正当化」といった行為について、みていくことにします。

　議論は、「意見」の対立にもとづき、それとして、挑み、挑まれて、特徴的な道筋を経て成し遂げられるものです。そうはいっても、議論という活動は、一般的な意見の対立の直接的な帰結ではありません。このことは、対立した意見を持つ人たちが、その対立を公けにしたり、先鋭化したりするときに、むしろ「議論を避ける」という形をとることからも明らかでしょう。また、実際の議論は、途中で中断することもあるでしょう。さらには、議論が形を変えて、対決や口喧嘩に進む、あるいは直接的な暴力に進んでいくこともあるでしょう。ここからわかることは、議論が議論であり続けるには、議論を生み出す「意見」の対立、またその背後にある動機や利害関係が明確にされていく必要があるということです。すなわち、議論を進めていく材料が適切に供給され続けることが必要となるのです。このように議論という活動は、一般的な

(1)「意見」を題材に、制度的な場での討論や議論と日常のそれとの違いを見てみよう。たとえば、「意見」というものの特徴のひとつは、それが、「知識」を持つ権利を与えられていないときに、一般の人びとが持つ権利を与えられるものである。もし「意見」を尋ねられれば、それが正しいという十分な証拠を示さなくても、人前で開陳することができる。根拠をめぐるやりとりは、それとは別の場に切り離される。これに対して「知識」については、そのつど、具体的な根拠の提示が求められる。根拠をめぐるやり取りに開かれているということである。そこでの活動が証拠や根拠をめぐるやり取りに特化している法廷においては、証拠のない「意見」の開陳は、厳しく封じ込められる。法廷において「…は、意見を述べています」という言い方で、発言を制止したり、その価値の引き下げに利用できる。このように「意見／知識」という区別は、そこでの活動の焦点と関連づけられて、議論の材料にしてよいものといけないものとの境を生みだす。

意見の対立そのものでも、またその直接的な帰結でもありません。**立場や意見の対立を明確化し、それぞれに関係づけていく相互行為**として組織されるものです。議論には、それを**生み出す手続き**と**生み出される規則性**があります。議論は形式的な論理にもとづく活動ではありません。しかし、それは人びとの方法によって成り立っており、そこには、参与者に、議論を継続させ、見通しを与えてくれている実践の論理があるのです（Coulter 1990）。

議論は、自分の立場や意見の表明で始まります。そして、これと対立する立場からの「意見」の表明、すなわち異論や反論がこれに続くはずです。この二人による二つの筋道だった主張の対が、議論の最小構成要素であるといってよいでしょう。すなわち、「憲法九条は実態を反映していない。だから、改正が必要だ」といった、何らかの立場表明がなされても、相手がそれに同意してしまうなら、議論にはならないということです。議論がはじまるきっかけは、「そんなことはない」といった明確な非同意の態度の表明です。それに対して最初の話者から「あなたの意見が聞きたい」「なぜそんなふうに思うのか」というように「促し」や「挑発」がなされると、次の異論や反論から実質的な議論が開始されることになります。そして「もっともだ」「わかった」というように、何らかの形で、どちらかの意見が撤回されると議論は終結します。異論を提示したり反論を申し述べたりするやり方には、相手の意見に「挑む質問による」やり方、こういう場合もあるだろうといったように「物語によって不満を示す」やり方などがあります。またこれとは別に、相手の意見をいわば機械的に変形する反論があります。たとえば、「憲法九条と実態とが乖離している。だからこそ、現状を追認する改悪には反対する」といったように、肯定と否定、接続詞、そしてカテゴリーに応じた用語を元々の意見にあったものと対照させてあわせるというやり方です。先ほど、機械的といいましたが、この操作が可能になるには相手の発言をよく聴いて、その細部に対応関係を生み出さなければなりません。たとえそれが社会的に重要な案件についての意見であっても、「消費税は福祉目的税化すべきだ」といった最初の意見と噛み合わない、ピントが外れた意見の表明によっては議論として成立しないということになります。この点で、異論や反論は、最初の意見についての理解にもとづいて可能になっています。また、それによって理解が表示されるのです(2)。

そうした二人の振舞いには、互いに対応するように組織された秩序があるということができるでしょう。お互いの意見の表明が議論として続いていくためには、互いの意見が対立を明確にする形で結び付けられていく必要があります。議論の進行を結び付けているものは、大まかにいうと、**トピックの一貫性**です。議論における個々の発言は、そうした一貫性が見分けられるようなさまざまな方法を用いることで進んでいきます。これは、たとえば、**「形式を揃えることで結びつける」**といったことです。自分が結び付けようとしている発言と同じ文法形式(用語、音声上の特徴など)を用いて、その発言への理解を表示するといった方法です。対立だけが、議論を駆動して

(2) レトリックが用いられるためには、こうした理解が成立していなければならない。また実際の議論で用いられているレトリックの柔軟さは、それぞれの発言が理解の表示になっているという事実によっている。論争のレトリックについては(林原 2006)がくわしい。

いると考えられがちなのですが、議論が進んでいくためには、そのつど、**相手の発言内容を理解しているということを示しあう必要**があるのです（M. Goodwin 2006）。

法廷場面の会話分析をした有名な研究のなかで、アトキンソンとドリューは、「釈明」（「言い訳」や「正当化」）について、いくつかの特徴的な事実を発見しました（Atkinson & Drew 1979）。まず、その位置は、相手の質問や情報の求めによって引き出される場合より、潜在的な「非難」に隣接している場合がきわめて多いということです。こうした配置から、議論の場において「釈明」がどのようにデザインされ、相手に、どのように受け容れられるべきだと想定されるのかを見てとることができます。「釈明」は、議論を組み立てる上での重要なリソースです。「あなたの言っていることは矛盾している」といったことが、潜在的な「非難」として聞き取られ、それに続く発言が「釈明」としてなされたとすると、そうした行為の連鎖からそこでは発言内容の間の整合性に関心が向けられていると判断することができます。

「非難」に対して「非難」を返すことも可能です。しかし、そのようにして「非難」の応酬が始まってしまうと、「議論」とは別の活動になってしまい「議論」はそこで頓挫してしまうことになります。議論のなかに「釈明」が現われるということは、少なくとも発言したメンバーは、自分たちのやりとりを適切に関連する、整合性のあるものにしていくため、対立や矛盾をそれとして仕分けして、あくまで「議論」を続けていこうとしているのだ、ということなのです。

それぞれの行為は適切な関連性を持ってつながっていくべきなので、すべての発言は隣接する発言が成し遂げることができる行為の種類を限定していくことになります。また、発言が対になることで理解が表示されていくので、これが適切な行為がそこにないことを見分ける根拠を生みだします。そしてまた、先に、「釈明」が「非難」によって適切なものにされたのと同様に、今度は、そこで述べられた「釈明」の内容や方法について、それを受け容れるのか拒絶するのかという選択肢が用意されることになります。議論が成り立っているなら、**議論のなかのそれぞれの発言は、適切な次の発言の候補というものを生み出す**のです。たとえば、非難が向けられた場合、あるいはそれが予想される場合には、非難された側の人は、非難の応酬にならないで議論を続けようとするなら、自らの発言を、非難をし返すことにも、非難を全面的に受け容れてしまうことにもならないようにデザインすることになります。まず、非難の帰属を否認する行為のタイプ、すなわち、「いや、矛盾はない、なぜなら…」といった否定や「正当化」などが用いられます。また、自分への非難を一部受け容れるという優先的でない行為の特性を示すこともあります（【6－4】）。

このように、優先的でないタイプが生ずるような発言のデザインを行なうことによって示されるものにも独自の論理があります。たとえば、自己への非難を受け容れると見える謝罪には、説明や「言い訳」の要素が伴うことがきわめて多くなるようです。そして、謝罪を含む発言は、「確かに矛盾に聞こえるかもしれない。言い方が悪かったらお詫びする。だがそれは…」というように、まず「謝罪」、その後に「言い訳」という形で組織化されることになります。行為の理由のタイプとしての「正当化」と「言い訳」の区別を取り上げたアトキンソンとドリューは、「正当化」は、非難に応じる発言より前の位置で生じるといいます。対照的に、「言い訳」のタイプのものは、それ以降の位置で生じるのです。

これまでみてきたように**発言のタイプにふさわしい位置どりやタイミング**というものは、議論を進めていくうえで、何が起きているのかについての理解を助けるものなのです。非難の応酬においては、非難を仕返すタイミングが遅くなると間が抜けて聞こえるでしょう。また素早すぎる「謝罪」と「言い訳」は、実感に欠けたり、相手を小ばかにしたりしているように聞こえてしまうかもしれません。議論は、互いの立場や意見の対立を明確なものにしていく具体的な手続きをふむことで成し遂げられていくものです。その過程において、そのつど、何が起きているのかについての理解を表示する資源が用いられます。発言の「形式を揃える」、発言のタイプやそれにふさわしい位置取りやタイミングに気を配るといったさまざまな実践を包み込んで議論は進んでいくのです。

7-2 ジョークを語る（物語をすること／理解の表示としての笑い）

ここでは、「議論」といった活動と同様にある程度以上の長さの、言葉によるやりとりである「物語」、とくに、物語の形で「ジョークを語る」といった活動について、理解の表示としての笑いの組織を含め、その実践の論理を述べていきます。

さて、サックスは、物語の形に組み込まれているジョークをくわしく研究しました。それによって、物語をすることが**組織された現象**であるということが示されました(1)。また**笑うという行為の社会性**についての考えが深められることになりました（Sacks 1974）。議論と同様に、物語も、お互いが、その材料を適切に供給し、さまざまな手段や方法によって、見通しを与え合い、その進行を支え続けることで可能になる活動です。その材料のひとつは、「前段（Preface）」、「物語の中身を語る（Telling）」、「反応（Response）」と呼ばれる、順序だっており、互いに深く関連付けられた三つの活動の類型です。それぞれの活動は、協同的に成し遂げられるものであり、ある特定の前段があったからといって、その後、必ず物語の中身を語ることとそれへの反応が起こるというわけではありません。物語が進み、反応が完了する以前に物語が打ち切ら

物語をすることは組織された現象です。また笑うという行為には社会性があります。物語の形でジョークを語ることを題材にして、参与者が、話し手と聞き手に割り振られ、理解の表示によって、その割り振りが解消していくジョークと笑いの組織の形式上の特徴を明らかにします。

（1）現在、物語という言葉は、さまざまな領域で、かなり多様に用いられている。ストーリーを語る、ナラティヴを語るといった言葉と互換的に用いられている場合も多いだろう。自然科学的な因果関係、統計による論理以外の、日常的で自然な推論を「ナラティヴ」や「物語」と呼ぶことさえできる。そうした広い範囲への応用可能性を保持しつつ、ここでは、少し絞って、語り手が、わざわざ、「物語」として語るものを物語と呼んでいる。

れることもありえます。

物語をするという活動について、まず特徴的なのは、前段の部分です。順番取得という観点からいうなら、この部分があることで、その物語に関しての**話し手／聞き手という配分**が明らかなものになります（【6-1】）。聞き手という立場にいる人（たち）には、物語が一段落するまで発言の順番を取るのを差し控える義務が生じます。そして、話し手は物語を続ける権利を手にするわけです。この配分が明確なものになると、話し手以外の人の発言は「やじ」や「合いの手」として聞かれることになります。また、話し手には、介入をさえぎる権利が生じます。

物語の前段には、まず、「エロいジョークがあるんだけど」といった、話そうという申し出、あるいはニュースやジョークを含む物語を話す機会の求めという要素が含まれます。また、「この前Xから聞いたんだけど、あいつの話、ちょーエロいんだ」といったその最初の特徴づけ、物語の出来事が生起した時期への言及といった構成要素が含まれます。ジョークの形で物語がされるには、そのジョークが受け手に知られていないということが条件でしょう。そのジョークが広く知られているものか、あるいは受け手のあいだでは知られている人物からのものかなどといったジョークの出所を述べるということは、受け手に、まずそのジョークを知っている可能性について考える素材を提供します。これは物語一般に言えることですが、受け手は、話の特徴づけから、すでに知っているものかどうかを推測します。それが皆が知っている話だとわかったら、その話をそのまま続けるのは難しくなるでしょう。

受け手のひとりに「それ知ってる」などと言われてしまったらどうでしょう（あるいは、そうした場合でも、その人が共同の語り手になるように名乗りでて、話が続くといったことがあるかもしれませんが）。このように、その話を知っているというだけで、話し手になる資格を手にできるわけではありません。話をただ知っている人より実際にそれを目撃した人、さらには実際の当事者に話をする権利があるでしょうから、その場に、最初に話し始めた人よりふさわしい人がいるとわかった場合など、「ほんとうはね…」などといってその人が話し手になり、話自体は生き残るといったことが起こるかもしれません。これに加えて、「エロいジョーク」といった特徴づけによって、聞き手が身構えたり、「そんな話は聞きたくない」といった否定的な反応を生みだしたりといったこともあるでしょう。前段はこうした**交渉に満ちた部分**なのです。

さらに重要なのは、この前段での特徴づけには、語り手がジョークを言った後に受け手に求めている反応がどういったものなのかを、受け手に事前に通知するという構造上の役目があるということです。聞き手は、前段での特徴づけを資源（リソース）としてその物語の終わりを予想することができるようになるのです。そして、前段での内容についての特徴づけは、話し手／聞き手という**配分が失効する場所**となるオチの在りかを指定するものです。それだからこそ、受け手が、そのジョークの語りから、反応の手助けとなる素材を探し出すように注意深く聞くことになるのです。たとえば、「エロいジョーク」を話すと示すことで、反応の部分で笑いが起こることが期待されるようになります。その笑いは、物語の最後に、オチだとわかる決め文句があるはずだという期待を満たすことで引き起こされます。笑いは、時間を置いて、あるいは発言をまたいで、その指示する対象に結びつくことはできません。対象についての理解が成立した、まさにその時点で起きるものなのです。聞き手がオチで笑うことで理解が表示され、いったん物語は終わります。前段によって指定されていた、そのジョークの話し手／聞き手という配分は失効します。そして次に、共に笑う、評価しあう、共感を示すといったことによって、理解が共有されることになります。

ジョークを語ることの組織には、物語一般に通じる部分と、そうではなくて、ジョークに特有の部分があります。ジョークに特有の部分は、笑いという行為の特質と関わるものです。多くの場合、ジョーク、特に猥褻なジョークは**「理解のテスト」**として構成されています。ジョークだとわかってさえいれば、これを逆手にとって、オチだとわかる完了の時点で笑いが利用できるのです。ジョークの場合、オチについての理解は笑いによって示されたのですが、前段においてなされたのが「苦しい」とか「悲しい」といった特徴づけであったなら、「共感」といった形で理解を表示して物語を聞き終えることができます。理解を表示するためには、それぞれの場にふさわしいさまざまな方法があるのです。

「議論」の節（【7‐1】）で、相手の発言への理解を表示し、その一貫性が見分けられるように「形式を揃えて結びつける」というやり方について述べました。物語への理解ということでいうなら**「第二の物語」**というものがあります。誰かがジョークを言うと次にもう一人の誰かが同じようなジョークを言うといった実践のことです。「第二の物語」についての研究で、サックスが示すのは、「第二の物語」が、ただ二番目にくる物語なのではなく、最初の物語で呈示されたものと**同一の材料と関係性**から構成されているということです（Sacks 1974,1992）。それによって、理解を示す、合意を表示する、共感を表示するといった相互行為上のワークが成し遂げられています。「第二の物語」は、最初の物語の組織をリソースとしたとわかるように組み立てられます。このような内容を反映させた理解や共感の表示に比べると、笑いによる理解の表示は、汎用性のある方法だといえるでしょう。話の内容がジョークだとわかってさえいれば、オチだとわかる時点で笑えばよいのです。話の内容を理解したと表示するのに、その細かな内容を反映させる必要がないということになります。

また、特に猥褻なジョークに特有の点があります。笑い出すのが遅れてもその失敗を修復する必要がないということです。というのも聞き手の全員が猥褻さの意味を深く「わかる」ということは期待されてはいないからです。さらに、世のなかには、「真面目な人」や「淑女」といったように、猥褻な話がわかってしまってはいけないカテゴリーを与えられる人もいるのです。ですから、話を終わらせるために、話し手がまず笑い出したりして聞き手の笑いを誘い、それに応じて聞き手が笑いだし、参加者がみんな一緒に笑う機会がつくられてジョークが終わるということも起こるでしょう。

物語をする（あるいは、ストーリーを語る。ナラティヴを語る）ということは、さまざまな場面で行なわれる活動です。ここではその形式上の特徴に焦点を合わせてみてきました。ここから言えることは、ジョークや笑いといった一見、単なる刺激と反応とみえる活動であっても、互いにそこで起きていることや期待されていることへの理解を表示し、発言の形式やタイミングに気を配るようにして組織されており、ジョークが原因であり、笑いがその結果であるといった因果関係にもとづく単純化は適当ではないということです。笑いは、タイミングを含め、その細部にまで、秩序だっており、人々の振舞いの協調のなかで生み出されます。参加者の成員性にもとづいたカテゴリーの配分（【5章】）とも深く結びついています。このように人々の語りのそれぞれには、詳細な秩序があり、それぞれが方法によって組織されているのです。

7-3 ニュースを伝える／受けとる

知識や情報を持つ権利や義務の社会的な配分や組織という点から、ニュースを伝える、受けとる、そしてそれと関わるいくつかの活動についてみていきます。そういった活動が、知識や情報の伝達と関わる規範的な期待に目配りしながら行なわれているといったことに気がつくでしょう。

これまで論じてきた議論や物語に比べて、ニュースの授受は、情報の伝達にすぎない単純な活動だと思われるかもしれません。しかし、ニュースを伝える／受けとるときに、人びとが気にかけている本気／冗談、真／偽、知識／意見、ニュースとニュースでないもの、こうした区別はそこに含まれている情報量の多寡によって決まるものではありません。ニュースの授受の、それぞれの場面ごとに、そこにいる人びとのあいだでの**情報や知識を持つ権利や義務の社会的な配分**は、じつにさまざまなのです。ですから、ニュースを伝える、受けとる、そしてそれと関わるいくつかの活動について、その実践の論理をみていくことは意義深い研究領域になりえるでしょう[1]。

ある発言に対して、まずそれに真面目に取り合う／取り合わないという区別がなされるといったのはサックスでした（Sacks 1972a=1989,1975,1984）。すなわち、発言の進行に効いている最初の区別は、その発言が真面目なのか冗談なのかというものだということです。その発言が真面目なものであると判断されると、真／偽についての判断が意味を持ちます。もし冗談であれば、そのニュースの報告を真面目に取り合う必

(1) 日本語で、ニュースと言うと、テレビやラジオのニュース番組を思い浮かべ、公共的、かつ大規模な情報だけを指すと考えるかもしれない。ここでは個人的な「ニュース」については、良い知らせ、悪い知らせという言葉が適当だとも考えられるが、伝える側が一方的に「知らせる」のではなく、伝え手と受け手とが、それを「目新しい」ものとしてつくりだすという点を強調するため、「ニュース」という言葉を用いている。

要はなくなります。冗談であるとわかれば、「ふざけるな」などといって怒り出すのでなければ、それに笑いで応じことが求められます。これを利用するなら、告白されたくない相手からの愛の告白に対して、それを冗談であるとして真面目に取り合わないといったことができるのです。逆に、ほんとうに深刻な告白なら、それを冗談とされないように周到に準備して話を切り出す必要があるということになります（Sacks 1964,1972a=1989）。日常会話には、冗談から話を始めるというやり方がありえるので、「Xが結婚した」といった重要な報告が唐突になされたなら、それが重大なニュースである可能性を認識できたとしても、まず「うそぉ」といったように、それが「冗談」である可能性に備えた反応がされることがあります。その後、相手の表情が緩んで笑い出すということがないと確認したなら、「マジ？」と聞き返すなどしてから、あらためて、そのことを話題にすることといったことが起こります。

内容の重大さが、十分に伝わらない可能性もあるので、それを告げるときに、話し手の側から「聞いて、聞いて」「ねえ知ってる」のように、これから伝えられることがニュースであるとする「前触れ」といったものがなされることがあります（Terasaki 2006）。こうした前触れには、それにふさわしい表情といったものが伴うでしょう。早足で近づくことがニュースの前触れになるということもあるでしょう。そうして告げられたニュースに対しては、受け手から、「あぁ」「ほう」というように、それがニュースであったことを示す受けとりの印が発行されます（Heritage[(2)] 1984b）。

（2）John Heritage カリフォルニア大学ロス・アンジェルス校（UCLA）教授。EMの方法論。会話分析、医療場面、ニュースインタビューの相互行為。『ガーフィンケルとエスノメソドロジー』（1984）、『医療ケアのコミュニケーション』（2006，メイナードとの共著）。

これに「すてき」とか「意外」といった評価が伴うこともあるでしょう。こうした印や評価によって、ニュースとして聞かれたということが表示されます。そして具体的にどういった間投詞（印）が用いられるのかによって、受け手の信念や知識の状態について理解することができます。「えぇー」といった意外性の表示を含めて、ニュースを受けとったという印の使用全体についていえるのは、内容が真であるという判断がその前提になっているということです。ニュースの前触れがあって、「ニュース」が告げられても、受け手からニュースである印が発せられないとき、少なくとも、その場では、その情報は「ニュース」として受けとられることはなかったということになります。逆に重大な事実を耳にしながら、「そうそう」とか「その通り」と言うことで、真であることは否定しないものの、すでにそれを知っていたのでニュースとして聞かなかったということを相手に示すことができます。またニュースであるはずの情報への無反応は、時によっては、無理に本心を隠しているとか、病的なものであると解釈される場合もあるでしょう（Maynard 2003=2004）。(3)(4)

真／偽という区別は、その報告内容に対する評価に関連しています。たとえば、「XがYと結婚した。私とも付き合っていたのに」のように、その報告が、何かについての不平として聞き取れるような場合について考えてみましょう。聞き手は、その発言を真だと判断し、「ひどいね」と評価をすることで、それを「不平」として聞いたと示すことができます。この場合「えー。付き合ってなんかなかったでしょ」のよ

（3）Douglas W. Maynard（1946-）ウィスコンシン大マジソン校教授。博士（カリフォルニア大学サンタバーバラ校）。相互行為分析。医療社会学。法廷研究から医療研究まで研究領域は多岐に渡る。ＥＭの研究法についての著作も多数。『医療現場の会話分析』（2003=2004）

（4）こうした一連の流れをメイナードはＮＤＳ（ニュースを伝えるシークエンス）と呼ぶ。

うに評価の言葉で応じないことは相手の主張内容を偽であるとみなしたことを示し、発言を「不平」ではなく「嘘」として受けとったということを示すことでもあります。

話者同士の、そしてその二人とニュース・ソースや結婚した当人たちとの関係によっては、(ニュースの)報告が、その聞き手への報告の誘いとして聞かれることもあるでしょう。「Xが結婚した」という報告に対して「赤ちゃんができたんだよ」と返す場合などがそれにあたります。サックスは、**自分が直接に知る権利と義務があるもの**(類型1)と、**他者を経由することで手にすることのできると思われるもの**(類型2)という区別をしています。彼は次のように述べています。「異なる二種の言い方の扱われ方に違いがあるとわかる。たとえば小さな女の子が家へ帰って母親に『ママ、私はかわいいのよ』とか、『ママ、私って頭いいのよ』などと言ったとすると、母親は『誰がそう言ったの?』と言うだろう。ところが、誰かが『私疲れた』とか『だるい』などと言っても、そんな質問はされないだろう。人には、第三者が自分について話したことを繰り返しているように扱ったほうがよいものと、それと対照的に、自分自身がそれを知る義務があるものがある」(Sacks 1975:72)。サックスが書いている類型2、つまりは、他者を経由する必要があるものには、当人が語るべきではないといった、話す権利の問題に由来するものから、自分からは見えないが相手には見えるはずだといった物理的な制約の問題によるものまで幅があります。ここで重要なのは、何らかのきっかけを与えて、相手に「話してもらう」ということが、自分が知らないこと、あるいは**自分からは語れないことを誘い出す手段**になっているということです。

「Xが結婚した」と話を切り出し、相手から情報を得た最初の話し手は、情報の誘い出し、いわゆる「フリ」をしたことになります（Pomerantz 1980）。最初の話し手は、これによって自分にとって類型2であるものを手に入れているのです。この最初の発言が「フリ」として成り立つには、聞き手が類型1の情報をもっていることが必要です。情報の誘い出しは、両者の間にある、実際に知っている／知らないという**知識の非対称性**がある場合だけでなく、**知識へのアクセスの優先性**に差があることによって可能になっています。この場合、誘い出しが成立する背景には、ニュースの対象に対して最初の話し手より聞き手が近しい関係にあるとか、より最近の情報を手にしているといったことがあると考えられます。

自分が知っていることをニュースとして告げるということにも制約があります。自分がそれを知っていたとしても、いつ誰にでもそれを告げてよいというわけではありません。結婚したと聞いて「赤ちゃんができた」からだ、といったことを告げるのは、話し手と聞き手、そしてその二人とニュース・ソースや結婚した当人たちとの関係によっては、微妙な問題をはらみます。そのニュースが、ゴシップとなって、結婚前に「赤ちゃんができた」人の道徳的な価値を引き下げることがあるからです（Bergmann 1993）。自分がそれを知ったのも、いまこれを言うのも、特定の動機に導かれてのことではないと示す必要がでてくる場合もあるでしょう。これに関連して、ベルグマンが、ゴシップ情報が、その確実性や真実性について証明を求められたさいに生じるジレンマというものについて述べています。それは、ゴシップの内容に信憑性をもたせようとして詳細に話せば話すほど、その情報は受動的や偶然に得たのではなく対象の人のプライバシーを能動的に侵害することによって入手したものではないかという疑いをより多く受けることになるということです。詳細な情報は、自らの立場を危うくするといったリスクと引き替えにそこに現われるものなのです。このように、ある種の情報を提供するためには、それが正統な手続きによって得られたものであるということが重要なのです。伝えられた情報の内容が真実であるということだけでなく、その情報を収集した方法（そして動機）に悪意がないということが示される必要がでてきます。ゴシップのように道徳的に微妙な内容のニュースは、それについてどうやって知ったのか、なぜいまそれを自分に告げるのかといった問いに答えられるような仕方で告げられるべき類のものなのです。

このように、ニュースを告げる、報告をニュースとして受けとる、報告を誘いや「フリ」として受けとる、といった活動は、**知識についての社会的な配置**、**知識についての規範的な期待**といったものに目配りしながら行なわれています。そして、これまで見てきたように、ニュースを伝える、物語をする、議論をするといった言葉によるやりとりは、それぞれに固有の実践の論理にもとづき、お互いに見通しを与え合う、さまざまな活動からなりたっているのです。

7-4

教える／学ぶ[1]（授業の会話）

みなさんは授業でこんな経験をしたことはないでしょうか。先生と目が合って「当てられると思って」下を向いたこと、当てられて答えたのに、先生が一瞬沈黙しているのを「不安」に感じたこと。こうした経験は、授業における教師と生徒の会話が、ある一定の秩序を持ってなされていることに関係があるのです。

たとえば、教室では大勢の人たちがおしゃべりをしていたとしても、ひとたび授業がはじまってしまうと、そこでなされる発言は、いつのまにか「教師」側と「生徒」側に割り振られて進行していることに気がつきます。さらに、そのとき私たちは、教師が「質問」したならば、次には生徒が「答える」べきであり、その「答え」がなされれば、おそらく教師が次にその「評価」をするにちがいない、ということを**予期しながらそこにいる**はずです。だからこそ、次に自分が当てられる可能性がある、ということや、教師が評価をすぐにしない、ということに気がつくことができるのです。

このように授業において会話が秩序立っているということは、教育現場の会話を研究対象としていた言語学者たちによって、少なくとも六十年代には指摘されていたこ

知識を教え／学ぶ実践の多くは会話を通じて展開されます。会話分析の知見を用いた授業研究では、順番交代や行為連鎖に関して、日常会話とは異なった秩序を持っていることが指摘されてきました。

（1）本稿で用いる「教える／学ぶ」の表記は、教える側と学ぶ側による別々の作業の組み合わせを表わすのではなく、一つの共同作業の二つの側面であることを表わすものである。

（2）たとえば、Bellack（1966）、Sinclair & Coulthard（1975）などを参照。

とでした[2]。こうした研究を背景に、ＥＭ研究者は、サックスらによる日常会話の諸研究（【6章】）を用いて、授業会話の秩序の詳細を明らかにし、授業実践との関わりから位置づけようとする試みを進めていきました。

授業の会話に関する初期の研究成果のひとつは一九七八年のマッコールの研究[3]です。マッコールの研究のねらいは、日常会話における順番交代の規則に関する論文[4]で提示された見通しに沿って、日常会話の順番交代の規則の延長上に、**授業の順番交代の規則**を位置づけることでした。

その研究でマッコールは、授業では日常会話の順番交代の規則（【6－1】）とは異なり、教師と生徒という成員カテゴリー（【5－3】）に結びつく形で、順番の配分と次の話し手の選択が限定されていることを考察しました。

たとえば、日常会話においては、現在の話し手は、次の話し手として、会話の参与者のなかから誰でも選ぶことができますし、それがない場合は、誰でも次の話し手として自分を選択することができます（【6－1】）。しかし、授業では「教師」が「生徒」（のなかの一人）を次の話し手として選択することができますが、「生徒」は自分の順番のときに、次の話し手を選択することはできません。「生徒」の順番が移行するのに適切になったときに話し手を自己選択できるのは教師なのです[5]。

マッコールによれば、このような授業特有の順番交代は、授業で発言の間（gap）が空くことを許し、また発言の重なり（overlap）を減らし、順番交代の配分の変化

（3）McHoul（1978）。

（4）Sacks, Schegloff & Jefferson（1974）。
Gail Jefferson（1938-2008）サックス、シェグロフらと会話分析を生み出す。会話の転記（トランスクリプト）方法を標準化した。

（5）McHoul（1978:18）参照。
Alec McHoul 現在、マードック大学（オーストラリア）教授（博士・オーストラリア国立大学）。制度的場面の会話分析、言説分析、文化理論、文学・文章技術などの分野で本を出している。

を少なくするのに役立っているといいます。

通常、授業には大勢の生徒がいると想定されます。このことは、授業には話し手となりうる者が多数おり、多くの人が順番を奪い合う可能性があることを意味します。こうした事態が招きうる帰結は、同時発話や重なりの多発であり、最終的に会話が混乱することです。マッコールによれば、この授業の順番交代の規則は、こうした潜在的な問題を回避し、**授業の会話を管理する働きがある**というのです。

こうしたマッコールの授業会話の研究は、日常会話とは違った授業会話の「フォーマルさ」を順番交代の規則の観点から特定し、それが授業会話で果たす効果を明らかにしようとするものでした。これに対し、後の授業研究に大きな示唆を与えた一九七九年のミーハン（メーハン）の著作『ラーニングレッスン』（以下ＬＬ）[6]のねらいは、会話の研究にとどまらず、さらに押し進められたところにありました。彼は、こうした会話の秩序を含めた、教師と生徒の相互行為のあり方を、**「授業」というひとつの社会の構造を組み立てるもの**として考えようとするのです。

ミーハンは、こうした考えにもとづいて、授業の秩序構造を二つのレベルで捉えます。ひとつは教師と生徒の秩序だったやりとりにおける連鎖的な組織化であり、もうひとつは、そうした組織化によって構造化された、授業の進行と関わる組織化でした。

やりとりの連鎖的な組織化とは、授業を貫いて教師と生徒の間で繰り返される行為

(6) Mehan (1979)。よりくわしい紹介は、五十嵐 (2003) 参照。
Hugh Mehan (1941-) カリフォルニア大学サンディエゴ校教授（博士・カリフォルニア大サンタバーバラ学校）。教育社会学。教室のエスノグラフィーに会話分析の知見を織り込んだ。

連鎖で、典型的には、〈教師による開始（Initiation）―生徒による応答（Reply）―教師による価値付け（Evaluation）〉という、以下のような、三つの行為類型を基本単位とした連鎖です(7)。

教師：ん、これは誰の名前？（Um, whose name is this?）……（I）
生徒：メルセデス（Mercedes）……（R）
教師：メルセデス、よろしい。（Mercedes, all right.）……（E）

この**IRE連鎖**は、冒頭で述べたように、私たちにおなじみの連鎖です。教師はしばしば、その答えを知っているにもかかわらず、「質問」を生徒に出します。生徒はこれに「答え」ます。日常会話ならば、これは「質問」－「答え」という隣接ペア**【6-2】**の連鎖にあたるのですが、授業では、この生徒の「答え」に続いて教師の「評価」、という行為類型が連鎖することが知られています(8)。

さらに授業の進行と関わる組織化としてミーハンは事例を挙げながら、こうした行為連鎖がさまざまな働き（情報を与える、指示をする、生徒から知識を引き出す、など）を持ち、授業の諸局面（開始局面・教授局面・終了局面）の諸活動を組織化し、局面が連なっていくことで、授業が構成されていることを考察しました。たとえば、教師と生徒は、知識を引き出す連鎖（Elicitation sequence）を通じて、情報や考え、

（7）Mehan（1979:52,72）参照。

（8）こうした連鎖は、その呼び名はさまざまだが、McHoul（1978）, Heap（1985）, Cazden（1988）など、多くの研究者によって考察されてきた。

（9）Mehan（1979:126-30）はGarfinkel（1967）を参照しながら、「能力」について、参加（participation）、や成員性（membership）の側面から定義を与えている。彼が提示したのは、「活動に参加するために必要とされる能力」として、「相互行為上の能力（interactional competence）」に着目することであった。彼が指摘するのは、私たちが活動に有意味な形で参加するためには、他者に認められるやり方で振る舞う必要があり、そうした意味で、「能力」とは相互行為において入手され／利用可能（available）になるということだ。それゆえそれは、実践における相互行為の遂行上で、参与者がどのような方法でどのような知識を使っているのかという観点から明らかにすることができるということにな

資料の解釈、推論の理由などをやり取りし、教授局面を作り上げていきます。

　このように、ミーハンは、授業における会話の秩序自体を明らかにするというよりも、そこで教師と生徒が相互行為をすることで授業のさまざまな活動が組織化され、授業が組み立てられていくということを明らかにしようとしたのでした。

　こうしたLLの分析は、授業におけるさまざまな活動が、ただ教師と生徒がいるだけで成り立つものではなく、その諸活動に参加する能力を必要としていることに、気づかせてくれます。

　たとえば、LLの分析では、教師と生徒はお互いにIRE連鎖という相互行為秩序を使いながら、授業の諸活動を成し遂げていきました。つまり、教師にとっては、ある知識を教えるという作業は、**自分の知っている知識を生徒の頭のなかに注ぎ込むような一方通行の作業ではありえず**、つねに**生徒の発言を受けてそのつど評価や修復の開始（【6-3】）などを行なうことを要求される**ような、実践的な性格を持つことになります。また、生徒に関していえば、授業において肯定的な評価をうけるには、IRE連鎖のような相互行為秩序を使いこなすことで、授業の進行を理解し、そこに適切に参加することが求められます。こうした能力とは、認知的で個人に帰属されるようなものではなく、参加者同士の相互行為において必要とされ、示される能力とでも呼びうるものです。[9] こうした**相互行為上の能力**（interactional competance）**の存在**への着目は、従来の認知主義的・個人主義的な能力観をくつがえす含意を持ちますが、

る（くわしくは五十嵐（2007a）を参照）。こうした考え方は、その後のEM研究のなかでも引き続き主張されている。たとえば、ミーハンは、Chomsky（1965）の「linguistic competence」へは、言語が使われる状況が説明できていない、Hymes（1974）の「communicative competence」へは会話が協同的な活動であることが見失われている、と批判しているが、Goodwin（1981:170）もまた、Chomsky（1965）の「performance errors」の見方に対してより精緻な批判を展開し、修復などを題材に話者の発話や文をつくる能力に着目して考察している。またPsathas（1990:18）も、その研究方針を「メンバーによって生み出された相互行為上の現象として、相互行為の構造を明らかにすること」、「そうした（メンバーの）能力を明らかにすること」としており、EM研究では、こうした能力観が研究の前提だといえるだろう。こうした方針に従った研究は、他に五十嵐（2007b）がある。

これ以後現在までの教育研究において、広く認識されるまでにはいたっていません。
むしろＬＬで注目を集めたのは、その**研究の設計方法**でした。彼は、すでに明らかになっていた授業会話に関する知見を使うことで、教師と生徒が授業において組み立てている社会秩序のありようを、具体的に明らかにする方法を提示しました。当時のアメリカでは、教育現場の実態をより具体的に研究する必要があるとされていたこともあり、この著作はその後の授業研究の手本のひとつとなったのでした(10)。

今では、ＬＬは授業研究の古典となり、ミーハンがＩＲＥ連鎖を、授業を貫く相互行為秩序として位置づけたことだけが紹介されがちです。しかし、そもそもの彼の狙いや分析を振り返れば、ＬＬの研究が注目しているのは、連鎖があるということそのものよりも、その連鎖がどのようなデザインでなされており、またそのことによって、どのような諸活動が行なわれているのか、という点であることがわかります(11)。つまり、ＬＬは、ミーハン自身が「授業の構造とその構造を組み立てる参与者の相互行為上のワークを記述する」と述べているように、授業実践におけるワークの研究（【８-１】）の先駆けであったといえるでしょう。

（10）ＬＬの影響は、ＥＭ研究の範囲にはとどまらないが、これ以後の教育実践に関するＥＭ研究の蓄積に関してはWatson（1992）、Hester & Francis（2000）に簡単なレビューがあるので、それを参照のこと。

（11）このことの含意のひとつは、行為連鎖を当該の場面や社会的役割に固有で一定の効果を持つ「行動パターン」だとみなしてしまうと、具体的に実践を論じるときに現実を見誤ってしまうということである。たとえば、教育の議論においては、授業にＩＲＥ連鎖が出現するということだけで、それが教育上よくない効果を持った教師の権力の発動だとして批判されることがある。しかし行為連鎖は、つねに一定の効果を持つわけではなく、私たちのやりとりの中でさまざまに利用可能である。そうであれば、当該の授業の課題にとってその行為連鎖の善し悪しを論じるのであれば、当該の授業の課題にとってそれがどのような効果をもたらしているのか、ということを具体的に見る必要がある。

第8章　ワークの実践

第8章では、ＥＭ研究のなかで、とくに「ワークの研究」と呼ばれるものをいくつか記述していきます。この「ワーク」という用語には「仕事」や「職業」という意味と、「（会話などの）実践」という意味が込められています。どんな仕事でも、その仕事のやり方や注意点というものが、熟練者からの口頭説明やマニュアルによって示されています。しかし、それらだけによってその仕事が完璧に行なわれるわけではありません。新たにその仕事をやろうとする者は、説明を受けたりマニュアルを読んで、実際にその仕事に関わっていくなかで、仕事を理解し、できるようになっていきます。つまり、さまざまな仕事がいかなる実践から成り立っているのかは、それほど自明なことではないのです。その内実を解明するために、当の実践一つ一つをつぶさに見ていくのが「ワークの研究」の方針です。

本章で扱うワークの実践は「教える／学ぶ」「実験する」「比較する／測定する」「共同作業」です。もちろん、個々の仕事の全貌を明らかにするのではなく、あくまで一つ一つの実践に注目します。そして、その際には、いくつかの論点をめぐって個々の場面を取り上げていきます。「教える／学ぶ」では「科学的な説明をすること」をめぐって、「実験する」では「実在の確定」をめぐって、「比較する／測定する」では主に「科学的表象」をめぐって、「共同作業」では「プラン」をめぐって個々の場面を取り上げていきます。これらの試みによって、一方では実践の多様性を示し、もう一方では個々の実践の論理を明快に示します。

8-1 教える／学ぶ（授業のワーク）

第7章で述べてきたように、私たちは会話を通じてさまざまな活動を成し遂げています。この節では、まず、第7章からの橋渡しとして、会話の諸特徴に関する研究が、ワークの実践の研究に、いかに結びついていくのかを、授業研究を例に見ていきます。

【7-4】では、マッコールの授業の順番交代の規則や、授業実践におけるワークの研究の先駆けとなったミーハンの研究の紹介をしました。確かに授業の順番交代は日常会話とは異なっているように思えます。しかし、生徒はいつも順番を自己選択できないのでしょうか。確かに授業では「教師の質問」-「生徒の答え」-「教師の評価」という行為連鎖が見られます。しかし常にそうした行為連鎖が授業を組み立てているのでしょうか。

ミーハンの研究の後、同様の授業研究が行なわれるようになります。そこでは、授業の会話にはさまざまな形式が含まれていることが明らかになりました。たとえば、ある小学校の「物語の時間」では、教師は語り手ではなく話の聞き手であり、生徒に

授業研究が蓄積するにつれ、授業に特有とされた会話の諸特徴（順番交代・行為連鎖）は、授業実践の課題を成し遂げるためのワークのひとつとして見なされ、その課題に対する働きと利用法が注目されていきます。

（1）Cuff & Hustler（1982）参照。

（2）Watson（1992）参照。

（3）Macbeth（1992）。

（4）Macbeth（1992）が言及している「場（floors）」とは、複数の生徒によって成り立っており、統一的な志向性を持つもの（たとえば、全体として「話し手」・「聞き手」などになりうるもの）として教師に扱われている存在のことである。

（5）たとえば、Heap（1985）が考察したのは以下のような教師と生徒のようなやりとりである（以下、Heap（1985:161）から編集して訳出。二人は教科書の物語にでてきた怪我をした鳥について話している。（ ）

話をするように促し、生徒から順番に関係のあるお話を引き出すということを行なっていました[1]。このような場面には、マッコールやミーハンの知見は当てはまりません。こうした例外を見いだした研究によって、彼らの知見は授業が多様な形式でありうることを無視し、相互行為の秩序を過度に一般化しているという批判が生まれてきます[2]。

他方、マッコールやミーハンが扱ったのと同様の現象を見いだした研究からは、彼らの知見を別の観点から位置づけ直そうとする動きが出てきました。たとえば、マッコールは、教師が順番交代の規則を守らない生徒を注意していたことを観察していましたが、ある研究[3]では、同様の事例を引き合いに出しながら、そうした注意は順番交代のルールを守らせようとしているのではなく、**授業の「場（floors）[4]」の一貫性を維持しようとする、実践上の方法のひとつ**だと論じています。また、教師らはこうした「場」を維持するために、話の最中であっても、生徒の動きに敏感に反応し、身体上の動きで対処していることも考察されました。他のある研究では、ミーハンが授業の構造だと位置づけた「IRE連鎖」（【7-4】）は、主に、**授業で「知識」を「産出」することに利用されている**と指摘しています[5]。また、こうした連鎖での教師の発言は、そこでの**教育上の課題（task）に適った形で、デザインされている**ということも分析されました[6]。

こうした研究では、会話の特徴を授業実践の形式として安易に一般化するのではなく、その会話の特徴がその実践上の課題にとって、いかなる働きをしているのかを明

は発言が聞きとれない部分を指す）。

01 教師：この鳥が良くなるまでど
02 れくらいかかったの？ Cathy？
03 Cathy：んん（　）以上。
04 教師：どれくらい長く？ Rosella
05 が今読んだページを見て、みつ
06 けなさい。
07（沈黙）
08 Cathy：一週間かそれ以上？
09 教師：いいわ…。

Heap（1985）によれば、01行目の教師の誘導にCathyが応答するために、この04から06行目の教師の指示で「テキストを探索する（text-consulting）」方法が手ほどきされているという。つまりここで連鎖を通じてなされているのは「知識の産出」であり、そこで産出されている知識は命題的知識（「鳥は一週間以上かかって良くなった」）だけではなく、それを得るための方法的知識も産出されていることになる。

（6）Heap（1988）参照。またHeap（1985, 1988）の視点をもとに、Mehan（1979）の事例を再分析した

らかにするという研究方針がとられていました。つまり、これらの研究は、これまで授業に特有とされていた会話の諸特徴を、**授業実践の諸課題を成し遂げるためのワークのひとつ**として位置づけたといえるでしょう。

ではここで、授業のワークの実践の研究成果として、リンチとマクベスの研究(7)を取り上げましょう。彼らは小学生を対象にした物理の実験の授業を扱い、それらの授業で「科学」がいかに生み出されているのかを考察しました。

ある授業では、水の入ったビーカーにポーカー用のチップと硬貨を入れて、それがどうなるのかを観察する実験が行なわれました。教師は、「さあ、この二人［チップと硬貨］のお話を始めましょう。ある日、彼らは水泳に行くことにしました。そこで彼らは歩いていってジャンプします。((教師は机の上でチップと硬貨をビーカーまで動かし、ビーカーの上に持ち上げる))」と語り始めます。その後、教師と生徒は以下のようにやりとりをしていきます(8)。

01教師　：そして、彼らは［ビーカーに］落ちていきます。何が起こるかな？
02生徒1：彼は沈んで、彼は浮く。
03教師　：誰が－どちらが浮くの？
04生徒1：チップは、ずっと軽い。あれは重い。だから、これが、浮く。
05教師　：みんなそう思う？

研究には、五十嵐（2003）がある。また、こうした視点から、制度的会話分析における会話と場面との関係を再考した研究には、五十嵐（2004）がある。

（7）Lynch & Macbeth（1998）。

（8）やりとりは原文pp.278-9,285-6のトランスクリプトから編集して訳した（二重括弧は動作などを表わし、傍点は声が大きい部分を表わし、ハイフンは言葉が途中でとぎれていることを表わす）。

06生徒　：はい。
↓07教師　：よし、じゃあ検証してみましょう。
↓08　　　　おっと（〈チップと硬貨をビーカーの水に入れる〉）ほら、沈んでいくね。
↓09　　　　はい、じゃあ、予想は合っていたかな？
↓10生徒3：はい。
↓11教師　：いいわ。じゃあ、いま起きたことをなんて説明する？　デビット？

このやりとりでは、「チップと硬貨の物語」を利用しながらも、実は「科学的な物語」が進行しています。教師は生徒に質問して答えを引き出した後（01‐06行目）に、「検証（test）」をしてみせますが（07‐08行目）、次の09行目では前に引き出した生徒の答え（04行目）を生徒の「予想」だと定式化[9]して、この実験で何が起きたかを生徒に確認しています（09‐10行目）。ここでは、「質問‐答え」の行為の連鎖の利用だけでなく、さらに前後の行為を相互に関連した言葉で定式化することで、生徒の経験を一定の道筋に文脈づけているのです。つまり、「検証」をしたら「予想」と照らし合わせ、そしてその結果を「説明」するといったような、**行為のつながりを明確にすることで**、ただ単に結果のあてっこをするゲームではなく、**「科学的な物語」を成立させているといえるでしょう**。さらに上記の会話の続きをみてみましょう。

（9）「定式化」についてはGarfinkel & Sacks（1970）、【1‐4】参照。

12生徒2：両方とも水に落ちた。
13生徒1：へへへ、違う。
14教師：どうして一人は沈んじゃったのに、もう一人は浮かんだのかな？
15生徒1：えっと、彼はもう一人よりも軽いから。
16教師：はい、ローラ？
17生徒3：この硬貨は、銅でできていて、プラスチックのポーカーチップよりも、
18　　重いから。
↓19教師：なぜプラスチックよりも重いの？
↓20生徒3：ふふ、わからないわ、とにかく重たいのよ。
21教師：君たちは分子ってきいたことがあるかな？
22生徒：（（「ある」「ない」の答えが入り混じる））
23教師：原子は？…分子や原子って何だと思う？　ローラ？
24生徒3：ふふ、切っていって、細かくなって…（（小声で））。
25教師：みんな知っているかな？　世の中のすべての物体は目で見えないくらい
26　　小さいものからできているんだ（（説明は続く））。

リンチとマクベスは、20行目の生徒の発言は、「自分の説明は十分だ」という不満を表明しており、こうした「十分な説明だ」とする主張の後に、教師から「科学的な

（10）これらの事例では、生徒らは「科学的説明」ができずに最終的に教師が説明をすることになる。だが、はじめから教師が説明するのではなく、まずは生徒に実験の説明を求めていたように、生徒は「科学的説明」を「自分で発見することが可能な者」として扱われている。つまり、こうした授業では、科学のワークにおける科学者【4 - 3】と同様に、科学的説明ができる者、としての成員性が生徒に付与されているのであり、にもかかわらず、それができず、そうした知識が他者から提示されている、という意味で、科学教育の現場たり得ている。このように、「科学の実践」と「科学教育」との間は、まったく断絶しているのではなく、一定の連続性を持っている。

（11）これらの説明は、しばしば、「浅い」-「深い」、「具体」-「抽象」などと対置されることが多いが、重要なのは、「重いから沈んだ」という説明が十分である＝十分に自分は習熟している、そういえるだけの資格があるという主張が生徒からなされている点である。科学が特権を主

説明」が導入されたことに着目しています。別の授業のやりとりでも、「なぜ」と教師が生徒に説明を求め続けるやりとりがもっと長く続き、生徒の説明が底をついたところで、教師が科学的な説明を持ち出します。(10) ここでは、生徒にとってはこれ以上ない十分な説明、つまり「常識的説明」が提示されたのに対して、教師はそれを不十分だとして「科学的説明」を持ち出します。また、このあとの教師は、生徒が言ったことを、補足し、再特定し、修正し、確証することで、「生徒の見たもの・語るもの」に対比させながら、「科学的説明」をつくりあげていきました。こうして、生徒の主張した**「常識的説明」が「格上げ（upgrading）」されていくことで「科学的説明」が提示されていく**のです。

これらの考察を通じて、リンチとマクベスは社会学者や哲学者にとって根本的な問いのひとつである、「科学的に行為し話すことはどのようなことか」について論じようとしました。彼らが指摘したのは、**「常識的知識」と「科学的知識」は切り離されているのではない**ということです。たとえば先の事例では、教師は生徒が理解しやすい「チップと硬貨の物語」を利用しながらも、適宜に科学の言葉で定式化をしていくことで、「科学的な物語」を形作っていきました。こうした「常識的知識」と「科学的知識」は、先の事例の生徒の主張（20行目）とその後に続く教師の説明のように、対立しているように見えることもあります。しかしそうした対立は、そのつど、「常識」と「科学」を対比し関係づけることによってつくられており、(11) むしろ、この対比

張するときに、私たちは自らの常識を主張するのである。

(12) リンチは科学社会学者であり、EMの視点から、科学者らが科学を生み出す際のワークについて研究を行なってきた。同様の論点が、科学のワークの研究でも明らかにされている。詳しくは【4-3】を参照。

(13) 授業で科学的知識を生み出すには、常識的説明の「格上げ」作業だけでなく、それが可能になる道具立てが揃わなければならない。そうした道具立てとしてLynch & Macbeth (1998) は以下の側面を考察している。

(1) 生徒を実験の目撃者として位置づけ、訓練すること
(2) 生徒を観察する集団として管理し組織化すること
(3) 記述子を確保し形作ること（会話において名前や描写を引き出し、描写を形作って科学としての見え方を確保すること）
(4) 常識的説明の格上げをすること

によって「科学的であること」も成り立っているのです[12]。

さらに、こうした彼らの議論は、科学論としてよりも、**知識教授のワーク**について論じたと見なしたときに、重要な含意を持ちます。【7-4】で紹介したように、ミーハンは授業の実践に参加するにあたって、行為連鎖を利用できるような、「相互行為上の能力」の必要性を指摘しました。さらに、リンチとマクベスは、授業で「常識的知識」を利用しそれを「格上げ」しながら「科学的知識」を生み出していく、そのワークの諸相を明らかにしました[13]。彼らの考察を、知識教授のワークについて論じたものと見なすならば、知識を教えるワークとは、相互行為上の能力に支えられながらも、**「すでに知られている知識」を利用し、それを格上げしながら、「教えるべき知識」を生み出していく実践**だといえます。

このような彼らの指摘をもってすれば、知識を教え／学ぶことが、教師の頭のなかから生徒の頭のなかへと知識が伝達されることであると見なすような「伝達モデル」は、比喩にすぎないことがわかります。実際には、「教えられる知識」は、頭のなかではなく、**やりとりにおいて意味を与えられ、経験されるもの**なのです。また、「専門家の実践（科学者の実践など）」の視点から「授業実践（科学的知識を教える実践など）」を劣ったものとする議論や、「日常的状況」と「授業のアカデミックな状況」との乖離を批判する議論などについても、これまでとは少し異なった観点から考え直すことができるのです[14]。

(14) Lynch & Macbeth（1998）は、これらの二論点に関して、論文のなかで具体的に言及している。たとえば、Lave & Wenger（1991）が、日常的な状況と授業の状況が乖離していると見なし、日常的な状況におけるる知識のほうに、真正性を与えていることについて、彼らは、そうした乖離は実践上でそれとしてつくられたものであり、完全な乖離という前提自体が疑わしいと指摘している。

8-2 実験する

これまで実験を含めて、科学のワークをＥＭ研究は取り上げてきました。「科学のワークの研究」（【４-３】）で論じたように、科学的合理性などという社会学者が理論のために構築したものでは、科学活動が備えている合理的特性を解明できないことは明らかです。よって、その解明のためには、個々の科学実践の備える合理性を具体的に探究することになります[1]。ここに、科学のＥＭ研究のひとつの目的があります。

しかし、とくに科学を扱う、もうひとつの重要な目的があります。それは、ＥＭの軸となる研究方針——**社会的事実の客観的リアリティは根本的現象である**——にしたがった研究を行なうことです[2]。自然科学では何かが発見され、科学技術では何かが発明されます。発見が客観的であること、発明が非の打ちどころがないほど優れていることを否定することなく、それでいながら、この**客観性や卓越性を具体的な実践における達成として捉えていく**ことは、ＥＭの基本方針に沿ったアプローチなのです。

こうしたことを例証するために、さまざまなフィールドワークが行なわれました。まずは、【４-３】「科学のワークの研究」に続いて、天文学における脈動星《パルサー》発見につ

科学のＥＭ研究は、自然化や人工物の扱いなど、科学的対象の実在性がいかにして成し遂げられるのかを経験的研究によって例証しています。実在性の確立の基準は、個々の自然現象に応じて、さらには個々の研究目的によって多様です。

(1)【４-３】「科学のワークの研究」を参照。

(2)【１章】を参照。また、そうした研究を行なった結果生み出される副産物に関しては【小論】を参照。

いてのガーフィンケルたちの研究を取り上げましょう。[3] ガーフィンケルたちは、脈動星（規則正しい間隔で電波またはX線を放射する天体）発見の瞬間に至るまでの一連の観察実践を、その録音テープを使って分析していくなかで、発見の報告やそれに基づく論文にはけっして現われてこないものに着目しました。それは、**何かを自然のものとして扱っていく過程**、つまり**自然化（naturalization）**です。

発見の報告などにおいては、厳密な手続きとの正確な対応によって、脈動星発見の瞬間が訪れたとする記述がしばしばなされます。しかし、観察という、一連の状況づけられた実践の録音テープから理解できるのは、脈動星から発せられた可能性のあるパルス（非常に短い間だけ変化する電波）を示すために天文学者たちが無数に言及する、明らかに曖昧な「それ（it）」が、時間的に連なっていく観察実践において、また実践として、さまざまな懐疑を経ながら、どういうわけか何らかの仕方で次第に「光学的に発見される脈動星」になっていくことなのです。つまり、発見とは、実践から切り離しがたく結びついている「対象」を、その**当の実践と切り離し、自然のものとして扱っていく過程**として特徴づけられるのです。

ここで「陶工上のオブジェ」というアナロジーが理解の助けになります。脈動星と天文学の実践との関係は、ろくろの上のオブジェと陶工家がろくろを回していく作業との関係と類似しているということです。脈動星の存在が発見を導いていたのか、それとも天文学者の実践が脈動星をつくりだしたのかといった問いは、オブジェだけが

（3）（Garfinkel, et al. 1981）を参照。

重要か、それとも陶工家の技術がすべてかといった問いと同じようなものにすぎません[4]。天文学者による、その晩のその場でなされた一連の観察実践と、曖昧な「それ」（脈動星）とは、分ちがたい結びつきを織りなした上で、切り離されていったものなのです。

さて、天文学者の実践を簡単に見ただけでも、自然科学においては、科学者がさまざまな世界の実在を発見し分析する活動に携わっていることがわかります。そして、その際には、それらがほんとうに実在するのかどうかの検査も入念になされていることがわかります。つぎに、この点をさらに掘り下げてみていくために、神経生理学の実験室をフィールドワークしたリンチの研究を取り上げましょう[5]。電子顕微鏡などを用いて生化学的対象を操作しながら実験を行なう神経生理学においては、電子顕微鏡上に見えるさまざまな現象が対象の実在的性質を示しているのか、それとも実験上の人工物、つまり人為的な操作ミスによってもたらされたものなのかがしばしば問題になります。これらを見分ける科学者の作業をリンチは解明しました。

人工物は、生化学者たちによって、「ポジティヴ」なものと「ネガティヴ」なものとに大きく分けて考えられています。**ポジティヴな人工物**には、たとえば、着色の失敗によって生じた不透明なシミや、電子顕微鏡用のナイフ（microtome）の端の刻み目でひっかいてしまったためにできた線や穴、薄い部分の移しかえに失敗したために生じた折り目や、電子ビームの焼き跡などがあります。

（4）【4 - 3】「科学のワークの研究」を参照。繰り返しておくと、科学的知識の社会学（SSK）の信奉者ならば、天文学者の実践の結果を決定する外在的な要因として、社会的条件を挙げることになる。そして、実践は研究対象の外に次第に位置付けられる。こうした態度は、ガーフィンケルの共同研究者であるリヴィングストンに対して、科学的知識の社会学の代表的な論客であるブルアが行なった批判（Bloor 1987）などにも如実に現われている。また、こうした懐疑主義からウィトゲンシュタインを解釈したものとして（Bloor 1983）を挙げることができる。多くのエスノメソドロジー研究者が、こうしたウィトゲンシュタイン解釈を斥けている。【第2章】を参照。

（5）（Lynch 1985）を参照。

これらポジティヴな人工物のいちばんの特徴は、見えるゆえに気づくことができる点です。また、もはやお馴染みのものであり、原因も特定されています。よって、いったん、このポジティヴな人工物として同定されると、それは探求下にある生化学的対象の特徴ではないものとして脇へ寄せられます。(6)

ネガティヴな人工物は大きく性質が異なります。この人工物は、何らかの手続きの実行に対して期待される効果がないことと結びついており、実際に行なってきた作業の後になって、それを説明する際に言及されます。このネガティヴな人工物には、効果のない迷信的行為と、獲得されるはずの効果を阻むもの、という二種類があります。

このなかで**効果のない迷信的行為**は、受容された科学的原理からは説明できないものの、ある特定の効果をもたらしていたと考えられていた作業に対して、実は効果などなかったのだと回顧的に特徴づけられるタイプです。逆にいえば、実験室での作業には、経験にもとづく技巧がいくつもあり、それにより実験室での諸々の作業がスムーズにこなされている側面があるのです。しかし、それが期待された効果をもたらせないことがわかった折には、迷信的行為として説明され、捨て去られるのです。

これに対して**獲得されるはずの効果を阻むもの**が言及されるのは、何らかの手続きの実行が不確定な失敗とされる場合です。期待された効果が強く規範化されていると、その効果が得られない場合であっても、その効果が本質的にあり得ないものとは判断

(6) 以上の性質ゆえに、ポジティヴな人工物を含む電子顕微鏡写真は、探求下にある化学的対象を代表するものとして公表される写真にはなりえないが、一方で、その対象のひとつとしては数えられる。また、人工物としてお馴染みのものであるゆえに、初学者向けの教科書のなかで、人工物を教えていく際に使用されることもある。

されません。むしろ、何らかの技術的な要因が効果の招来を阻んでいるとされるのです。よって、温度や、溶媒中の酸素含有量、オシログラフの針の精度も含めて、状況上の変数を調整して再度実験を行なっていくことになります。そういった効果を阻止する偶発物がネガティヴな人工物となるのです。もちろん、変数を調整した再実験をしても、効果が出ないままのこともあります。その際には、迷信的行為とされたり、あるいは留保されたままになります。

このように神経生理学者たちは、「人工物」という用語を使って、今自分たちがやっていることが何なのかをお互いに示し合っています。とくに、ネガティヴな人工物からうかがえるように、**研究下にある対象の実在性の是非は、その研究実践の状況と不可分**なのです。実験対象ばかりでなく実験状況の把握や管理も重要なのです。

つぎに、こうした実験室での実験に代表される自然科学の実践が別の領域と関連してくることを取り扱ったリンチの法医学の研究を取り上げましょう(7)。容疑者の血痕から採取されたＤＮＡが実験室から実験室へと運ばれた際、その同一性を保持するためになされる一連の作業があり、法廷において、その作業に疑問が付される場合が着目されました。

法廷で用いられるＤＮＡ指紋法という手続きには、ＤＮＡが血痕から採取されてからＸ線写真として描き出されるに至るまでの十一もの多くのステップがあります。最後のＸ線写真は確かに最初の血痕から生じたもので、それに至るまでにＤＮＡはさま

（7）（Lynch 1998a）に拠る。

ざまな変換を被りますが、同一性は維持されます。そしてそのためには、DNAサンプルが「管理の連鎖」と呼ばれる、一連の管理作業によってもさらに維持されねばなりません。ここにもサンプルの同一性を維持する作業があります。

ある事件では、検事側の報告では〈実験室間の移動〉と表現されるにすぎなかった管理の鎖が、弁護側によって〈ある実験室の法廷医〉⇓実験室の事務員⇓4人の運搬人の間の受け渡し⇓別の実験室の法廷医〉という事実関係にまで拡張されて示されました。そして、事務員が問題となっている容疑者のサンプルを別のサンプルと束にして移動させたこと、各サンプルごとのラベルにサインをせずにサインのコピーで済ませたことが明るみに出されたために、法廷での審理は中断しました。つまり、一時的にではあれ「管理の連鎖」が切れていたことが示されてしまったのです。

罪の有無の決め手となるDNAは、こうした管理と表裏一体です。管理の範囲はどこからどこまでなのか。それぞれの管理においてはどの程度の精密性が要求されるのか。こうしたことは、科学的というよりも法的に、あるいは当該の法制度に依存します。対象の実在性を確保する際の基準は、天文学でも神経生理学でも、それぞれ異なっています。それは、学問ごとに多様であるばかりでなく、その作業の目的によっても異なってきます。分子生物学においてDNAサンプルを管理していく際の基準も、法医学との関連で用いられる際には、また違ったものになるのです。要するに、対象の実在性といっても、それがどんな活動のなかで確立されるものなのかによって、基準は異なってくるのです。**そうした基準に基づいた対象の実在性が当の実践者によって、いかにして成し遂げられているのか。**これこそ、科学のEM研究が探究すべき根本的な現象なのです。[8]

（8）そうした研究としては、これまで挙げてきたものの他に、（Livingston 1986）（Bjelic 1995）（Bjelic & Lynch 1992）などがある。

8-3 比較する／測定する

科学のＥＭ研究には、実験という実践のあり様を解明するだけでなく、**科学実践のなかで表象を作成していくこと**や、その**表象の理解可能性を解明していく**方向性もあります。まず、その代表的な研究にならって、理科の教科書にも出てくるような図を分析してみましょう(1)。

たとえば、細胞の解説となっている図2の写真と図は、図1の社会理論の図とは見方が異なることがすぐみてとれます。社会理論の図が表象となるような「実在」をその横に置くことはできませんし、少しでも社会学をかじった方なら、そんなことは考えもしないでしょう。「社会システム」や「人格システム」は、直接的には不可視の実体を分析するための概念枠組だからです。とはいえ、そのことが理解できてさえいれば、そもそもこの図が無くとも文章のみで済む可能性も出てきます。もちろん、文章でなく図ですから、表現形態が異なることにはなりますが、内容には何ひとつ加えていないと言えるかもしれません。

さて、一方で、細胞を表わしている写真と図のペアはどうでしょうか(2)。これらは同

科学のＥＭ研究は「比較する」という活動を取り上げて、自然科学の表象の理解可能性を生み出す実践を解明しています。また、「測定する」という活動を取り上げて、自然を数学的対象にする実践や、状況に応じた測定という実践を解明しています。

（1）（Lynch 1988b）および（山科 1985）を参照。また、社会科学の図に関しては、（Lynch 1991a）を参照。

図1　行為システムが環境と文化に対してもつ二重の関係

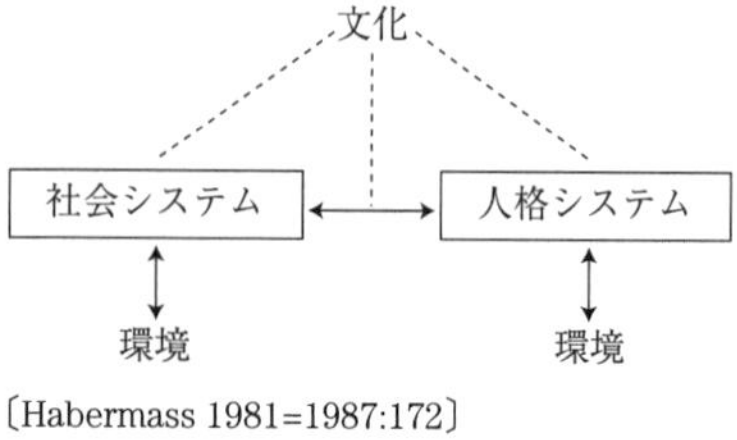

〔Habermass 1981=1987:172〕

じ対象の表象であり、また、それぞれ独立に理解可能なものです。しかし、このように並置されるならば、それは、独立に見られることはありません。写真がオリジナルであり、図がそれを変換したものとして見えてきます。図はオリジナルの写真を分析し、ラベル付けし、理念化したものとしてわれわれは見るでしょう。もちろん、こうしたことは、このように二つを並べることによって自然と見いだされるものです。それらが別々に呈示されたり、また他のものと並置されるならば、また別様に見えるのです。

リンチ（1988b）によれば、図によるオリジナルの変換という実践は四つの特徴に分けて考えられます。第一に、**「フィルター化」**、つまり見えてしまう余計なものを除去することです。見るべきものだけが図のなかで表現されます。細胞内部には、写真で見るとさまざまな大きさの無数の点が存在しますが、図にはほとんど描かれていません。第二に、**「均一化」**です。ミトコンドリアは、図では同じような形に描かれ、均一なものにされています。第三に、**「明確化」**です。核小体のように、写真では輪郭が明確でない箇所に、図では線が引かれますし、マイクロボディやその内部に描かれた黒点のように、全体に対する大きさや構造なども明確にされます。それぞれが細胞の各部位であ

図2　細胞の顕微鏡写真と図

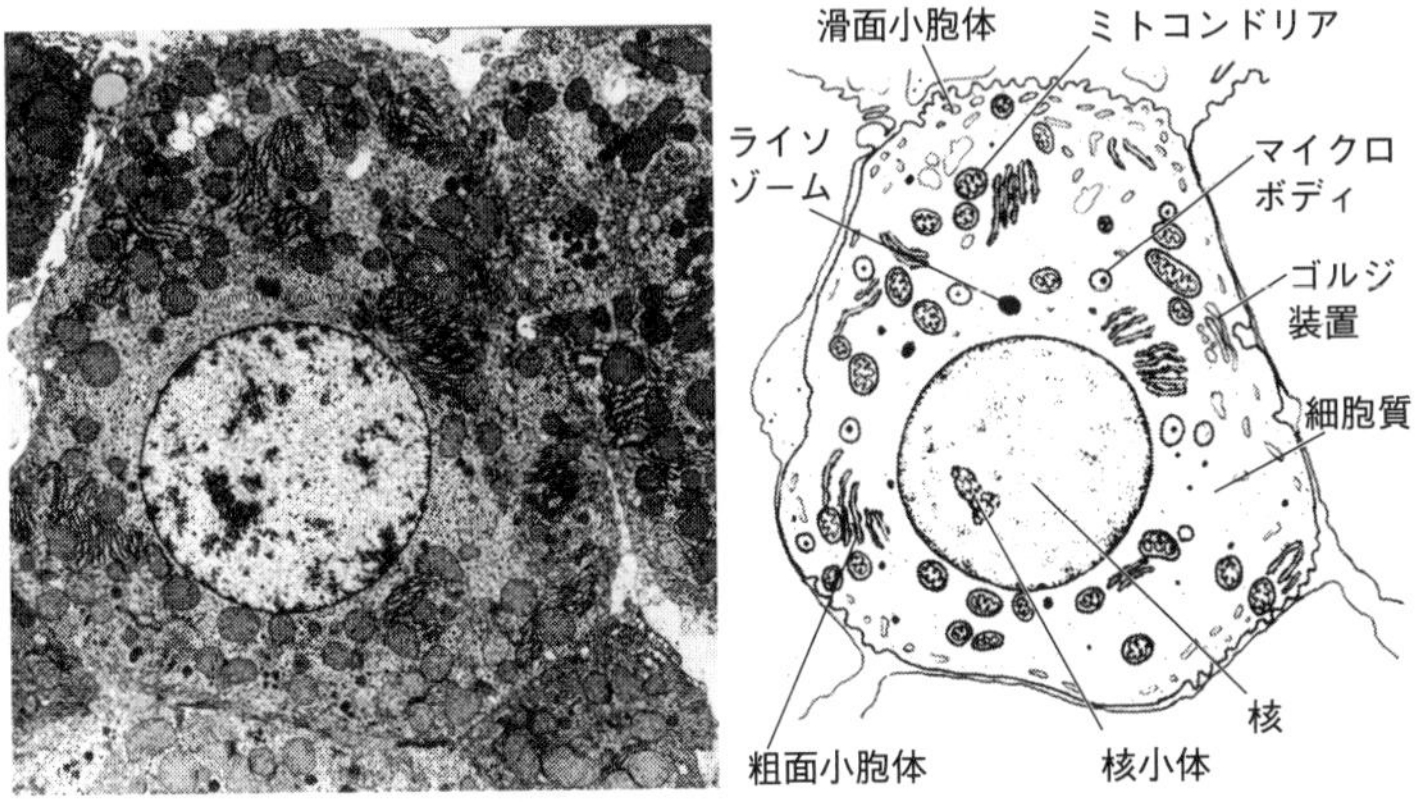

〔山科 1985:39〕

ることを証拠づけるように描かれるのです。第四に、**「定義づけ」**です。記号によって示された個々の実体の名称が線によって直示され、各部分は安定したものとなります。さらに、説明文により意義も与えられます。

それゆえ、図による写真の変換という実践は、ただ「単純化」と特徴づけてしまっては抜け落ちてしまうものが多すぎます。そして、こうして見てきますと、先に述べた、オリジナルとその変換という、写真と図の関係は、固有性と普遍性、あるいは現実と理念の関係と言えます。変換された図の方が直観的に把握できるイメージとしてあり、そのヴァリエーションとして写真を見るからです。もちろん、このように見えるのは、写真と図をこのように並置するなかで達成されることです。

現実と理念との対比は、まったく異なる文脈、たとえば法医学の場面でも問題になります。実験室では、しばしば実験の手続きはどんなものであり、どのように進めていけば期待した効果が得られるのかが焦点になることを【8-2】で論じました。一方、法医学においては、発見を行なうのではなく、**既存の科学技術の問題ない遂行**が焦点となります。

あのO・J・シンプソン事件の刑事裁判においては、このことが一つの大きな問題となりました。血液サンプルの収集と分析の監督をした法医学者は証人として出廷し、血液サンプルを汚染してしまっている可能性を突き付けられます。その根拠は以下のようなものでした。証人の実験室では、弁護側が視察訪問した際には、DNA鑑定の

（2）この図が収録されている本は、山上明先生（東海大学）より御教示頂いた。記して感謝したい。

各段階ごとに手袋を代えたが、いつもは代えていなかった。しかし、各段階における手袋の交換はサンプル汚染の予防手段としては不可欠である。よって、問題となっている血液サンプルも汚染されている可能性があり、その鑑定の結果は受容しがたい、というものです。法医学者は限られた分子生物学の知識しか持たないので、こうした専門的主張に抵抗できませんでした。結局、証人は、自分のしていることがわかっていない者として描き出されてしまったのです。事実としての証人のとった手続きは、DNA鑑定のあるべき手続きという理念と対比させられ、しかも、そのヴァリエーションとしての地位を剥奪されたのでした。(3)

さて、自然の表象がいかにつくりだされ、そして、その表象はいかに理解できるのかということを先に扱ってきました。今度は、現象学を切りひらいたE・フッサールに端を発するテーマである、「自然の数学化」に関連する現象を取り上げましょう。万有引力の法則や元素記号などを考えてみれば、自然現象というものが数学的な性質を持つことは疑い得ない真理だと思われるかもしれませんが、自然の数学性は近代科学以前の実践の産物である、とフッサールは論じました。

リンチは、この主張をさらに広げ、**自然の数学性は現代の科学者の日々の作業の達成成果**でもあることを例証しています。この観点から、たとえば、野ネズミの生息分布図を取り上げましょう。そのグラフは以下のような手順でつくられます。まず、それぞれの野ネズミを識別できるように、いくつかの組合わせで足の指を切断して、各

(3) (Lynch 1998b) を参照。

ネズミを番号づけします。これをマーキングと言います。そして、実験柵をつけた地（実験区）に放します。つぎに、実験区が座標化された空間となるよう、縦横に等間隔で生け捕りトラップ（罠）を設置します。さらに、この罠を座標軸として実験区のグラフを作成します。あとは、放した各野ネズミを再捕獲した、罠のある地点を囲めば、その領域が、その野ネズミのテリトリーとされます。(4)

　このような生物学の調査からでも、自然の数学性はそれを達成する実践とともにあることがわかります。等間隔で罠を置くことによって生息地域を数的に把握できる対象に変換し、マーキングによって個々の野ネズミを同定可能とし、捕獲地点どうしを結びつけることによって、一匹の野ネズミのテリトリーをグラフ的な空間とするのです。結果として出来上がった図は、**数学的かつ、自然的かつ、文字とともに理解可能となるハイブリッドなもの**です。

　こうした数学化への諸々の試みによって、自然科学は測定や計測、そして、それらにもとづくさらに高度な研究を可能にしてきました。このことは、社会理論の図と対比させて考えてみるとその相違が際立つかもしれません。かの図にある点線

図3-1　マーキングのための図

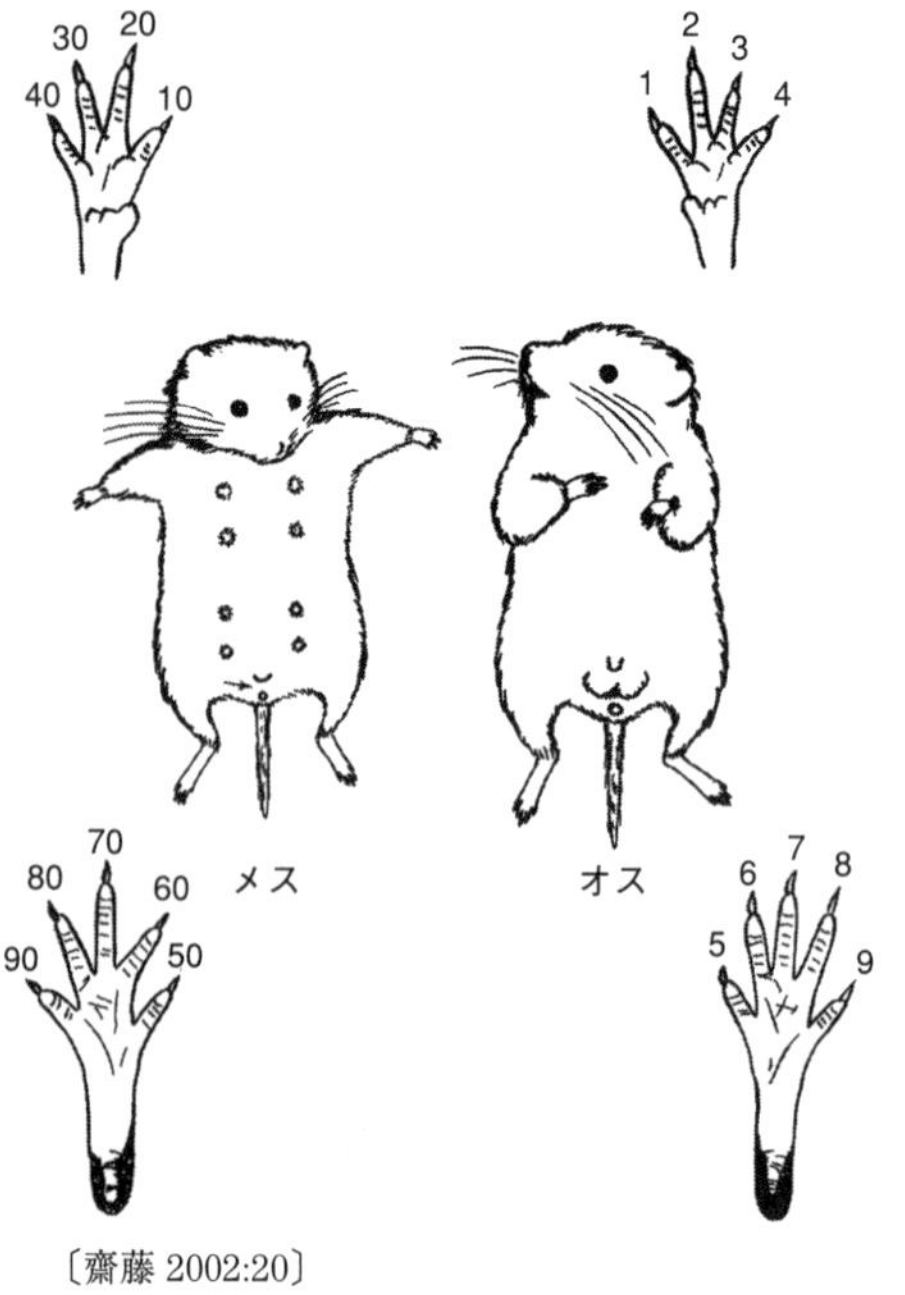

〔齋藤 2002:20〕

（4）（Lynch 1988b）および（齋藤 2002）を参照。

や矢印は何らかの結びつきや相互依存関係を示しているものの、測定を志向した計算可能性を備えていません。もちろん、そうであるからといって数学的でないわけでもありません。それには、比率や対称性といった幾何学的側面は含意されていると言えます。たとえば、先の図では「社会システム」と「人格システム」は「文化」に対して対称的な地位にあることが示されていると理解できます。社会理論の図は比率以外の数学性は捨象したわけですが、自然科学の図は、細胞の図のように対象との写像関係を維持していたり、野ネズミのテリトリーのように計算可能性を備えるものが多々あるのです(5)。

もちろん、計算可能性といっても、個々の自然科学のそれぞれの実践に沿った形で組織化されるわけですから、測定のあり方もさまざまです。サックスは、日常会話において、正確な数え方よりも近似値的な数え方のほうが、ある状況でのある振舞いにとっては適切であることを論じました。たとえば、友人との待ち合わせ時間を「十四時三七分五五秒」とする人はいません。状況や目的に合った振舞いがあるわけです(6)。

自然科学においても、事情はまったく同じです。たとえば、リンチの挙げている神経生理学の実験室では、実験用のネズミの脳に損傷を与えてから新生過程が始まっていくのかどうかが焦点となっていました。そのプロジェクトでは、損傷後五日目にその過程が始まると考えられ、損傷後の日付けで（2, 2 1/2, 3, 4, 5, 6, 6 1/2, 8, 9, 11）日

図3-2　グラフ

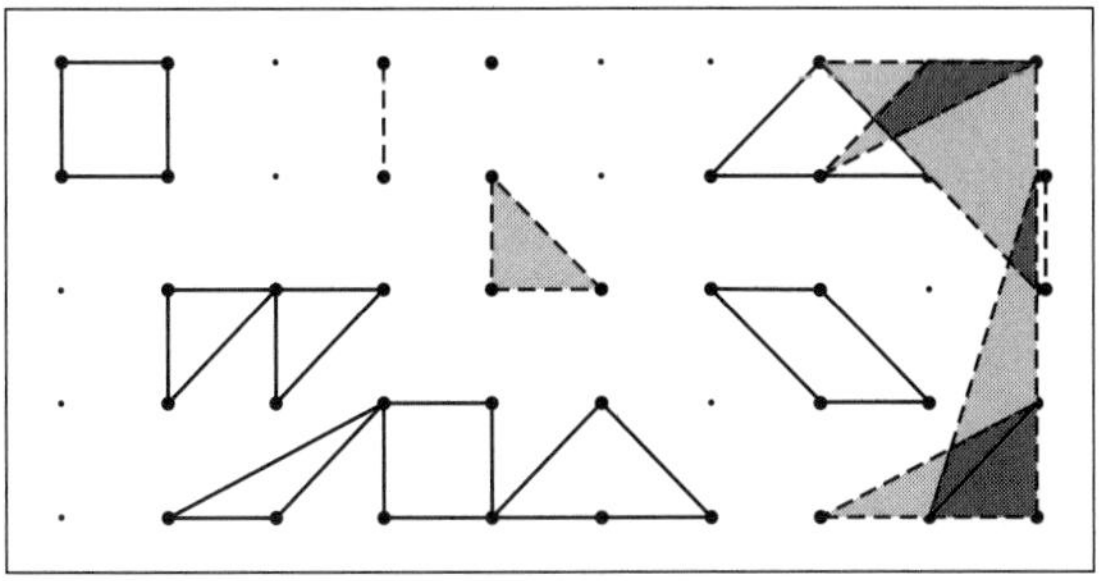

〔齋藤 2002:28〕

(5) くわしくは（中村 1999b）を参照。

(6)（Sacks 1992）を参照。

目の脳がサンプルとして採取されました。サンプルは二四時間単位ごとには取られません。そうではなく、何かが起きていると思われる期間は半日ごとにサンプルが取られる一方で、何も起きてないと思われる期間は二日間もサンプルは取られないのです。[6]

このように、そのつど進行中のプロジェクトの目的に合わせて、測定の仕方も変わってくるのです。正確な測定の是非ではなく、**そもそも測定がどうあるべきなのかを、当の成員たちの活動のなかに問うていく**のが科学のＥＭ研究の方向性なのです。

（6）（Lynch 1991b）を参照。

8-4

共同作業

本項目では、人びとが共同で物をつくったり話し合って決定したりといった共同でひとつのことを成し遂げること、つまり共同作業をすることをエスノメソドロジーの発想から考えていきます。

共同作業[1]とは、複数の人がある設定のもとで一定の目的のために共に作業をすることです。これには、日常的なものごとを決める会議や物づくりから、より高度に専門化された[2]共同作業まで、たとえば、航空管制塔でのパイロットと管制官とのやりとり（サッチマン 1994）、地下鉄コントロール・ルームでの管理作業（Heath, C., P. Luff 2000）などさまざまなものがあります。

ここでは、ＥＭ研究がどのようにして共同作業の研究に結びつき、さらにはテクノロジーの研究と結びつき展開していったか説明していきます。

エスノメソドロジーによる共同作業の研究は、ガーフィンケル（1967）以来、数多くあります。とりわけ認知科学との関係を近づけた記念碑的なものに、**Ｌ・サッチマン**[3]**の「プラン（計画、予定）」研究**があります。ここではまずサッチマンの研究を

共同作業は、複数の人がさまざまな人工物（道具や理念モデル等）を、状況に応じて組織化することにより実践されるものです。現代のテクノロジーを使った共同作業におけるさまざまな実践も、ＥＭにもとづいたフィールドワークによって明らかにすることができます。

（1）Cooperativeは、研究分野や文脈によって協同、協働、協調作業などと訳される。ここでは、ＣＳＣＷ（後述）で一般に使われる「共同」という日本語を使う。

（2）professional vision（Goodwin 1994）

（3）Lucy Suchman ランカスター大学教授（博士・カリフォルニア大学バークレー校）。コンピュータに支援された共同作業（ＣＳＣＷ）研究、ワークプレイスのフィールドワーク。『プランと状況的行為』（1987;改訂版2006）。

参考に共同作業にとって必要な「プラン」とはどのようなものかを考えていきます。

人びとが共同作業をするとき、作業を円滑に進行するために予定や計画を立てる、つまり「プラン」を設定することになります。このときのプランは、人びとの行為に先行し（前提条件）、制御するもの（行為の処方箋）として考えられてきました。これに対して、サッチマンは、『プランと状況的行為』（1987=1999）で、プランは、**状況に応じて再構成され続ける行為**との関連で考えていかなければならないと論じました。

たとえば、カヌーで急流を下るとき、滝の上でしばらくとどまり下り方をプラン（計画）することを考えてみましょう（p.51）。このとき、カヌーに乗る人が「できるだけ左端の方に行って、二つの大きな岩の間をすりぬけて、次の岩を右側に…」などというプランを立てたとします。従来の認知科学においては、このプランは、行為者の頭のなかに細部まではっきりとした図式としてあり、それからの行為を決定づけると考えられていました。つまり、カヌーに乗る人は事前に頭のなかに立てたプランによって、これからの下り方を決めて実行する、とされたわけです。

これに対してサッチマンは、プランが効率的なのは、その実践やその環境の具体的詳細の**「すべてを表象しているわけではない」**からだと指摘しました。カヌーで川下りをする人は、出発する前に、これからの行き方を熟慮し、シミュレーションしてプランを練るかもしれません。しかし、いかに詳細にプランを練ろうとも、実際の流れに入ってしまえば、そのプランはそのままでは滝を通り抜けるために役に立ちません。むしろ、カヌーを適切に操るとは、プランにしばられることなく、その人の利用できるあらゆる身体化された技能をよりどころにすることです。このとき、このプランは、激流のなかでカヌーの移動を決定づけているのではなく、カヌーのその場その場の状況に合わせた行為（状況的行為）を遂行するためのリソース（資源）となっていると考えた方がよさそうです。カヌーに乗る人はプランとその時の行為を対照し、プランを利用して状況を読み込む、つまり実践のなかにプランを読み込んで激流を下っていくのです。(4) たとえば「二つの大きな岩の間をすりぬけて」とプランしても、実際にその場に行って、とても通れないとわかれば、その場で可能な「別の岩間をぬける」こともできるわけです。この川下りの実践のなかでプランはときに参照されたり、ときに捨て去られることになります。このような発想をもとに、サッチマンは、最新のコピー機を初心者が使いこなせない場面のプランの使われ方を分析しました。そして、コピー機の前提とするプランを含む人工知能モデルには、「状況づけられた行為」という発想が必要であることを明らかにしました。

さらにこの考察をとおして、サッチマンは、頭のなかにある実体として捉えられていたプランを、実際の活動から分析すべきだということを提唱しました。これは、プランの実行に代表される「知識を使う」ということが頭のなかの情報処理過程であるとしていた当時の認知科学者に新たな視点を与え、知識や認知というものを相互行為

(4) つまり、プランは、状況のインデックス性を修復するという定式化をしているといえる。【1-4】参照。

のなかで考えていくきっかけを与えました[5]。

このようなサッチマンの発想は、共同作業についての研究法にも影響を与えました。従来の共同作業研究ではどれだけ効率的に共同作業を予期し制御できるプランを作成するかということが研究課題となっていました。これに対して、サッチマンの発想を使えば、人びとの共同作業を実践するなかで**プランがどのようにリソースとして状況づけられているか、またプランの他にどのようなリソースを使って共同作業が実践されているか**ということをフィールドワークにもとづいて考察するということになるわけです。

さらに、サッチマン（1994）に代表されるような共同作業のフィールドワーク研究は、テクノロジーを伴った複数の人間の共同作業研究として展開していきました。

というのも、このような現代社会における共同作業は、人びとが直接対面しないでテクノロジーを介した状態でなされることが多く、その際には、携帯電話やテレビ電話など情報メディアが使われたり、大型システムの遠隔操作などさまざまな通信・情報機器が使用されているからです。これらの研究のなかで、特にコンピュータや情報機器を共同で使用して実施する作業は、コンピュータに支援された共同作業（computer-supported cooperative work, 以下ＣＳＣＷ[6]）と呼ばれています。

たとえば、サッチマン（1994）やグッドウィンら[7]（1996）が共同作業研究で注目したのは、航空会社の地上作業オペレーションのように、人びとと道具が分散して配

（5）そのため、テクノロジーのフィールドワークが必要となる。橋田浩一（1994:58）は、これらの認知科学の新しい運動を、相互作用主義、状況主義、生態学主義と言うべき運動としている。

（6）これに対して、初期サッチマンのコピー機操作の研究のように、ひとりの人間と機械の相互行為の研究をＨＣＩ（Human Computer Interaction）研究と呼ぶことがある。

（7）Charles Goodwin カリフォルニア大学ロス・アンジェルス校教授（博士・ペンシルバニア大学）相互行為分析（参与構造、ジェスチャーと身体化）。ワークプレイス研究。会話分析の成果をビデオ・データに応用して相互行為の分析を始めた。『会話の組織』（1981）、「プロフェッショナル・ヴィジョン」（1994）

置され、時間と空間への切迫した関心がある作業です。ここでのオペレーションズ・ルームの責務は、航空機の離発着に際しての地上作業を協調させることです。サッチマンらはその特徴を「協調のセンター」(8)と名づけました。ここが「センター」として機能するためには、一方で、空間的に分散している地上と上空の人びとが、どこにセンターがあるか定めることができ、どんなときでもどこにセンターがあるのか見つける方法がわかるような固定的な場にあることが要求されます。他方で、「協調のセンター」にいる人びとの作業は、自分たちの作業する場所で起きていることよりも他の人たちが作業しているさまざまな場所でのさまざまな活動を協調させるような作業にかかわっていることが多くなります。このように、オペレーションズ・ルームは、一見、分散と協調という相反する機能を持ちます。しかし、ここでは、複数の人によって、分散して配置されているさまざまな作業を協調させ、再編成するためのいくつかの道具が利用されることによって、その分散と協調を解消します。たとえば、それはビデオ・モニターや「コンプレックス・ボード」と呼ばれる場所と時間を格子状に配置した掲示板です。この掲示板によって、航空ゲート、フライトナンバー、時刻などさまざまな情報は秩序づけられビデオモニター上の情報と結びつけて理解可能な情報として利用できるようになります。これらの道具(9)を使って、時間と空間の情報が集約され、状況に応じて使用されることになります。また、協調のセンターには「フライト・トラッカー」(飛行航路の追跡責任者)という役割が設けられています。この役

(8) center of coordination

(9) 認知科学では、道具、装置、組織、法律など人間がつくったものを総称して、人工物(artifact)という。

割によって、オペレーションズ・ルームのなかの作業者の関係が組織づけられることになります。そして、そのときどきによってどの作業者がどの情報に注意を向け、どの作業者と共同作業するべきか、という「参加の構造」が明確になります。「フライト・トラッカー」は、分散された作業に指示を与えることで関連情報を秩序づけ、再構成することで、共同作業全体の流れを理解可能にしていきます。

これらさまざまなリソースを用いることによって、この共同作業では、分散されて配置された人びとや道具に関して、誰が何をどのように使うべきかが理解可能になります。そして、そのことで、共同作業の参加者が、「いま」「どこで」何をしていて、「次に」「どこで」何をすべきか判断でき、時間と空間が社会的に秩序あるものとして現れてきます。こうして、サッチマンらは、テクノロジーを伴う共同作業の具体的な現場が、社会秩序研究の対象であることを示していきました。

このようなサッチマンらの研究によって、テクノロジーのフィールドワーク研究、あるいはワークプレイス研究というより広い領域が開けてきました。(10) エスノメソドロジーの発想により、共同作業研究は、**作業の効率性やリーダーシップの研究という理念的研究から、フィールドのなかで実際に成し遂げられるワークの実践研究**へと変容していったのです。

(10) たとえば、ロンドン大学のヒースとラフ(1992)による地下鉄の路線管理センター、カリフォルニア大学ロスアンゼルス校のグッドウィン(1995)らによる考古学調査と「プロフェッショナル・ビジョン(専門家の視線)」、マンチェスター大学のシャロックらのソフトウェア・デザイン研究などです。

さらに、これらのテクノロジー研究は、(現代)人類学や社会学の研究とコンピュータ科学者との共同研究の可能性を生み出しました。たとえば、山崎・葛岡らによる遠隔共同作業システムの開発・研究などに展開しています(山崎敬一ほか 2002)。

第9章　実践における理解

第9章で示されるのは、実践において、私たちが、さまざまなことを理解しているということにも、「人びとの方法論」が用いられているのだ、ということです。EMは、「見る」「感情」「記憶」といった概念で記述されるような現象を、「状況に埋め込まれた実践」として記述してきました。

【9-1】【9-2】【9-3】【9-4】は、「見る」という実践の記述です。私たちは、さまざまな概念を利用しながら、見たり、眺めたり、探したり、くわしく調べたりといったことをしています。たとえば、【9-2】では、チラシを見て広告を理解するような何気ないことにも、概念によって「見る」という実践が成し遂げられていることを、明らかにしています。また、【9-3】では、TVコマーシャルを「見る」実践において、CMを成り立たせているロジックが、視聴者にとって理解可能である、ということが示されています。さらに、【9-4】では、人が女であるとか、男であることを、私たちがどのように「見て」いるのか、その実践のあり方が明らかにされています。

さらに、【9-5】で扱う「感情」や【9-6】で扱う「記憶」も含め、第9章でみる現象はみな、それぞれに多様な「状況に埋め込まれた実践」の一つです。EMは、こうした実践の多様さを切りつめることなく、記述することをめざしています。第9章では、そうしたEM研究の始め方の一例を示したいと思います。

9-1

見る

エスノメソドロジー（ＥＭ）にとって重要なトピックに、「見る」という実践があります。Ｈ・ガーフィンケルは、ＥＭの関心が、「組織された日常の出来事の場面を、メンバーが説明可能（account-able）にしていく手続き」にあると述べています。その上で、「説明可能」であるとは、「観察可能であり、報告可能」であること、すなわち、「見ることと語ることという状況に埋め込まれた実践として、メンバーにとって入手可能」であることだとしていました(1)。つまり、「見る」ことははじめからＥＭの中心的な関心事であったのです(2)。本項目では、「見ること」という「状況に埋め込まれた実践」のあり方について考えてみたいと思います。

私たちの日常における「見ること」をめぐる実践は、多様なものです。見る、視線を向ける、眺める、じっと見つめる、くわしく調べるなど、さまざまな実践を私たちは行なっています。「見ること」についてのＥＭ研究は、知覚心理学などの理論において、その**多様性が切りつめられてきた**ことをあきらかにしてきました(3)。ここでは、「見ること」の多様さを切りつめずに考えていくために、次の二つの点だけ確認して

「見ること」は、状況に埋め込まれた実践です。私たちは、さまざまな概念を利用しながら、見たり、眺めたり、探したり、くわしく調べたりといったことをしています。ＥＭ研究は、そのどこからでも始めることができます。

(1) ガーフィンケル（Garfinkel 1967）および【1-2】「説明可能性」の項目参照。

(2) だからこそ、サックス（Sacks 1972b）は、「赤ちゃんが泣いたの。ママがだっこしたの」という文が「見て語られる」そのあり方を分析したのだし、グッドウィン（Goodwin 1979, 1984）は、視線の配置がいかに文や物語の産出に結びついているのかを論じたのだとも言えよう。

(3) 「見ること」の多様性を指摘するエスノメソドロジストたちの多くは、Ｊ・Ｊ・ギブソンによる知覚心理学批判をたたき台として議論を進めており（Coulter & Parsons 1991）（Sharrock & Coulter 1998）（西阪

おきましょう。

まず第一の点は、見ることは**概念の理解と結びついている**、ということです。私たちが「ナイフ」という概念を所有しているのでなければ、「ナイフ」を見ることはできません。その人は、目の前に並べられたたくさんの食器のなかからそれぞれを選び、右手に「ナイフ」、左手に「フォーク」をもって肉を切るために使うことはできないでしょう。このとき、私たちは端的に「ナイフ」を見るのであり、「ナイフ以前の何か」を「ナイフとして」見ているわけではありません。

次に第二の点は、見る、視線を向ける、眺める、じっと見つめる、くわしく調べる、といったさまざまな志向のあり方（ヴィジュアル・オリエンテーション）を**統一的な活動（たとえば「認識」）に還元して説明することはできない**、ということです。たとえば先のナイフの例に出てきた「見る（see）」と「～として見る（seeing as）」は、それぞれ異なった論理文法（【2-3】）にそった、異なった実践なのです。単純な事実として、「ロープをヘビとして見る」とき、私たちは「ヘビ」を「見て」はいないでしょう。「ヘビを見た」と言えば、ヘビの存在の主張を含意しますが、「ヘビとして見た」と言う場合にはそうではありません（むしろ、ヘビが「存在しない」という主張さえ含みえます）。「見ること」をめぐるさまざまな志向のあり方に関わる動詞群には、すべてに共通する性質などなく、むしろそれらは「**家族的類似**(4)」の関係にあるのです。

1994）、本項の記述は、これらの研究に多くを負っている。ギブソンの直接知覚の理論（Gibson 1979＝1985）は、「写真を撮るときのカメラのように眼が静止していて、映像が脳に伝達される場合」を「最も単純な視覚」と見なす思考法をとらないようにうながしている点で、ウィトゲンシュタイン派EMと共通の方向性を持つ。たとえば、私たちがモノの奥行きを知覚しているとき、まず、二次元的な網膜像が得られ、それに何らかの認知的操作が加えられている、などといったことはなく、私たちは、三次元的な奥行きを直接知覚しているのである。けれども、ギブソンは、本文で指摘した二つの点（見ることの概念依存性とヴィジュアル・オリエンテーションの多様性）については、十分に注意を払っていない。

（4）ウィトゲンシュタイン『哲学探究』（Wittgenstein [1953] 1958＝1976）の67節を参照。見る、～として見る、視線を向ける、眺める、じっと見つめる、くわしく調べる、といった実践すべてに共通するこうしてみると、私たちは日常の光景を理解するとき、概念の結びつきを知識として利用していることがわかります（【2‐3】）。【5‐3】でみたように、H・サックスが「赤ちゃんが泣いたの。ママがだっこしたの」という文について述べていたこともその例です。私たちは、「赤ちゃん‐ママ」という概念や「泣く‐だっこする」という活動の結びつきを用いることによって、「ママ」は「この赤ちゃんのママ」なのだと理解することができます。たしかに、大人が泣いたのであれば、むしろ男性／女性が泣いたと見ることが適切かもしれませんが、「赤ちゃんが泣いた」と見ることができるのであれば、さらに「男性／女性が泣いた」とは見ないでしょう。このことからも、私たちはこのように記述される光景を見るとき、「赤ちゃん‐泣く」という**カテゴリーと活動の結びつき**を利用していることがわかります。このような日常的な光景の理解可能性をもとにして、さらに私たちは、日々の状況において、このように記述されうる出来事「を観察したり／に気づいたり／を見抜いたり」することもできます。つまり、この出来事へと向けられるさまざまな志向《オリエンテーション》を注釈する概念を、論理文法上の差異にそって、用いることもできるのです。[5]

　こうした**日常的な光景の理解可能性**と、**「見ること」をめぐる志向（オリエンテーション）の多様性**とを、ともにうまく分析したものとして、L・ジェイユシの報道写真の分析があります。[6] 私たちはその写真から、「ある男性が石造りの建造物にハンマーを打ち下ろしている」ことを見て取ることができます。そのようにわかるのは、私

性質はなく、むしろ、これらのそれぞれは、ひとつの家族がそうであるように、どことなく似ているところがあるけれど、それぞれ違うところもある。だからこそ、それぞれがどのような関係にあるのかを考えていくことが大切である。その例として、【9‐4】「性別を見る」の、他者の外見を見る二つの方法を参照。さらに、池谷・岡田・藤守（2000）も参照。

　なお、古典的で重要なものとしては、G・ライル（1949＝1987）を参照。ライルによれば、「see」のような達成動詞は、「look」や「search」などの仕事動詞とは異なって、作業活動の遂行に還元できないような、ある事態が成立していることを表わしている。だから、「何かを探すという活動をしたけれど、それが見つからなかった」という事態が成立することもあれば、「探すという活動なしに、何かが見つかった」という事態が成立することもある。ライルが行なったのは、この差異を取り逃がして、それぞれの知覚動詞には何か特別な認知的操作が対応しているはずだ、と想定しないように注意を

たちが「ハンマー」に関する知識やその使い方を知っているからです。私たちは、写真を見ているとき、写真のフレームのなかの対象や活動やそれに結びついた出来事に備わった「自然誌」に関する知識を持っています。つまり、ハンマーは「打ち下ろして」ものを「こわす」ために使えるということを知っているので、それを利用して私たちはこの写真に写っている「瞬間」の「前後」をもあわせ見ることができるのです。だから、私たちはこの写真に「建造物にハンマーを打ち下ろしている」という活動を見るのであり、何か特別な状況が付け加えられない限り、「建造物の前でハンマーを握って静止している」とは見ないのです(7)。

また、こうした報道写真が理解されるあり方は、窓から光景をぱっとみるような場合とは少し異なります。というのは、報道写真には、当の主題＝被写体を誰かが「注目すべき」ものとして扱ったという、主題＝被写体への志向《オリエンテーション》が含まれているからです。さらにこの写真には「三十年近くにもわたって冷戦の主要な象徴であり続けた壁が、あっという間にもろくも崩れ去った。ベルリンを分割していたこの忌わしい仕切りは、ミハイル・ゴルバチョフによって鼓舞された、改革のつるはしの前に陥落した。」という説明文が付けられています。こうした説明文と並置されれば、「壁はどのように崩壊したのか」を示す歴史的な位置づけが与えられるでしょう。つまり、写真に映し出された光景の理解可能性は、**さまざまな志向《オリエンテーション》が組織されるあり方のなか**に埋め込まれているのです。

うながすことである。なお、【9-6】「記憶と想起」も参照。

(5) サックス (Sacks 1972b) は、この分析において「見る人の格率」という表現を使っているが、J・クルターとE・D・パーソンズ (Coulter & Parsons 1991) によれば、それは、むしろ日常の光景の理解可能性についての格率として考えられる。だからこそ、この「記述」が記述する出来事が、(「見る」以外の) さまざまなビジュアル・オリエンテーションのもとに置かれる可能性について、考えていく必要がある。たとえば、私たちは、親子であることを隠している「ママ」の思わずの行為に、それまで知らなかったことを「気づかされる」こともあるだろう。

さらに、クルターとパーソンズは、グッドウィン (Goodwin 1979) の視線の研究についても、それを高く評価した上で、「視線を向ける (gazing at)」という概念のみに切りつめられない、ヴィジュアル・オリエンテーションの探求の可能性を示唆している。

さらに、知覚がどのように組織されるか、ということそれ自体が、実践において非常に強く焦点化されることもあります。C・グッドウィンの「専門的な視覚（professional vision）」についての研究は、そうした実践を記述したものと言えるでしょう。グッドウィンは、ロドニー・キング事件の法廷に証拠として提出されたビデオが、いかに警察の日常の実践にそったものとして見られていったのか、ということを示しました(8)。

市民によって撮影されたビデオには、交通違反をおかしたアフリカ系アメリカ人のロドニー・キングを、ロサンゼルス市警の警官たちが金属性の警棒で殴打している、その様子が映し出されていました。検察側は、そのテープを客観的な記録として提出したのですが、それに対して弁護側は、「殴打」を「注意深い警官の業務」の例として示そうとしました。つまり、もし警官たちが、キングの行為を攻撃的なものと見ていたのであれば、その警官には、自身を防衛しキングを収監する資格が与えられていたのだ、ということになります。だからこの裁判では、警官は**キングの行為をどう見ていたか**、ということが争点となったわけです。

この裁判では、弁護側によって、警官の知覚が専門的な能力として分析されていきます。まず、警官たちが集団でキングを殴打しているビデオに、コード化の図式があてはめられていきます。ある専門家は、「単一の力の行使というよりは別個の十の力の行使がある」として、そのひとつひとつの力の行使について増大と減少を示し、警

（6）ジェイユシ（Jayusi 1991b）を参照。さらに【9-2】【9-3】も参照。

（7）注意すべきなのは、「瞬間」の「前後」を見ることができるからこそ、「ハンマーを打ち下ろす／ベルリンの壁が崩壊する／改革が実践される」「瞬間」を見ることができるのだ、ということである。私たちは、このような意味での「瞬間」を、【8-3】「比較すること／測定すること」において、M・リンチ（Lynch 1988b）の知見にもとづいて取り上げた、生物学の写真には、見て取ることはできない。

（8）グッドウィン（Goodwin 1994）を参照。さらに、上野直樹（1998）も参照。なお、このロドニー・キング事件において、陪審員が無罪評決を下したことが、人種間の緊張が高まるロサンゼルスにおける１９９２年の暴動のきっかけとなったことで知られている。

官による殴打を専門的な技術のひとつへと変換していきます。弁護側は、こうした力の行使の判断が、キングの行為を評価することによってなされていることを示していきます。ある証人は、専門家として、キングの微妙な体の動きを、「これは攻撃的、あれは攻撃的でない」とコード化していきます。さらに、ビデオの光景は、空間的な写真の配列へと変換され、キングのボディラインが白線で強調《ハイライティング》されていきます。こうした一連の実践において、この警官たちの見たことが示されていきます。それにともなって、「警官がキングを殴打している」というひとつの出来事が、「注意深い警官の業務」という知識の対象となっていくのです。グッドウィンが示したのは、こうした法廷の実践のあり方だったのです。

おそらく、法廷で使用されたビデオは、それを客観的な証拠として検察側が提出したとき、「加害者（警官）－被害者（キング）」というカテゴリー対のもとで見られる（べき）ものだったのでしょう。弁護側の証人は、それを「警官－容疑者」というカテゴリー対に置き換え、キングを「可視化された行為者」へと置き換えていったのです。だからここで、ビデオがそなえていた光景の理解可能性と、法廷での精査という志向《オリエンテーション》のもとで見られたものは、単に矛盾しているということではないのでしょう。法廷の人びとは、専門家の証人のデモンストレーションを通じて、（ちょうど「ウサギ－アヒルの絵」に気がついたとき、アスペクトの変化を知覚するように[9]）**視覚が組織されるあり方自体が変化することを経験した**のではないでしょうか。そして私た

（9）この事例については、【1－4】を参照。

ちは、グッドウィンの分析を「読む／見る」ことを通じて、「競合する視覚」が、法廷の実践においてまさに争点となっていることを理解するのです。

私たちの日常もまた、グッドウィンが見た法廷ほどではないかもしれませんが、さまざまな志向《オリエンテーション》が重なりあって成りたっています。私たちはその重なりあいのなかで、さまざまな概念を利用しながら、見たり、眺めたり、探したり、くわしく調べたりといったことをしています。「見ること」についてのＥＭ研究は、そのどこからでも始めることができます。日常の光景の持つ理解可能性と、「見ること」をめぐるさまざまな志向《オリエンテーション》の多様さとを、切りつめてしまうことさえしないように気をつければ、「見ること」という「状況に埋め込まれた実践」の研究にすぐにでも参加できるはずです。(10)

（10）この項目は、前田（2002b）の一部をもとに、大幅に修正をしたものである。

9-2

映像を見る（1）「チラシの表」で社会学

日常のなかで、メディアはさまざまな社会関係を視覚的にディスプレイ（呈示）しています。このことに注目したゴッフマンは、いくつかの前提を置きながら[1]、さまざまな広告の画像に表わされた人物像について分析をおこない、だいたい次のようなことが一般的に行なわれていることを見いだしました。

（1）男女の像では、男性の方が高さやサイズの点で相対的に大きな像として描かれる。

（2）家族の像では、その構成は両親と男女の子どもからなる核家族で、父親は少し離れた高い位置にいるなどして（他の家族を守るような形で）描かれる。

（3）女性像は、自分の体にやさしくタッチする（セルフ・タッチング）とか、体を斜めに傾げる（カント）などといった、一方の性に固有なしぐさを伴って描かれる。

このうち（2）について、筆者が身の周りから集めた実際の広告・チラシまたは広報に見られる図1のような人物像で確かめてみましょう。確かに、どうやら父親（男

映像のなかでも、とりわけ広告において用いられるものは、概念によって「見る」ということを効果的に利用しています。広告の理解は、たとえばチラシを見ることのように、何気ないことながらも、確かな実践について成り立っているものです。

（1）Goffman,E., Gender Advertisements（1979）。ゴッフマンはもともと、これを何かの仮説を立てて、それを検証するような実証的な分析として扱っていない。あくまでこのような傾向が「発見された」とだけ述べている。

性）とされるものの像はそのサイズが大きく、他とは違った位置にいる特別な存在としてディスプレイされていることが見てとれます。

従来の社会学は、彼のこうした発見などを元に、メディアがこのような人物像のディスプレイを通じて、家父長制的な男性の優位性や、あるいは女性についての一方的で固定したイメージを描き出しているとして、しばしばその「差別」についての実証あるいはそれにもとづく批判を行なってきました。(2)

しかしながら、この項では、もう少し違った点について問うてみたいと思います。それはすなわち、そもそも、そのような批判が手がかりとしているような、図1中それぞれの人物で、大きな像あるいは高い位置にいる像が「男性」あるいは「父親」を表わしていることが、どのようにして理解されているのか、ということです。

このとき重要となるのが、**成員カテゴリー化装置**（【5-1】）です。すでに見たように、成員カテゴリー化装置は、ほんらい現実に人びとが行なっている行為や出来事を理解可能にするためのものですが、メディアについても、写真やイラストなどのように、行為が静止画像として「切り取られた」ようになっているものにも適用されています。(3)

前に挙げた（2）に見られる人物像によるサイズや位置の違いとは、実はこうした**カテゴリー化装置を作動させる手がかり**になっているものと見られるのです。後で述べるように、ひとまず現実の人びとがほんとうにこうなのかどうかということを離れ

（2）批判例としては、上野千鶴子『セクシィ・ギャルの大研究』(1982)、実証例としては落合恵美子「ビジュアル・イメージとしての女」(1995) などが挙げられる。

（3）Jayyusi,L.（1991b）http://wwwmcc.murdoch.edu.au/ReadingRoom/6.2/Jayyusi.html【9-1】も参照のこと。

て、あくまで画像が**「手かがり」として慣習的に用いられている**と考えることが重要です。

さて、成員カテゴリー化装置が「カテゴリー集合」と「適用規則」からなること(【5-2】)を思い起こせば、こうした画像に適用されるカテゴリー集合は複数あるものとなります。図1の場合、それぞれのなかで、もっともサイズの小さい像は「子ども」とカテゴリー化されるのですが、それは「家族」という集合の適用によるものです。これに対して、(1)のような場合は、小さい方の像には「女性」という「性別カテゴリー」が適用されて理解されていると考えられます。

逆に、こうしたサイズの違いが「見える」ということはあくまでそれぞれのカテゴリーとの結びつきのなかで行なわれる相対的なものであり、当然ながら、常に大きな方に「男性」というカテゴリーが適用されるという法則のようなものを示しているわけではありません。たとえば図1左の像にこの「家族」というカテゴリーが適用されるならば、右端の「父親」の左隣の人物に適合されるカテゴリーはこの場合「姉」であり、左隣の下の人物に「弟」が適用されることとなり、それぞれのサイズの違いが理解されてくるのです。私たちは、ここに、成員カテゴリー化装置のもうひとつの特徴である、**一貫性規則**(【5-2】)が適切に働いていることを見ることができます。実際に筆者が集めた例では、図像上の人物に「子ども」や「老人」といった「人生の段階」というカテゴリーが適用される場合は、各人物はほぼ同じサイズとして描かれ、

図1　左・右(前頁)がチラシ、中央が駅構内ポスター

右:DMBホーム(http://www.k2-homes.com/hp/dmb-home/)
中央:『ぴっく・あっぷ』(二〇〇六年一二月)
左:J:COM(http://www.jcom.co.jp)

（1）のような性別としてのサイズの違いはむしろ「見えない」ものとされることも観察されました。

以上から、私たちはメディアにおいて、画像そのものをある「視覚的情報」として独立して見ているというよりも、画像を手がかりとして**そこにあるカテゴリーを見ている**といえます。同時に、このようなカテゴリーを見ることによって、その画像からさらに概念（【9-1】）としての何かを「見る」ということも行なっています。いうなれば、メディアの製作者である、写真家やイラストレーター、デザイナーといった人たちは、このようなカテゴリーを見てもらうために、その手がかりを画像にディスプレイし、そのカテゴリーからまたさまざまなものをメディアとしていちどきに「見せる」行為を実践しているといえるでしょう(4)。その上で図にあるような「家族」といった言葉もこうした概念と結びついて理解されてくるのです。

たとえば、今までここではあくまで人物像を考えてきましたが、カテゴリーをディスプレイすることによって、私たちは人物以外のものや、あるいは一見わけのわからないような**物体にまで、社会関係を見いだす**ことができます。図2は実際の携帯電話広告キャンペーンの例ですが、私たちはまずこの画像上のサイズの違いを手がかりに、そこに「家族」というカテゴリーがあることを見ます。そして、その「家族」というカテゴリーから、それに関連しうる、実際の携帯電話ユーザーが取り結んでいる社会関係をさまざまな形で参照することになります。そのようにして、私たちはこういう

（4）つくり手はカテゴリーを勝手に創作しているのではなく、製作の過程で同じ画像に「家族」を見るという実践を行なうなかで、「受け手」による見え方をすでに共有しているはずである。その意味でこうしたディスプレイはサックスの言う「受け手へのデザイン（recipient design）」として見ることができる。（Sacks 1992）

図2

NTTドコモ（http://docomodake.net/top.html）

現実にないはずのキノコに「家族」があり、そのカテゴリーを通じてその一群のサイズの異なる像が、私たちが現実に取り結んでいる「家族」という関係に関わっていることを理解するのです。広告のつくり手は、こうした装置を通じて、キノコだけではなく**受け手そのものにおける現実の社会関係**を参照[5]しているとも考えられます。

さて、こう考えたとき、従来の社会学で見られたような批判は、広告上の言葉と同様に、こうしたカテゴリーを作動させているにすぎないイメージ上の特徴を、（差別といった）「現実」との直接のつながりにおいて考えている上で、困難を生じます。この点で、あくまで画像は画像にすぎず、広告は広告というつくりごとにすぎない、ということも確かに私たちの理解の一面をなすものでしょう。極端に言えば、（3）などに多く見られる批判として、こんなしぐさをする女性が現実にいるのか（一方的なイメージの押し付け／価値規範からの期待では）？と問うこと自体は、ある意味で「キノコに家族や性別があるのか？」というのと同じ問いを真顔でしていることにもなりかねません。

また、同時にこうした批判は、このような画像のディスプレイが「広告」として行なわれているという、実践としての特徴を軽視するおそれがあります。広告は劇場映画などと違って、画面における人間関係をじっくり解釈することを義務づけることはできません。たいていの画像はきわめて短い瞬間に理解という作業を完結することを要請されています。そうでなければ、受け手はそのような「面倒なもの」を無視する

（5）このような参照を通じて、私たちは画像に併置されている「家族の夢」や「ジュニアもシニアも」といった言葉の意味を、画像と言葉が関連していること自体を含めて理解することができる。

ことに何のためらいも感じないでしょう。このとき、**そこにあるさまざまな人間関係を参照し、人びとをたちどころに理解に引き込む**ことを可能にしているのが、このカテゴリー化装置であるとみることができるのです(6)。確かに一方で広告は広告にすぎないのですが、まったくそれだけの話では、広告自体が「現実にはないもの」として、それこそ無視されてしまうことになります。私たち受け手はこのようなカテゴリーを通じて、**イメージと現実の中間で私たちが共有すべきもの**を見いだし、メディアと私たちが結ぶ関係のバランスを微妙に保ちながら、社会関係についての理解を行なっているのです(7)。

従来の広告研究の多くは、鑑賞の対象となるような「高尚」な作品・イメージを対象としてきましたが(8)、こうしたカテゴリーを考える上では**チラシや街頭広告など、なるべく身近で簡単に理解されるもの**を素材とする方が適当なように思われます(9)。このように成員カテゴリー化装置に注目することは、「メディアにおけるジェンダー」といったものが、そもそも意味のわかるものになっていることがどのようにしてか、という方法を問うこと(【5 - 3】)であり、その結果としての差別といった意味そのものを批判することとは異なるものです。ただし、このことは批判を行なうこと自体の意義をおとしめるものではありません。むしろ、こうした方法を「手がかり」に、社会関係としてのジェンダーをその場に「見える」ものとしながら批判する戦略を生み出してきた先人の知恵(10)には、大いに敬意が表わされるべきではないでしょうか。

(6) 同じく短時間のニュースレポートにおける登場人物が、カテゴリーとして見られる過程については、上谷(1996)などを参照のこと。

(7) この点については是永(2004)、是永・酒井(2005)を参照。

(8) 内田隆三『テレビCMを読み解く』(1997)など。

(9) チラシ広告を題材に、健康と身体に関する言説を扱ったものとして、野村一夫「健康クリーシェ論：折込広告における健康言説の諸類型と培養型ナヴィゲート構造の構築」、佐藤純一ほか『健康論の誘惑』文化書房博文社、二七 - 一〇一ページがある。

(10) 社会のなかで「自然に」(暗黙に)期待される性規範が、広告をめぐる解釈として現われることを指摘するものとして、安川一「広告のジェンダー」(1989)二〇六 - 二一〇、江原由美子「「受け手」の解釈作業とマス・メディアの影響力」(1988)などがある。

9-3 映像を見る（2）「CMの後」で社会学

数年前のことです。とある保険会社のTVコマーシャルが好評を博しました。読者のみなさんも、ご覧になった記憶があるかもしれません。

映像は①二頭の象が水辺にやってくるところからはじまります。②二頭が水を飲もうとしたところ足場が崩れて、小さい一頭が川に転落してしまいました。③大きいほうの象が自分の鼻を小象の鼻に巻きつけて、陸上へと引き上げます。この②から③にかけての映像を背景に、「何が起こるかわからない世のなかだから／あなたに大きな安心をお届けしたい」という字幕が表示されています。④水から上がった二頭は並んで草原へと歩み去っていきました（下　http://www.aigstar-life.co.jp/company/press/h151031.pdf）。

保険会社のイメージアップ戦略として製作されたこのCMは、日常生活上で不意に起こりうるリスクとそれに対する救済を表現するものとして、視聴者からよい反応を得たといいます[1]。メディア関係者のあいだでも、このCMは好評でした。とある広告評論家はつぎのように好意的なコメントを寄せています。「テレビのなかの人間たち

ときに視聴者はメディアによって「欺かれる」ことがあります。しかし、「欺かれる」ことには「それ相応の理由（good reason）」というものがあり、それはエスノメソドロジーの洞察にとって格好の対象となるのです。

AIGスター生命TV-CM

（1）『月間ＣＭ』二〇〇四年五月号。

は［中略］とかく作為に満ちたことをする。が、この象の親子には、そんな意識がまったくない」のであると(2)。

ところが後日、このCMには制作過程上で巧妙な編集が施されていたことが明らかになりました。保険会社側が新聞の取材に応じたところによると、CMで用いられた個々の映像シーンは、それぞれまったく別々の機会に撮影されていたものであったというのです。たとえば、見る者に感動を呼んだ(3)②から③にかけてのシーンは、調教師による指示のもとで起用された五頭の象による「演技」を長時間録画し、素材として、部分的に切り張りしたものだったのです。視聴者側は、「素人」であれ「玄人」であれ、その意味では、見事に「欺かれて」しまったのでした。

この一件に示されているように、メディアにはさまざまな「細工」が仕組まれています(4)。マス・コミュニケーション研究では、こうしたメディア（製作者）による「テクニック」を視聴者側が見抜く能力を「メディア・リテラシー」として、メディアがある特定の意図のもとにつくられたものであることを視聴者側が理解し、批判的に読み解くことの重要性を指摘してきました(5)。しかし、シャロックとコールマンも指摘するように(6)、仮にメディア研究が視聴者という存在を最初からメディアに対して「無知」あるいは無防備な存在であるとし、「プロ」の研究者（あるいは製作者）にとって明白であるものが「素人」の視聴者には見えていないのであるというように最初から仮定してしまうのであれば、それは視聴者にとってのメディア・リテラシーではなくて、

（2）以下の記述は、今野（2004: 16-7）。

（3）放送業界に四十年間携わってきた今野（2004）ですら、このCMには素直に感動したことを告白している。

（4）ここで取り上げたCMの事例は取り立てて問題にされる性質のものではなかったが、テレビの事例でいえば、ドキュメンタリー番組に「やらせ」はつきものであると今野（2004）は指摘している。情報番組における「捏造問題」は記憶に新しい。ニュース報道が特定の政治集団にとってのプロパガンダとして機能した古典的事例もある。

（5）たとえば鈴木みどり編（1997）。

（6）シャロックとコールマンは、社会学者が人びとを自分たちの理論的世界でのみ生活できる、判断力を欠いた「喪失者（dope）」と見なしていると批判したガーフィンケル（Garfinkel 1967）にならって、メデ

研究者のためのメディア・リテラシーともなりかねません。ここで提案したいのは、（私たち）**視聴者が何をどう見ることによって、映像なり番組なりを「そのようなもの」として理解したのか**、そうした実践に密着したアプローチです。

それでは、具体的にどこからはじめられるでしょうか。EMには、**自分の理解を分析の俎上に乗せる**、自己省察[7]の方法があります。自己省察であればあなた自身の経験を分析のトピックとして、いますぐにだってはじめることができます。ここでは議論を二頭の象に「親子」関係を見いだすというポイントに絞って、前項につづいて、成員カテゴリー化装置を私たちが理解のもとでどのように働かせているのかを見ていきましょう。

まず②から③にかけての映像を見ると、映像上では、水に落ちた象は小さく、一方の引き上げる象は大きいという対比が観察されます。これら二頭の象は〈大きな象／小さな象〉という「サイズ」の関係だけで捉えられてもよかったはずです。しかしそうではなくて、「親子」の関係で理解可能だったということは、視聴者がそういった映像上の情報を「親子」という成員カテゴリー化装置のもとで見て、それぞれの位置関係について、適切に配分させていったものと考えられます。さらに、それら親子の関係は、「水に転落する／助ける」という活動との結びつきがあります。「子象」にとっての不慮のアクシデントに即して見た場合、「子」がそのような状況にあったのならば、それについて「親」が関与するべきという期待を参照することによって、これ

ィア研究は視聴者を、メディアについての判断力を欠いた喪失者（media dope）として来たのではないかと問題提起している（Sharrock & Coleman 1999）。

Wes Sharrock（1943-）。マンチェスター大学教授。博士（マンチェスター大学）、論理文法分析、労働実践のエスノグラフィー。エスノメソドロジーをウィトゲンシュタイン哲学と結びつけて研究した。『エスノメソドロジストたち』（アンダーソンとの共著、1986）

（7）ここでいう自己省察（self reflection）とは、自分について考えるということではない（自己反省ではない）ことに注意。

ら二頭の象が「親子」の関係にあることが理解可能となっています。想像をめぐらして、仮に「親象」が、「子象」が水に落ちているにもかかわらず、傍観していたとしてみましょう。そのとき、私たちはそこに、「親」としての義務の放棄をやはり見ることができるはずです。もっとも、私たちが象と人間を混同することがないことも急いで付け加えておかなければなりません。「親象」の傍観に対して、そこに「動物の世界の厳しさ」のようなものを見るかもしれません。しかし、そこに「虐待」を見ることは困難でしょう。(8)

こうした分析視点は、伝統的な社会学の概念である、「役割（role）」や「役割取得」を連想されるかもしれませんが、それとは違い、ただそこに何らかのカテゴリーが「ある」ということを指摘しているのではなくて、集合とその適用規則が使用される仕方への注目にこそ、成員カテゴリー化装置の議論のポイントがあります。(9) 広告が「**つくりごと**」**という意味ではフィクション**であったとしても、それを**見るという経験の上ではリアリティ**を持っているという微妙なバランスの上で成り立っていることは、前項で見た通りです。メディア表象はたしかに多くの「フィクション」を含みますが、それらが視聴者にとって「リアリティ」を持ちうるのは、「現実」との対比においてではありません。むしろ本稿で指摘してきたような、特定の関係を取りまく適切な関連づけという実践によってのことなのです。

ここに取り上げたCMはメディア制作の現場に深く関与しているプロフェッショナ

(8) ライオンの親は子供をがけから突き落とす、という逸話がある。その逸話が「ほんとう」なのかどうかはおいておいて、もし人間の世界でそれが起きた場合に、「動物の世界は厳しい」というのと同じように「人間の世界は厳しい」ということは、少なくとも私たちがいま運用する言語の上では、問題含みであるはずだ。

(9) 【5-1】を参照。

ルですらその「からくり」をかならずしも見抜けなかったという話ですが、それはあまりに高度な編集技術が用いられていたがゆえにでしょうか。むしろこのCMは、誰もが常識的に知っている、「親子」というカテゴリー対とそれに期待される活動の結びつきに訴えかけているからこそ、「成功」していたのではないでしょうか。実際のCM映像のなかでは、ただの一度もこれら二頭の象が「親子」の関係にあるとは告げられていませんでした。にもかかわらず、視聴者が映像上の情報を参照して、これらの象に「親子」関係を見いだすことは可能であったのです。たしかに個々の映像シーンのつなぎはスムーズに編集されていました。しかしそれらがスムーズに、つまり自然につながっているように見えるのであれば、なおさらのこと、そこにはある一定の理解、プロセスがあったと考えられます。前述の広告評論家だって、勝手な思い込みをしていたわけではないのです。このCMがたとえ視聴者を「欺く」ものであったことが判明したからといって、このCMを理解するということそれ自体が破綻してしまうわけではないでしょう。

　この節では、視聴者が会得すべき能力としての側面のみならず、**視聴者がすでに持っている能力としてメディア・リテラシーの問題を捉え返す**、視聴者の目線に密着したアプローチを主張してきました。[10] これは基層的な問いではありますが、遠回りではありません。というのも、このようなアプローチによってこそ**視聴者がCMを見る際に持っている理解の論理**に密着した分析が行なえるのですし、またそのような論理が

（10）視聴者の目線に密着したメディア研究への志向は、近年のマス・コミュニケーション研究では、言説分析の分野で求められている。（伊藤編 2006）。「映像を見る（1）・（2）」に関連したEMの方法を用いた研究としては、是永（2004）、是永・酒井（2005）、是永・酒井（2007）を参照。

解明されることによって、今後のメディア・リテラシー研究に資することができるのです。

これまでお読みになってきて、視聴者側の理解が解き明かされてきたが、依然として製作者側がどういう意図をもってこのCMを送り出したのかは明らかになっていない。そうお思いになるかもしれません。じじつ、視聴者が送り手側の意図をどのようにして読み解くことができるのかという問題は、マス・コミュニケーション研究者を半世紀以上の間、悩ませてきました。

しかし、本稿の議論からすれば、こうは考えられないでしょうか。私たちは、当の製作者と一体化する以外の方法で製作者の「意図」を読み取ることだって可能なのです[11]。少なくとも、視聴者がここで二頭の象の関係に「親子」を見いだせるということは、そこでの**理解に用いられた論理**は、とりもなおさず、CMの送り手側が製作をする上で、これら二頭を「親子」にしようと**「意図」した際に用いた論理**と、まったく別様ではないはずです[12]。CMがはっきりと「意図」されたものであったのであれば、なおさらそこでの論理は、このCMを見る可能性のある視聴者であれば、誰でも理解可能なようにデザインされていた（されていなければならなかった）でしょう。なにより製作者は、自分たちの作品の、最初の視聴者でもあるのですから。

(11) 人類学者たちがするように、実際に番組やCMが製作されている現場に入って、フィールドワークを行なうという方法がある。これはメディア制作における実践の論理を知る上で、有効な手段である。飯田卓・原知章編（2005）。ただ残念なことに、誰でもにわかになしうる性質のものではない。

(12) 本稿で提示したものは、あくまでもひとつの映像を理解する上での一解釈である。しかし、それらは「何でもあり」だとは述べていない。私は繰り返し「一定の」と述べてきたのであって、ただ「多様」であると述べていないのは、そういうわけなのである。

9-4
性別を見る

人が女か男であることと、女らしかったり男らしかったりすることは、どのように関係しているのでしょうか。ＥＭ研究は、私たちが他者を女や男だと見る実践に注目することで、その問いに答えようとしてきました。

私たちは、公共の場において、すれ違う人や居合わせた見知らぬ人であっても、その人が女なのか男なのかを、わかることができます。もちろん服を着て日常生活を送っているのですから、その人の外性器を見るのでもありませんし、染色体の型を見るのでも、携帯している身分証明書の性別欄を見るのでもありません。それでも私たちは、他者の性別はわかると思っています。どうやってわかるのかと聞いたなら、女の人は女の外見をしていて、男の人は男の外見をしているからだという答えが返ってくることでしょう。私たちは、外見を見て、女に見える人は女で、男に見える人は男だと疑わないのです。つまり私たちは、「女や男の外見」のみを見ているのにもかかわらず、多くの場合、「その人が女であるのか男であるのか」を知ることができるのです。その意味で私たちは、**外見以上のものを見る実践**を行なっているのだと言えます。

では、私たちは他者が女なのか男なのかを把握する際に、どのようにして外見を見ているのでしょうか。ＥＭによる性別に関する研究は、それを問うてきました。私たちが、他者の外見を見ることで、その人をどうやって女か男だと判断しているのかを問うてきたのです(1)。その答えは、私たちは他者の外見を見て、その外見のなかに手がかりを探し、その手がかりが女のものであるのか男のものであるのかを解釈することによって、他者が女か男かを判断している、というものでした。たとえば、この人は髭が生えていて、スーツを着ているから男だな、などというように。もし、あなたの目の前の人がどうして男に見られるのかを聞かれたら、やはり髭が生えていてスーツを着ているから、などと答えるでしょう。そうであるからこそ、この説明は同意を得やすいものになっています。**手がかりを解釈する**という外見の見方は、たしかに私たちの方法なのです。

しかし、ちょっと考えてみてください。私たちは他者を見るときに、この人は髭が生えていてスーツを着ているから男だな、などと逐一解釈をした結果、その人が女か男かを判断しているでしょうか。そんなことはないでしょう。むしろ私たちは、**ぱっと見で女か男かをわかる**のです。つまり私たちは、通常は、どうして出会った人が女に見えているのか男に見えているのかなどとは考えることなく、その人が女なのか男なのかをわかることができるのです。もちろん、この人は髭が生えていてスーツを着ているから男だな、というように、他者の外見のなかの手がかりを解釈することもあります。しかしそれはむしろ、出会った人が女なのか男なのか判断できずに迷うような、ふつうとは違う状況のときにすることではないでしょうか。

(1) ガーフィンケル(Garfinkel 1967=1987)は、男に生まれたけれど女として生きている、今なら「性同一性障害」と言われるに違いないアグネスという人物が、どうやって女として生きることができているのかを記述した。アグネスはもともと男であったことを疑われないように、うまく他者との相互行為をやりくりしたというのが、その記述の内容である。

たとえばガーフィンケルは、アグネスが行なっていた実践として、「秘密の見ならい」というものを挙げている。アグネスは、女だったら料理くらいできるはずだと思われているだろうと思っていたが、料理ができなかった。にもかかわらずアグネスは、恋人の母親からオランダ料理を教えてもらうことになってしまった。そこで、恋人の母親からオランダ料理を学びながら、生まれて初めて「料理というものの仕方それ自体」を学んだ。そうしてアグネスは、料理ができないのは女ではないからではないかという疑問を生じさせることを防ぐと同時に、女だったらできるはずだとされていることを学ん

そこでなされたのが、出会った他者が女か男かわからないときにこそ、私たちは他者の外見がどのようなものであるかを、よくよく観察するのだという指摘です(2)。つまり、私たちが他者の外見を見るのには、二つの方法があるのです。ひとつは、通常、私たちが行なっている、「ぱっと見でわかる」という方法。もうひとつは、「外見のなかにある手がかりを解釈する」という方法。私たちは、通常は「ぱっと見で」他者の性別を知りながら、どうしてそのようにわかったのかと聞かれると、「外見のなかにある手がかりを解釈する」という後者の方法で、説明を行ないます。それほどに、「ぱっと見でわかる」とするという方法は、私たちの方法であるのにもかかわらず、意識されないものだということです。その方法は、私たちがどのようにして他者の性別を見ているのかと問うてはじめて、気づけることなのです(3)。

一方、「外見のなかにある手がかりを解釈する」という見る方法は、ひとつの重要な事実を照らし出します。それは、性別が見てわかるだけではなく、**見てわからなくてはならないものだ**とされている、ということです。ぱっと見て他者の性別がわからないと、女の手がかり、男の手がかりが探されます。そしてその手がかりをもとに、何とかその人が女なのか男なのかが確かめようとされます。性別は、相互行為において必ずしもつねに意識に上っているとは限りませんが、外見からわからないという状況では、重要事項になるのです。性別が見てわからなくてはならないものだということは、「あなたの性別は?」と聞くのがはばかられることからもわかります。性別は

だのである。

ケスラーとマッケナ（Kessler & McKenna 1978）は、ガーフィンケルよりもう一歩進んで、ガーフィンケルがアグネスの研究では、当たり前のこととして取り扱っていた「まずは女にしか見えない外見をしている」ということが、どうやって把握されているのかを記述しようとした。それは、ジェンダーアトリビューションと呼ばれ、「私たちが新しく出会った人びとを、毎回、男か女だと決定する過程」だとされている。

（2）ケスラーとマッケナの考察をさらに推し進めたのは、ウエストとジンマーマン（West & Zimmerman 1991）である。このような一連の研究のくわしい説明については、鶴田（2004a）を参照のこと。

Don H. Zimmerman カリフォルニア大学サンタバーバラ校名誉教授。博士（カリフォルニア大学ロスアンジェルス校）。エスノグラフィー研究（警察・消防通信、ジェンダーなど）。EM研究第一世代。男女の会話における割り込みの研究（C・ウェスト

見てわからなくてはならないものであるゆえに、見てもわからないからといって聞くのは、たいへん失礼なことになるのです。そうであるからこそ手がかりを探し、何とかわかろうとするわけです。

では、逆に私たちはどうやって女か男かがわかる外見をしていることができているのでしょうか。どうしてあなたは女や男に見える外見をしているのかと質問したとするなら、生物学的に女だからあるいは男だから、自分は女や男に見えているのだという答えが返ってくるに違いありません。人が女か男であることは、一般的には、生物学的な事実だと考えられています。しかし、もし私たちが女らしさや男らしさに対して無頓着になって、それらをまったく身につけようとしなかったなら、どうなるのでしょう。いかり肩の女もいれば、なで肩の男もいます。のど仏が出ている女がいれば、出ていない男がいます。髭が濃い女もいれば、肌がつるつるの男がいます。もちろん、背の高い女も背の低い男もいます。そうすると、私たちは自分の外見をより女らしいものやより男らしいものに見せようと手を加えることによって、女や男に見えるようになっている、というように考えることができます。

私たちの多くは、異性からもてるために、同性から好かれるために、女であれば洋服を選んだり化粧を工夫したりダイエットをしたりします。最近は男にとっても、どのようなファッションをするのかは重要な関心事であり、引き締まった体などを求めてもいます。そのように求めろというメッセージは、コンビニに売っている雑誌にも、

と共著）は、日本の初期ＥＭ研究と女性学に貢献した。
（３）二つの見方のくわしい説明については、鶴田（2004b）を参照のこと。

電車の中吊り広告にも、ご飯を食べながら見るテレビにも、あふれかえっています。そのようなメッセージを受け、それに女らしさや男らしさを身に付けることで応えようとするのは、ごくごくありふれたことです。もちろん私たちは、女に見られるために女らしくしようとしたり、男に見られるために男らしくしたりしようとしているのでありません。ただ、可愛く見られたかったり、かっこよく見られたりしたいだけです。しかし、その可愛かったりかっこよかったりすると見られるために女らしさ男らしさを求めることが、結果として、女にしか見えない外見や男にしか見えない外見を、つくりあげることになっているとも言えるのです。

このことは、最近よく知られるようになった「性同一性障害」と言われる人びとの実践を見ることでよりはっきりと知ることができます。「性同一性障害」である人びとは、男に生まれたけれど女として生きたり、女に生まれたけれど男として生きたりしています。彼女ら彼らは、生まれたときは男であったり、あるいは女であったりしたということを隠して生きているのです。それは、もともとの性別は、隠して生きることができるものだということを意味しています。もちろん、ある日突然男に生まれたのに女になったり、女に生まれたのに男になったりすることはできません。しかし、女に見えるように、あるいは男に見えるようになるということは、ある意味**「テクニック」の問題**であるのです。「テクニック」を磨きさえすれば、望んでいる性別の外見を持つ人として見られるようになることができるからです。(4) そしてその「テクニッ

(4) そのような「性同一性障害」と言われている人びとが、望みの性別で見られる外見を手に入れるために行なっている実践については、鶴田(2005)を参照のこと。

ク」は、「性同一性障害」である人びとだけではなく、そうではない人びとによっても、駆使されています。

したがって、こう結論づけることができます。私たちは、そもそもは女に見られよう、男に見られようとしているのではありません。しかし、より女らしくしようとしたりより男らしくしようとしたりする私たちの実践が、女に見える人と男に見える人からなる世界をつくりあげているのだ、と。私たちが女らしさや男らしさを身につけることが、結局は、女や男にしか見えない外見になるための「テクニック」を駆使することになっているのだ、というように。だからこそ、**出会った他者の外見から女か男かは「わかる」という現実**がつくられ、私たちはその現実を生き続けることができているのだと考えられるのです。

私たちは、世界は女か男からできており、それは生物学的な所与だと思っています。しかし、その生物学的な所与だとされることのために、私たちは実際にはなんと多くのことをしているのでしょう。髪型を整え、眉を剃り、洋服を身につける。声色を調整し、振舞いを統制する。そのように私たちが多くをしていることは、性別というものが社会的なものだという事実を、まさに照らし出しています。にもかかわらず私たちがそのような社会的な実践をなされていないものだと見なし、**生物学的な事実のみを見ていることにしている**という不思議こそが、私たちが性別を見る際のきわだった特徴であると言うことができるでしょう。(5)

(5) このように、女であることは「すること」だというガーフィンケルの視点は、女に見えた上で女として通用しようとしたアグネスが持っていた、そもそも女に見える外見についても当てはめて考えることができる。

私たちが女や男であることに関して起こる現象を取り扱う研究は、ジェンダー研究と言われています。私たちが女と男は生物学的に違うというときの生物学的性別は、セックスと言われ、女らしさや男らしさにかかわる現象が、まずは社会的性別という意味でのジェンダーだと言われていました。しかし、そのセックスも社会的なものであるというのが、最近のジェンダー研究の前提となってきています。つまり、セックスもまたジェンダーなのだ、というわけです（Butler 1990=1999）。

そのことを実際に示そうとする研究は、精神分析などの心の問題や、女や男の身体がどのように歴史的に取り扱われているのかなどを、探求してきました。しかし、そのような研究によって、セックスがジェンダーであることが示されはじめたとされるよりもずっと前から、ＥＭは、セックスの社会性を探究してきました。日常生活で私たちが見るのが、外見だけであるにもかかわらず、その人の生物学的な性別が見られているとされていること、このことがどういうことであるのかを、ＥＭは探求しつづけてきたのです。

9-5 感情

私たちは、さまざまな概念や活動の結びつきのもとで組織される実践において、感情を経験します。EMは、これらの概念や活動の結びつきを、私たちが感情を経験し、訴え、配慮するさいに用いている装置として、記述します。

私たちは、感情をどのように経験しているでしょうか。自然にわき上がってくるものであったり、自分でもどうしようもないものだったり、だからこそ、自分にとって大切なもので人からとやかく言われたくないものだったり、そのように感じることもあるでしょう。けれども、このように自然なものや個人的なものとして感情を「感じること」それ自体が、（【9-1】で「見ること」について述べたのと同じように）「状況に埋め込まれた実践」のひとつでもあります。ここでは、**「感情」をめぐる実践**について考えてみましょう[1]。

まず手始めに、（【2-3】でみた）「痛み」のような身体的な感覚と比べてみましょう。すると感情が**意外と簡単に他人からの介入を受けるもの**であることに気づきます。たとえば、「痛み」と「怒り」は、どちらも「感じる」という述語に結びつきますが、「痛みを感じていること」自体が道徳的に非難されることは、ふつうあまりありません。それに対して、「怒りを感じていること」それ自体が理不尽だとして（「あれくらいのことで怒るなんて」というふうに）他人から非難されたり、自分で反省し

（1）本項目の記述は、感情についての概念の論理文法分析（【2-3】）の研究に多くを負っている。とくに、ウィトゲンシュタイン（Wittgenstein 1980b＝1988）、クルター（Coulter 1979＝1998）、前田（1999a, 1999b, 2003）を参照。

たりすることはよくあります。また逆に「怒りを感じていないこと」が理にかなっていないものとして（「あんなひどいことされたのに」というふうに）自分でも不思議に思えたり、他人からけしかけられたりすることさえありえます。

こうしたことがおこるのは、（「痛み」が身体の場所に結びついているのに対し）「怒り」は向けられる対象や状況と結びついているからです。つまり、感情をもつことは、**対象や状況をどのように判断するのか**、ということと結びついているのです。この対象の判断は、他の人にも公的な基準にもとづいて理解できるものなので、その基準に照らして判断自体が適切／不適切であるとされることがありえます。つまり、ある感情を持つべきだ（／ではない）と、期待（／非難）されることもあれば、ある仕方で他の人の感情にかかわるべきだ（／ではない）、と期待（／非難）されることもあるのです。

この意味で、感情は規範と強く結びついています。[2] もちろん、こうした規範は、感情を自動的にひきおこしたりするものではありません。それは、むしろ感情を理にかなったものや、不適切なものとして理解可能にするものです（【5-1】）。このような感情を理解可能なものにする基準は、他人にも理解可能だという意味で公的なものです。その点では、「痛み」のような感覚の場合と違いはないのですが、痛みの場合には、その一人称での主張の強さのゆえに、その当人とそれ以外の他人という概念上の区別が強く結びついているのに対し、「怒り」のような感情の場合には、権利／義

（2）感情と規範の結びつき自体は、A.R. ホックシールド（Hochschild 1983＝2000）の「感情規則」という考え方以来、感情社会学が扱ってきた主題でもある。ただし、規則や規範を独立してとりだそうとしたり、独立の規則間での個人の選択を強調したりといった傾向がみられるため、さまざまな規則や規範の間の結びつきが十分に記述されてこなかった。この点は「規範」という概念そのものの捉え方の問題でもあるので、【5-1】もあわせて参照して欲しい。

務の問題として、その感情をどの成員カテゴリーに結びつけるか、ということが実践的な問題になるのです。だから、先の例でいえば、「あんなひどいことされたのに（怒らないとは）」と私たちが考えるとき、「被害者」と「加害者」に対する「怒り」とを、規範的に結びつけて理解しているのです(3)。

実は、こうした実践のひとつの帰結が、感情を個人的なものとして経験したり、表出したり、配慮したりすることなのです。私たちは、「誰もこの苦しみや葛藤をわかってはくれないだろう」とか「ある人の苦しみを前にしてどうしようもない無力さを感じてしまう」と考えることがあります。それはそれ自体、**感情を個人へと帰属させる活動**をしているのです。私たちは、ある種の感情を経験するとき、同時に、その怒りや葛藤の経験と結びついて、その経験への権利や義務を個人の人格へと帰属させることができるのだ、という知識も入手できてしまうのです。だからたとえば、「誰もこの苦しみをわかってはくれないだろう」と考えるとき、それは、経験への理解を示す権利を、その苦しみを訴える当人へと占有的に結びつけているのでしょう。また、「ある人の苦しみを前にしてどうしようもない無力さを感じてしまう」とき、理解する義務と配慮する能力が期待される成員カテゴリーにこそ生じうる葛藤を示しているのかもしれません。

これらの表現は、当の実践における感情や知識についてのひとつの概念上の結びつきを、あえて記述しなおしたものです。これらの表現がことさらに強調されるとき、

(3) だからこそ、「不在」の「怒り」が観察可能になるのだし、不在の理由が探されたり、怒ってもよいのだと助言されたりするのである。【2‐3】も参照。

感情に関する権利や義務をどうやって分配するか、その方針を導くためのひとつの方法論的ルールとして、実際に実践において用いられていると考えることができるでしょう。(4) 私たちは、このような概念や活動の結びつきのもとで組織される実践においてでなければ、感情を経験することもありません。そして、EMがめざしているのは、これらの概念や活動の結びつきを、私たちが**感情を経験し、訴え、配慮するさいに用いている装置**として、記述することなのです。

それでは、実践において、感情は、どのような他の概念や活動と結びついたり、つかなかったりするのでしょうか。まず、感情と対象の評価の結びつきについて考えてみましょう。基本的なことですが、感情を引き起こすような出来事が先に対象として示されると、それに対して評価が後ろに置かれる可能性があります。私たちは、この結びつきを用いて、対象への評価の仕方を管理することができます。たとえば、テレビをみていて、とても感動的な映像が映ったとき、それを複数の人が口々に評価することによって、調和のとれたかたちで感情を示しあうことができるでしょう。(5) また、同じように、語り手によって何らかのトラブルが示された場合、受け手は共感的な反応を示すことがあります。たとえば、病いの語りが語られたり、実際に傷跡を見せられたりしたさいに、受け手が見せる共感が、さらに語り手の語りをうながすこともあるでしょう。(6)

次に、感情と成員カテゴリーの結びつきについて考えてみましょう。【5-2】で

(4) こうした実践における方法論的ルールの用法について論じたものとして、リンチ (Lynch 2000=2000) を参照。

(5) このような対象の評価と感情の結びつきについては、グッドウィンとグッドウィン (Goodwin & Goodwin 2000) を参照。

(6) このようなトラブルの語りと共感的な反応の結びつきに関しては、G・ジェファーソンとJ・R・E・リー (Jefferson & Lee 1992) を参照。

みたように、サックスは、自殺相談の電話を分析したときに、抱えてしまった悩みを誰に相談するか、という問題を扱っていました。不安や苦しみといった感情を訴えてよい／訴えるべき権利／義務の関係には、順番があるのです。だから逆に、その訴えを聴くべきと確信できないカテゴリーの人びと〔たとえば配偶者がいる人物に相談をもちかけられた友人〕は、そのような重要な訴えをなされたこと自体に当惑する可能性もあります。その人は、より順番の高い相手に相談することをすすめるかもしれません。相談者が口にする「誰も頼れる人がいないいなんです」という言葉は、集合Rのもとでは「他人」でしかない「専門家」に頼るために、**感情をめぐる権利と義務の関係を組み替える手続き**でもあるのです。(7)

そして、〔専門家－素人〕というカテゴリー対が用いられる場合、感情に対するかかわり方は、専門家カテゴリーに結びついた活動の適切さ／不適切さと結びついています。〔医師－患者〕というカテゴリー対を例として、考えてみましょう。たとえば、男性医師が女性患者の胸部などを診察するさいには、注意深く性的な関わりを排除していくことが求められています。互いに向きをそらしながら、患者は服を脱ぎ、医師は器具をそろえ、医師が服を脱いだ患者に視線を向けるさいには、もう検査が開始されています。患者の方も、他者が自分の身体を見ていることを見ないようにします。このような状況で、医師が患者に不用意に話しかけて、強くお互いに関与するように促してしまうと、当惑を引き起こしてしまうことがあるのです。(8)

（7）サックス（Sacks 1972a）、および、【5－2】参照。

（8）こうした医師－患者間の相互行為において見られる当惑については、C・ヒース（Heath 1987）を参照。当惑に関しては、さらに、E・ゴフマン（Goffman 1967＝1986）、安川一（1997）も参照。

同様に、専門家として助言をするために、患者の「痛み」の訴えや「トラブル」の語りを聴く場合、まっ先に共感的な反応を示すことは避けられるかもしれません。(9) どちらの場合も、専門家カテゴリーに結びついた活動として、患者の身体や訴えや語りを**診断や治療のために対象化していくさいの手続き**に抵触してしまうからです。だから逆に、医師から共感的な反応が示されるのは、すでに診断がなされたあとのように、患者の訴えや語りを対象化する必要がなくなった場合なのです。(10)

簡単にみてきたように、何に対してどのような感情を持つべきか、それを誰にどのように訴えるべきか、その訴えを誰がどのように聴くべきか、といった課題は、実践において、**感情をめぐる概念や活動の結びつきにそって**成し遂げられていくものです。その結果、私たちは、感情を個人的なものとして感じることがありますが、そのこと自体「状況に埋め込まれた実践」のひとつなのであり、EMの主要な関心事なのです。

(9) ジェファーソン&リー(Jefferson & Lee 1992)と注6を参照。

(10) ヒース(Heath 1989)と注8を参照。

9-6 記憶と想起

【9-5】でみた、感情を経験し、訴え、配慮することと同じように、「思いだした」とか、「覚えている」とか、「忘れていた」といった記述のもとで、私たちが理解していることも、「状況に埋め込まれた実践」のひとつです。ここでは、**「記憶」や「想起」をめぐる実践**について考えます。(1)

まず、簡単な例を挙げてみましょう。明日、友人と会う約束をしていたのをふと「思いだした」けれど、いつその約束をしたのかは「覚えていない」かもしれません。あるいは、昔習った泳ぎ方を今でも「覚えている」けれど、泳げるようになった日のことは、「覚えていない」かもしれません。ここで挙げられた記憶や想起に関わることがらはそれぞれに多様なものですが、それらに共通の過程を見いだそうとする発想は、根強いものです。たとえば、「想起」は、過去の対象を何らかの形で記録しておき、それをとっておき、現在において再生する過程として描かれることがよくあります。ちょうど、修学旅行で行った京都の記憶を思いだすことを、デジタルカメラで撮影してきたデータを探し出すかのようなこととして、説明するようなものです。

私たちは、記憶や想起をめぐる概念を、能力や権限や誠実さなどと結びつける実践において、多様なことがらを「おぼえている」「思いだした」「忘れた」と理解しています。EMは、こうした実践における概念の用法を記述します。

(1) 本項目の記述は、記憶や想起についての概念の論理文法分析の研究に多くを負っている。とくに、ウィトゲンシュタイン(Wittgenstein 1980a=1985)、ライル(Ryle 1949=1987)、N・マルコム(Malcom 1977)、クルター(Coulter 1983b, 1985)、西阪(1998, 2001)、浦野茂(1999, 2002, 2005)、前田(2002a, 2004, 2005a)を参照。

けれど、私たちは、過去のことだけでなく「明日の約束」も覚えています。[2] ということは、想起の対象が未来の出来事である場合もあるのです。もちろん、約束をしたのは過去のことですが、きちんと覚えていることを確認するには、いつ約束したか考えるより、今すぐ友人にメールをしたほうがよいでしょう。さらに、「泳ぎ方」を覚えているというのは、ほとんど「今でも泳げる」ということと同じです。だから、泳げるようになった日について語ってみせるよりも、目の前で泳いでみせるほうが、きちんと覚えていることを示せるでしょう。

つまり、きちんと覚えていることを示すために、私たちは、いろいろなやり方をしているのです。十年ぶりの友人に呼び止められ、偶然再会したとき、いっしょに語りあうことも、そのひとつです。最後に会った日を確認し、共通の過去の体験や共通の知人の近況について語り、次に連絡する約束をし、といったことです。ただ、このようにものごとを順序立てて物語として語ることは、失敗することがあります。呼び止められたときに「あ、佐藤さんだ!」と確信をもって話し始めたら、「鈴木さんだった」などということがありえます。けげんそうな顔をする鈴木さんは、こちらが「忘れてしまった」のかと思うでしょう。ということは、きちんと覚えていると認められるためには、物語を語ってみせるような活動をするだけではだめで、実際にそれは成功していないといけません。鈴木さんにも認めてもらえるような事態が成り立っていなければならないのです。三分の立ち話をするのは、時間の幅のある活動です。けれ

(2) ほかにも、「2010年に南アフリカでワールドカップが行なわれる」ことを思い出して楽しみにする場合など。このような知識の記憶があいまいである場合、いつその知識を入手したかを確認するのではなく、FIFA(国際サッカー連盟)の公式サイトをみるなどして、実際の予定を確認するはずだ。

ど、これに成功すれば、こちらは「十年覚えていたよ！」と言うことができます。三分の活動の結果として、「十年覚えていた」という事態を達成することができるのです。(3)

このように考えてみるならば、そもそも想起とは、「過程」や「活動」ではないのであって、むしろその**活動の結果成し遂げられる「達成」**なのです。ということは、試合をした結果、勝ったり負けたりすることがあるように、私たちは、何らかの活動をした結果、思いだしたり、思いだし損ねたりすることがありうるのですから、その失敗と成功を区別する実践をおこなっているはずです。そして、その区別を行なうための基準、つまり、**どのような事態が成りたっていたらきちんと覚えていることを示せたことになるかの基準**は、他の人にも理解可能なものなのです。

こうした区別のための基準を用いることができるのは、さまざまな状況において、あるいは、さまざまな成員カテゴリーに結びついて、何をおぼえておくべきなのかについての期待を利用できるからです。たとえば、私が日本語の「机」という単語を忘れたという場合と、ドイツ語の"Tisch"という単語を忘れたという場合をくらべてみましょう。「日本語話者」という成員カテゴリーのもとで期待される義務が強いからこそ、どうしても「机」という単語がでてこないとき、体調の心配をされることもあるでしょう。それに対して、母語でないドイツ語の単語を忘れたとしても、よくあることですむかもしれません。けれど、もちろんこれは状況次第です。後者の場合でも、

(3) これは、十年間かたときも頭から離れなかったということとはまったく異なったことである。たとえ、十年間、ほとんど思い出すことがなかったとしても、同様に「十年覚えていたよ」ということに、論理的な問題はないだろう。

(4) サックス(Sacks 1984, 1992)を参照。さらに、前田(2005a)を参照。

(5) 言葉探し(word search)については、グッドウィンらの研究(Goodwin 1987)(Goodwin & Goodwin 1986)を参照。

(6) 想起や経験の語りによって、いかに参加のあり方が組織されていくのかについては、さらに、西阪(1998, 2001)、串田秀也(2006)を参照。

(7) グッドウィン(Goodwin 1995, 2000, 2003)、前田(2002a, 2004, 2005a)、水川(2007)参照。

(8) 本文で紹介した例に関しては、

外国語の試験会場で起きたことなら、私個人の能力の無さを示すでしょうし、前者の場合でも、日常のちょっとしたやりとりのなかで起きたことなら、「それどけて」と指差しすればすむかもしれません。

また、何について思いだそうとするか、ということも、想起の適切／不適切さを区別するあり方と関係しています。上記のドイツ語の単語のように、「知識」を思いだそうとするとき、その適切さをはかるために、入手経路が問題にされることはあまりありません。それに対して、「経験」を思いだそうとするときは、その記憶をどのように入手したのかが、問題となることがあります。旅行の経験、事故や事件の目撃経験から、病いの経験のようなライフヒストリー上の重要な経験にいたるまで、「経験者」だからこそ、語りうることがあります。そのような場合、経験の想起を成し遂げるために物語を語ることのなかにはその経験をどのようにしたのかを示し、その経験を語る資格があることを示すことが含まれているのです。つまり、サックスが示したように、知識が、どちらかといえば、能力に結びついているのに対し、経験は、それを語る権限とむすびついているのです(4)。

いずれにしても、どのような事態に関して「思いだした」「忘れた」などと理解するべきなのかは、あくまでも公的な基準にもとづいて、能力や権限を帰属させる実践において成し遂げられているのです。そして、その実践において、「思いだそうとつとめる」活動がなされたり、「思いだした」とか「忘れてしまった」といった記述が

いわゆる「イラン・コントラ事件」に関する公聴会の秩序を分析した、リンチとD・ボーゲンの著作（Lynch & Bogen 1996, 1997, 1999, 2005）を参照。「イラン・コントラ事件」とは、R・レーガン政権下のアメリカでおきたスキャンダルで、政府関係者が、議会の意向に反して、ニカラグアの反政府組織「コントラ」を援助するための資金を、イランへの武器の売却によって獲得していた、というものである。その計画の中心人物として公聴会で証言をした、O・ノース中佐は、「おぼえていません」「思いだせません」「私の記憶はきれぎれになってしまいました」といった発言を繰り返した。

なお、このリンチとボーゲンの研究は、記憶と歴史の関係に展望を与えるものである。かれらの関心は、専門的な歴史家のワークにあったわけではないが、かわりに、かれらは、公聴会の場において、当事者たちが歴史を産出するワークを探求したのである。かれらは、イラン・コントラ事件の歴史と、それを通じて歴史が書かれるような多様な公的な探求との結びつきを強調している。つま

なされるとき、その**記述自体が、何らかの実践を組織する差し手**であるはずです。私たちは、このような多様さを含みこんだ実践において生活を営んでいるのですから、こうした実践を組織するあり方と、そこで用いられる概念や活動の結びつきについて考えていくこともできるはずです。

それでは、実践において、記憶や想起は、どのような他の概念や活動と結びついたり、つかなかったりするのでしょうか。まず、私たちの日常においては、先に例にあげたように、言うべき単語がでてこないことがあります。それを思いだそうとつとめる活動（言葉探し）は、実践において、とても精巧な方法でなされています[5]。たとえば、上を向いて顔をしかめながら「えーと」と思いだそうとするとき、それは自分で思いだすべきこととして、そうしています。それでも思いだせないとき、他の人の方を向きながら、その人もその言葉を知っているはずだと見なして、助け船を求めることもできます。向けられた相手は、【6-3】でみたように、言葉探しを始めた人が修復すべきことを気にかけつつ、待ったり、助け船をだしたりします。そうした相互行為を通じて、そこに参加している者たちの関係が、組織されていきます[6]。こうした一連の研究は、**コミュニケーション障害を持つ人との相互行為の研究**へと、つながっていくものでもあるのです[7]。

また、自らの経験を語る権限と結びついて、どのような記憶を語ることができるかが、非常に重要な問題になることもあります。法廷や証人喚問の場がそれです[8]。そこ

り、歴史とそれを産出するワークとの結びつきを、EMは、研究できるのである。

(9) 日本では、いわゆる「ロッキード事件」に関する証人喚問のさいに、証人が述べて流行語になった言葉。

(10) クルター（Coulter 1985）を参照。なお、ここでのポイントは、「忘れる」の用法が「おぼえておくべき」という規範的期待と強く結びついている、ということにある。こうした規範的期待があるから、「忘れちゃったの？」と言うことで、弁解を求めることもできる。もちろん、こうした規範的期待自体を格下げできるのであれば、「そうだったっけ？　忘れちゃったよ」といった発言で、事実を含意しないかたちで追求を回避することもできるだろう。ただし、法廷の場で、証人という成員カテゴリーに結びついた規範的期待を格下げすることは難しい。だから、「おぼえてません」の方が、「忘れました」よりは、ましであっても、やりすぎはまずいのである。

では、「おぼえていません」「思いだせません」「記憶にございません」[9]といった発言がなされることがあります。このような場で「思いだせません」と言うとき、「忘れました」と言うのとは違うことをしています。たとえば「結婚記念日だったのを忘れてた！」と言うのであれば、夫婦であればおぼえておくべきだった、結婚記念日が事実あったことを含意します。法廷での「思いだせません」は、事実があったかどうかを含意していません。[10]だから、事件への関与を疑われて証人として呼ばれた場において、「記憶にございません」と答えることは、事実に関して「はい」や「いいえ」で答えるべきところで、それを回避するやり方なのです。証人の誠実さをあてにして良い限りにおいて、証人の経験の記憶は重要なものですが、こんな答え方ばかりしていたら、誠実さの方が疑われてしまうかもしれません。ここでは、何を思いだすことができるか／できないかは、道徳的な判断と結びついているのです。

簡単にみてきたように、どのようなことがらを、「思いだした」とか、「覚えている」とか、「忘れていた」といったなどと理解するか、といった課題は、実践において、記憶や想起をめぐる概念や活動の結びつきにそって成し遂げられていくものです。【9章】でみてきた、「見ること」、「感情をもつこと」、「思いだすこと」、これらはみな、それぞれに多様な「状況に埋め込まれた実践」のひとつです。EMは、こうした実践の多様さを切りつめることなく、記述することをめざしているのです。

また、本文で述べてきたように、「おぼえている」ということを示すために、私たちはいろいろな活動をすることができる。しかし、自分が何かを「忘れている」ということを、他人に認めてもらうために積極的に示す活動というのは、ふつうないのである（Coulter 1985）。こうした非対称性も、「忘れました」より「おぼえていません」が優先される場合の、理由になるかもしれない。

小論

EMにおける実践理解の意味とその先にあるもの

本書で解説されているEM研究の特徴のなかでとくに中核となるものを一言で表わそうとすれば、「**EMはすべてをあるがままにしておく**」(Sharrock & Anderson 1991) ということになります。これはウィトゲンシュタインが哲学について、世界 (特に科学の成果や数学の結果) を強化したりおとしめたりすることができるわけではない、と述べたことに通じるものです (Wittgenstein 1978)。つまりEMの研究それ自体が、世界に関するある一定の見方に判定を下すことをめざすわけではないということです。これは、他の社会学のアプローチと比較していちばん大きく異なる点ですが、ガーフィンケルが「エスノメソドロジー」という言葉でひとつのプログラムを提示して以来 (Garfinkel 1967)、彼が発表してきた出版物のなかで揺らぐことがないままに現在に至っているものです (Garfinkel 1967, 2002)。しかしながら他方で、EM研究と銘打ったなかには、この点における他の社会学との違いの大きさを意識して、他の社会学からの批判に応えようとしすぎるあまり、もともとの社会学のあり方に戻ってしまう研究も少なくありません。(1) それだけ「世界をあるがままにしておく」という原則は、

(1) たとえばポルナー (Pollner 1987) が、「批判的エスノメソドロジー」と銘打って展開した路線が代表的なものとしてあげられ、日本でも山田 (2000) ならびに好井 (1999) がそれに近い議論を展開している。こうした路線をたどったEM研究の個々の検討については、たとえば Sharrock & Anderson (1991)、Lynch (1997) や岡田 (2007) などの論文を参照されたい。

他の社会学とＥＭの関係を居心地悪くさせるものであり、また徹底するには自らをかなり厳しく律して研究を遂行しなければならないということを意味します。

「すべてをあるがままにしておく」ということは、具体的にはどういうことを意味するのでしょうか。簡潔にいえば、世界が見えているとおりかどうかを判断する前に、いかにして世界がそのように見えているのかという質問に答えることに、まずは取り組むということです。それは言い換えれば、**世界に対する一定の見方を批判することを前提として研究を組み立てない**ということでもあります。

しかしながら他方で起きていることは、ＥＭの研究者がさまざまな領域の人びとと協働して仕事をしているということです。「ワークの研究」と呼ばれる研究群(2)（Button 1993, Heath et al 2000）では、科学研究というワーク（【4章】）から、教育・学習（【7‐4】）、警察（Ackroyde et. al 1992）、金融（Harper 1998; Haper et. al 2000）、救急医療（Ikeya 2003; 池谷 2004a; Ikeya and Okada 2007）におけるワークまで、それぞれの現場のフィールドワーク（池谷 2004b）（【文献解題 エスノグラフィ】）を踏まえてさまざまな領域の仕事を研究対象とします。この研究群におけるＥＭ研究は、仕事がどのようにして人びとの間での協働作業によって達成されているのかをつぶさに記述することが特徴です。現代の仕事にはコンピュータをはじめとしてさまざまなテクノロジーが組み込まれて成り立っているため、この研究群におけるＥＭ研究は、情報システムや新たなテクノロジーのデザインのための検討材料となったり（【8‐4】）、仕事の

（2）「ワークの研究」は、「ワークプレイス研究（Workplace studies）」、「ワークプラクティス研究（Studies of work practice）」と呼ばれることもある。

仕方の変革という形での組織変革の試みの検討材料となったりすることがあります。著者も組織でのフィールドワークを行ない、EMの研究過程ならびに分析の提示を通じて組織の運営者がこれまでの仕事の仕方を再考するきっかけを提供することになった経験を持ち、現在所属するパロアルト研究所（Palo Alto Research Center: PARC）ではEM研究者たちが、長年この領域で実践と密接に関わった研究を行なっています[3]。

これらの研究者が「世界をあるがままにしておく」という原則を捨て去ったのかというとそうでもなさそうです。実は逆にむしろ、EMの中核ともいえるこの原則に徹することで、実践者と協働して仕事ができるというところがあります。それはどういうことなのでしょうか。まずはEMの中核となる原則を振り返りながら、EM研究者がいかにして**実践者とともに仕事をして、それが変革に結びついたりする**ことがあるのかを考えてみましょう。

ガーフィンケルは、**EMの研究過程**も、**分析が盛り込まれたEMの研究成果**も、それぞれ特定の活動を理解可能にするような、したがって結果的に「インストラクション」となるような内容の提示と関わっているという点で、**チュートリアル（個別指導）的な特徴**を持つとしています（Garfinkel 2002: Chap. 4）。はじめに研究過程についてですが、EM研究者は対象とする世界で用いられている方法を人びとがどのように用いて活動をするのかを示すことをめざします。その際には、**その世界に固有の方法**をEM研究者は明らかにしなければならないとの指針（「方法の固有性（unique ade-

（3）例えば、以下のような研究を参照されたい。Suchman（2007），Orr（1996），Bobrow & Whalen（2002），Blomberg et al.（1996），Whalen & Vinkhuyzen（2001），Vinkhuyzen et al.（2004）

quacy)」の指針）をガーフィンケルは示しました（池谷 2004c）。人びとは、そのつど状況に固有な要素を特定の動機や論理と関係づけて考慮に入れながら活動をするということを考えれば、当然の流れと言うことができます。

たとえば、A病院の内科でフィールドワークを行なう際、そこの看護師の患者に対する接し方のうち、あらゆる病院における看護師全般との関係でみて、共通となるようなものを取り出すことを目的にするのではなく、対象としているA病院の内科における看護師のやり方それ自体を明らかにすることに徹することをEMは勧めます。そのためにはどんなことが必要となるでしょうか。フィールドワーク先の看護師の日々の仕事の様子を観察し、インタヴューなどでのやりとりを通じて、仕事を進める上でどのような知識をそれぞれの状況に応じてどのように使っていくのかについてフィールドワーカーは学んでいきます。それによって、看護師が個々の状況に応じてどのような方法を適用しながら仕事を進めようとするのかを明らかにすることになります。そしてその仕事の進め方は、看護学全般の知識とともに、A病院の内科で仕事をするのに必要な、その病院に特有のローカルな知識を組合わせたものであり、そういう点ではA病院の内科の状況に固有の方法ということになります。この固有の方法を明らかにするには、その場で働く看護師から学ぶという他に手立てはありません。仕事の観察や、やりとりを通じて、看護師から陰に陽に、その仕事を理解するための**「インストラクション」を得ながら理解を深めていく**という点で、EMの研究過程はチュートリアル的な特徴を持つということになります。

それでは次に、ＥＭの研究成果がチュートリアル的な特徴を持ちあわせているという点についてはどうでしょうか。すでに述べたように、ＥＭの分析が、人びとがどのようにして個々の状況においてそのつど活動を進めるのかを明らかにすることをめざすとすれば、その帰結としての研究成果は、対象とする活動がどのように特定の状況に埋め込まれた形で組織化されているのかという記述を含んでいることになります。言いかえれば、人びとが状況に固有の要素を特定の動機や論理とどのように結びつけて活動するのか（たとえば夜間の病棟でナースコールが鳴ったとき、看護士は駆けつけて看護をしようとしますが、その対応の仕方は、そのときの病棟内の忙しさや、患者によって異なるでしょう）、それを理解する手立てを提供するような、いわばインストラクションのようなものとして位置づけられるものをＥＭの研究成果が含むということになります。

ガーフィンケルはこの点について、ＥＭの研究成果は、現象に単純に対応する記述としてとらえるべきではなく、**現象を提示しているもの**としてとらえるべきであると論じています（Garfinkel 2002: Chap. 4）。現象がどのように組織化されることで、現場の人びとはその現象を「その現象」として捉えることができるのかがわかるように研究成果の読者を導くと同時に、ある状況のさまざまなことがどのように組織化されると、その現象が再現されるのかを読者に理解させる**インストラクションとして研究**

は提示されるべきですし、またそのように読者は研究成果を読むことが期待されるということです[4]。EM研究が持ち合わせている、こうしたチュートリアル的な特徴こそが、世界をあるがままにしておくことと、変革に関わるという、一見したところ相反するような二つが同時に成立するということと大いに関係があります。

もしEMの研究成果が、ガーフィンケルが言うように、現象がいかにしてそのように観察可能であるかを示すとともに、その現象がどのようにすれば再現可能であるかを示すものなのであれば、EMは研究対象となった世界をあるがままにしておくということになります。それは世界を批判的に精査することを目的とし、批判的精査をするための方法を適用することで得られた研究成果の内容とは異なるということです。というのも、そのような研究では、初めに批判的精査の対象が決まっていて、その対象に対する批判を根拠づけるものとして精査にもとづく証拠が集められるという形がとられるためです。そこでは、精査の対象が、**実はその世界の人びとにとって見えるようなものとは異なる**ということを提示することが意義のある成果となります。逆にEMの研究では、**現象はその世界の人びとにとってどのように「その現象」として観察可能か**を提示することになります。

それでは、この点と研究成果が実践の場において意味を持つ可能性があるということとはどうつながっているのでしょうか。ここまでは「実践者」というひとつの言葉で、理解の対象となる世界の人びとのことを言い表わしてきましたが、実際にはそう

（4）EMの研究成果のチュートリアル的な特徴は、既存の社会学のアプローチによる対象世界の分析とは異なる読み方を要求するものである。したがって従来の社会学の研究成果と「同様のもののはず」と読みながら、見つかるべきものが見えないということでEMの研究を批判することはあまり生産的なことではないということになる。さらに、EMの研究成果において、ある特定の批判力を読者が読み取ったとしても、それはEMの研究が既存の人びとの理解を批判することを目的として成立しているわけではないということである。

単純ではありません。たとえば、ある組織の特定のセクションの仕事を理解の対象としたとします。そのセクションに所属して仕事をしている人びとにとって、担当している仕事がどのように経験されているのか、他のセクションにおける仕事との関係がどのように経験されているのか、といった内容の詳細を、そのセクションの外の人が日常的なルーティーンのなかであらためて理解する機会はあまりないでしょう。ＥＭの研究成果を読むことで、その組織で運営責任のある人が、一つのセクションの仕事の実際をそのセクションに所属する人びとの視点から理解できるとすれば、それは研究成果を通じてチュートリアルの状況が成立したといえます。こうしたチュートリアル的な状況は研究成果を「読む」ことにかぎらず、フィールドワークを行なうＥＭ研究者との研究過程や研究を報告する際のやりとりにおいて生じることも大いにありえます。そういう点で、研究者と研究対象者との間の「チュートリアル」は双方向的なものでありえます。それは研究者が人びとの実践がいかにしてなされるかという点に関心を持っていることによるものにほかなりません。

たとえば組織の経営者があるセクションの効率性を改善しようとしていて、新たなシステムを導入することで従来のやり方を変えることを考えていたかもしれません。しかしながら、研究成果を読むことで、実は問題はそのセクションの仕事の仕方にあるのではなく、別のセクションからそこに持ち込まれる際の仕事の質がまちまちであるということが問題であるということがわかるかもしれません。さらに、それに対処することが、具体的にどのような作業をすることを意味していて、本来のセクションでするべき仕事に取りかかる前にどれだけ時間がさかれているか、そしてそれがそのセクションの人びとの仕事の仕方にどのような負担となっているか、ということがわかるかもしれません。これを読んだ経営者は、まず、自分たちが当初考えていた対策を変更しなければならないということに気づくだけでなく、現場の問題意識を取り入れて、より本質的な対策をいかにたてるべきか、その道筋をＥＭの研究成果から読み取ることができるかもしれません。それは、研究成果を読んだ人が、現場の視点から具体的に問題を理解することができるようになるからです。それはＥＭの研究が、単に現象の記述に終わるのではなく、**現象がどのような形で再現可能なものとして観察できるのか**を提示することで、読者がその現象を再現しようとすればどのようなことを組み合わせて、どのようなことをしなければならないかを学びとれるような形で提示するからにほかなりません。それは逆に、**何をどう変えることがいいのか、改善への道筋が得られる**ことをも意味しています。これがＥＭの研究成果が持つチュートリアル的な特徴です。

そしてその研究成果の内容は、「方法の固有性」というＥＭの指針で述べたとおり、対象としている世界において生じる現象に則した内容となります。それは同時に、その世界の人びとにとっての方法であり、その世界の外の論理を持ち込むことで、その方法を説明したものではないということになります。つまりは、その世界において人びとが状況を理解しながら何かを実現していく際の方法にあくまでも関心をすえて記述したものになります[5]。

このように、ＥＭの研究は、本来の原則である「すべてをあるがままにしておく」ことに徹することで、研究成果が実際的な意味を持つ可能性がでてくるといえます。というのも、研究成果を読むことがその読者にとってチュートリアルを受ける状況と似ているからです。読者は、そもそも研究を依頼した組織の責任者から、ＥＭ研究者や対象となった領域に関わる実践者や研究者、社会学者に至るまで、さまざまでしょう。このことは、それぞれ異なるチュートリアル的な状況においての受けとめ方がありえるということになります。知識を橋渡しされた側がそれを利用しないことも大いにあるでしょうし、逆にＥＭの研究で示されている内容とこれまでの公式の見解との間に大きな違いを読者が見いだしたとき、ＥＭの研究成果は**結果的に批判力を持つものとして理解される**こともあるでしょう。それをヒントに責任者が行動したとき、大きな組織変革へとつながることもあるかもしれません。ただし、この「批判力」について注目すべきことは、対象となる世界の外から尺度を持ち込んだ結果として成立したものではなく、あくまでもその世界で共有されている、そういう意味では**内在する尺度をＥＭ研究者が見い出した**ことによって成立しているという点です（註（4）参照）。

また、研究の直接の対象となった実践者が読んだとき、それはあらためて自らの姿

（5）この方針をＥＭでは「エスノメソドロジー的無関心」と呼ぶ（Garfinkel 1967、池谷 2004c）。

を鏡で映すような効果を持ち、日常のなかで当たり前となってきたことに焦点があたり、人びとが自ら改善の道をたどるきっかけとなるかもしれません。したがって、テクノロジーのデザインのみならず、テクノロジーのデザインによる仕事の変革を通じた、組織変革にＥＭの分析が活かされている例は少なくありません。しかしここで注意すべきことは、ＥＭの研究を人びとがどう利用するのかということそれ自体は、組織やそこにおける実践を変えるのに最もよい位置にいる、当該組織の構成員にかかっているという点です。ＥＭの研究者が、研究成果を踏まえて変革の道を探ろうとするときに重視するのがこの点です。つまり、「世界をそのままにしておく」という方針の下、その現場がどのように成り立っているのかを記述することによってこそ示しうる、現場の人が実感しやすい変革の筋道を提示することによって現場の人びとと共に、具体的な変革のあり方を探り、形作っていくという可能性が開かれ、ＥＭ研究者自らがそこに関わるということもあるのです。

コラム　よくある質問と答え

Q エスノメソドロジーと会話分析の関係について教えてください。

A エスノメソドロジー（EM）は、H・ガーフィンケルが社会秩序研究から生み出した「メンバー（人びと）の方法論」の研究のことです【第1章】。会話分析は、このEM研究をもとに、H・サックスやE・シェグロフらが中心になって確立した、会話のような「人と言葉を交わす」実践の研究方法【第6章】です。

EM研究は、社会の出来事について、何が起こっているかわかること（説明可能性＝アカウンタビリティ【1－2】）から出発します。これは、たとえば、「振舞いを規則に関係づける」「論理関係を示す」（サーサス 1989:267）など、社会の出来事を秩序づけるさまざまな「メンバーの方法論」によって示されます。EM研究は、このような「メンバーの方法」がどのような具体的な実践によって成し遂げられているか、フィールドワークなどにより実践の現場を見ることによって明らかにします。

他方、会話分析は、エスノメソドロジー研究の対象である「メンバーの方法」のうちで、「人と言葉を交わす」という実践を研究します【第6章】。この実践の特徴は、たとえば、話し手が適切に交代する、質問されたら答えるなど、その実践のなかで（会話を秩序づける）さまざまな活動をおこなっている点です。

会話分析の研究方法としては、録音したデータを文字に転記（トランスクリプト）して利用します。それは、同じ会話を何度も繰り返して聞くことにより研究の妥当性を高めることができるからです。会話分析は、言語学から自然言語を扱う新たな研究法として注目されており、言語学の研究者が増加していることも特徴です。

会話分析がこのように記録された会話をもとに研究をすすめるのに対し、EM研究では、社会のメンバーが会話を含めた様々な活動においてその場の資源（リソース）を使って、社会の出来事を秩序づけていく実践を研究します。会話分析の成果を応用して、録画（ビデオ）データを使って身体動作も含めた相互行為の分析（C・グッドウィンなど）や、医療や教育など社会制度の分析（D・メイナードなど）は、会話分析を応用しているというだけでなく、EM研究の発想を相互行為や制度の分析に生かしていく試みとしてみることができます。

（水川）

Q ミクロな現象を見ているだけでは、マクロな現象（社会構造、文化、制度）は扱えないのでは？

A この誤解の原因は、EM研究者がよく使っている、「ローカルな」現象が相互行為における実践的な社会学的な推論によって達成される仕方を記述する」といった言い方に起因しているかもしれません。ここにミクロという語は見られませんが、「ローカル」といった語を地理的な概念だと思うと、いわゆる、ミクロな場面だけを指示しているように見えてしまうかもしれません。しかし、EMにおけるローカルという語は、**その現場、その場面**といったことを指しています。ローカルを強調することは、ミクロを扱い、他のマクロの社会学の視点を補完するということではないのです。この語の使用は、それぞれの実践や活動において、適切に関連があるものを切り離さず、ひとまとまりとしてその論理を扱うという研究の方法と結びついています（Winch 1958=1977）。**意味のまとまり**ですから、意味のつながりに適切さがある限りにおいて、地理的には地球規模で分散しているローカルも可能です。たとえば、研究の対象が、地球規模の流通を扱う企業といったものであるなら、その「ローカルな」なかに、世界経済全体の見取り図が含まれるということになります。

EMの目的は、メンバーがその手で、ひとまとまりの「ローカルな」場を発見したり記述したりする方法を同定することにあります。社会秩序に可視性を与え、組織化する方法は、すべて、その場ごとの「ローカルな」ものであり、行為（ミクロ）と社会構造（マクロ）とを分析的に切り離してしまうことはできません。「ドキュメンタリーメソッド」【1‐3】を援用して表現するならば、「行為」と「社会構造」のあいだの関係性について、「因果的」に考えずに、**相互に構成する**「パターン」と「詳細事項」の関係として考えるべきで、ある人の行為が何であるかは、それがその一部となっている社会構造が何であるかに依存してしか認識できません。逆に言うなら、ふつうの社会学が求めている社会構造は、理論化によって、もともとあった場から切り離されて記述された社会構造だということになります。そうした営みは、理論化によって切り離すことで生み出した「ミクロ‐マクロ」という区別に自ら縛られてしまっているのです。（岡田）

Q 日常生活の実践をみているだけでは、その土台である社会制度や社会構造（さらに国家、権力など）を扱うことはできないのでは？

A エスノメソドロジーでは、日常生活のやりとりや専門家の制度のなかの活動などさまざまな実践を「メンバー（人びと）の方法論」として研究します。これは、「現象としての実践」とその背後にある「それを成り立たせる社会制度や社会構造」があると考えているからではありません。むしろ、EM研究では、さまざまな実践そのもののなかに、社会制度や社会構造が現われていると考えています。

たとえば、教室という場所にいるからといって、つねに学校権力が有効である（関連性がある=relevant）とは限りません。同様に、ある国家の領土に住んでいるからといって、つねに国家権力にさらされているわけではありません。これらの「権力」というものは、人びとがそこで起こっている出来事を秩序だって見るために実践的に参照することによって関連性（relevance）を持ち初めて有効になります。人びとは、制度や権力などいわゆるマクロなカテゴリーを参照してルール違反を指摘することがあります。小学校の先生が「今は授業中！」と注意するケースを考えてみましょう。ここで「先生」というカテゴリーで記述される人は、ほかにも、性別、年代、家庭内役割などのカテゴリーでも記述することができます。つまり、ある人を記述するには、論理的には複数の「正しい」記述の仕方があるのです。しかし、この場面では「今は授業中！」と言ったときに、学校制度というマクロなカテゴリーが参照されています。そのことでこの人が「女性」や「男性」ではなく、「先生」として「生徒」を注意している、と記述することができるのです。また、こうして、この人が「先生」と「適切に」記述できるときには、学校制度というマクロなカテゴリーがその実践において、「関連性のある」ものとなっています（これを、「相互反映性」といいます）。

このように、マクロなカテゴリーは、適切なものとして参照されることによって、実践において関連性のあるものとなります。マクロが実践の外から影響していると先に関連づけるのではなく、あくまで実践のなかで参照されるマクロを見ていくのが、エスノメソドロジーのやり方です。エスノメソドロジーは、既存の社会学のように「社会的実践を成り立たせる社会構造や社会制度」が、社会実践の外側から影響を与えていると考えるのではなく、社会実践そのものに現われていると考えます。

さらにいえば、社会学者が、行為者の外側に社会制度や社会構造を設定して行為の因果関係を考察すること、それ自体もひとつの実践としてエスノメソドロジーの研究対象となりうるのです。（水川）

Q 現在の現象を見ているだけではもっと長い時間にわたるような現象は扱えないのでは？

A まず、EM研究が現在の現象を扱っているというときの、「現在」という表現が問題含みです。EMが扱っている現象は、**直線的な時間軸から幅を決めて単に切り取ってきたもの**ではないからです。たとえほんの短い会話であっても、参加者たちは、そこでの時間の流れを共有する活動を行ないながら（【6-1】）、「質問-答え」のように、ある行為とそれに続く行為とを、前に置かれる（べき）ものと後に置かれる（べき）ものとの時間的な順序関係のもとで結びつけています（【6‐2】）。EMが扱っているのは、こうした**時間を秩序づけるメンバーの方法**なのです。ガーフィンケル（Garfinkel 1964=1989）は、「会話内での出来事」を理解するためには「会話展開の内部から」の「時間的パラメーター」が必要だと述べていますが、この言葉は、こうした時間が備えている構成的性格をよく指し示しています。

そして、時間を秩序づけるメンバーの方法という観点からするならば、「長い時間にわたる現象」というのも、その秩序づけのあり方の特徴との関係において考えなければならないでしょう。身近な例では、ニュース報道において、異なった時間と場所において行なわれた出来事が、「一連の出来事」として秩序づけられることがあります。このような出来事を産出し、理解するメンバーの方法を、ローダーとネクヴァピルは「対話的ネットワーク」と呼んで、それが「会話内での出来事」のような構造をもって実践されていることを明らかにしています（Leudar & Nekvapil 2004など）。

さらに、【9‐6】の注において、記憶と歴史の関係について述べたように、時間を秩序づける実践のなかには、**歴史を産出するワーク**というものまで含まれうるのですから、もはや単純に「現在」の現象を扱っているとは言えないはずです。リンチとボーゲンが注目したように、特定の事件の歴史と、その事件にかかわるさまざまな当事者たちが、公聴会や法廷での公的な探求を通じて、歴史を産出するワークとの結びつきを、EMは、研究できるのです。当然ながら、さまざまな実践に参加するメンバーは、さまざまな探求を通じて、遠い昔のことを遡って記述するようなこともするはずです。そして、現在と過去を時間的な順序関係を秩序づけて扱う方法論をメンバー持っているのであれば、EM研究者もそれを扱うことができるのです。

なお、上にあげた先行研究は、「過去」のことを「専門的」に記述する歴史家のワークを扱ったものではありませんし、残念ながら、大量の一次資料を読み解くような実践と結びついてなされたEM研究が、たくさんあるわけでもありません。しかし、だからこそ歴史のEM研究は、時間を秩序づけるメンバーの方法の研究のひとつとして、今後注目すべき領域であると言えるかもしれません。

（前田・是永）

Q 数例を見るだけで議論するのでは、一般性がないのでは？

A どのような研究に対しても、その主張の妥当性を、そこで採用されている方法と無関係に論じることはできません。だから、「事例の数」やそこから得られる「一般性」を問う前にまず、ある研究が明らかにしようとしていることが、そもそも事例の数によって保証される種類のものなのかどうかということ自体を考えなくてはなりません。

たとえば、なんであれ対象の数を数えようとするときには、数えるべき対象とそうでない対象の区別ができていなければなりません。自殺率を調べるためには自殺の数を数えなくてはなりませんが、そのときには「自殺」とそうでない「死」との区別ができていなくてはならないでしょう(【2 - 1】)。つまり、「数える」ことにとってそのための区別は、論理的に先立って用意されていなければならないものなのです。したがって、その区別自体の正しさや適切さは、「数える」ことによって保証されるものではありません。

エスノメソドロジーが明らかにしようとするのは、その**区別のされかた**にあたるものです。私たちは社会学者が研究しようとするよりも前に、すでにさまざまな対象を適切に区別しながら社会生活を営んでいます。たとえば授業での「質問 - 応答」は、日常会話でのそれとは違った特徴をもってなされます(【7 - 4】)。あるいは科学者による「発見」は、人工物とそうでないものを区別することでなされます(【8 - 2】)。なんであれ社会現象は、他ならぬその社会現象として、他の現象と区別されて理解されることで存在しているのです。「人びとの方法論」(【1 - 1】)とは、その区別のなされかた、言いかえれば、さまざまな現象をそれとしてつくりあげている私たちの実践のあり方のことに他なりません。「数える」ことは、その実践を前提にして初めて可能になることです。社会学者が統計調査のための操作的定義をつくることができるのも、社会学者自身が一人の社会成員として、対象の区別に習熟しているからなのです。

注意しておけば、このことはもちろん、エスノメソドロジー研究では事例は常に少なくてもよい、ということを意味するわけではありません。事例は、私たちが普段意識せずに行なっている実践のあり方、自覚せずに用いているルールを、あらためて思い起こすためのもの(**リマインダ**)です。そのためには、いくつもの事例を比較する必要もあるでしょうし、また多くの事例を見ていくなかであらためて気づくことができる実践もあるでしょう。ただその場合、事例を集めることは、独立したひとつひとつのリマインダを集めることでより精確にルールを思い起こすためなのであり、けっして数えた後で何かを言うための手段ではないということが重要なのです。

(小宮)

Q 「成員カテゴリー化装置」(一〇八頁)や「順番交代の規則」(一二八頁)はモデルなのですか? 検証はされているのですか?

A たしかにサックスたちは、会話の順番交代規則のことを「モデル」と呼んでいます。ただし、その言葉の意味するところについては注意が必要です。

通常モデルと呼ばれるのは、研究者が研究対象のあり方を、さまざまな理論的命題に合致するような理想的観点から抽象的に再構成したものです。この意味でのモデルは、あくまで研究対象に似せようとしてつくられた模型のようなものであって、研究対象そのものではありません。だからこそ、そのモデルによって実際の研究対象を説明したり予測したりすることができるかどうかによって、モデルの妥当性が確かめられなければならないわけです。検証というのはそういうことでしょう。そこでモデルによって予測されたとおりにいかなければ、モデルは修正されなくてはなりません。

他方、成員カテゴリー化装置や会話の順番交代規則は、そうした意味での「モデル」ではありません。それらは私たちがさまざまな実践のなかで用いている**規則の表現**というべきものです。だから、実際にはそうした規則に違反するようなことはいくらでも起こるにもかかわらず、そのことを理由にそれらが修正されるべきものになることはありません。なぜなら、「違反が起こった」と理解することができるためにも、それらの規則が参照されなければならないからです（本頁下部のQ&Aを参照）。むしろ、規則に合致しないような事例が規則違反として理解できるなら、かえって規則のもっともらしさは高まることになります。

もちろん、使われている規則をきちんと取り出してくることができているかどうかは、実際にいくつもの事例を見たりしながら検討されなければならないでしょう。検討した結果失敗していることがわかって、規則の表現を修正しなければならないことだっていくらでもあります。けれどそのとき、研究者は研究対象を抽象的に再構成しようとしているわけではありません。むしろ、研究者であると同時に一人の社会成員として、研究対象である実践に参加していく能力をもって、その実践をつくりあげている規則に適切な表現を与えようとしているのです。

社会成員は程度の差こそあれ皆、さまざまな実践に携わるためにどうすべきかという一定の規則を身につけています。その意味でその規則は、ある種の「型」のようなものだと言うこともできるでしょう。サックスたちの「モデル」という表現は、そのように**社会成員自身が用いている**「型」のことを指しているのであって、研究者による理論的構成物のことを指しているわけではないのです。

（小宮）

Q 順番交代の規則（一二八頁）にしたがっていない会話もある。お行儀のよい・うまくいっているやりとりしか見ていないのでは？

A「規則にしたがっていない」ということがどういうことなのかについて、注意が必要です。「規則どおりに進行しない」という意味なら、そのとおりです。実際の会話のなかでは発言が重なることも、反対に間があいてしまうことも、いくらでもあります。けれど、このことは必ずしもそうした会話において「順番交代の規則が参照されていない」ということを意味するわけではありません。考えてみなければならないのは、その重なりや間が、会話をしている人たちによってどのように理解されているのかということです。

たとえば、複数の人が同時に話し始めてしまうことはよくあるでしょう。けれどそのようなときは多くの場合、どちらかの人が話すのをやめたりして「一人だけが話す」状態になるように調整がなされるはずです。そのときその「重なり」は、会話をしている人たち自身によって「起こるべきではないこと＝解消されるべきこと」として扱われていることになるでしょう。あるいは、質問された人が発言しなければ、その「間」は「答えるべきなのに答えない」こと、すなわち「沈黙」として理解されるでしょう。そして、重なりが「解消されるべきこと」として理解され、「間」が「沈黙」として理解されるということは、「一度に一人だけが話す」という規則、すなわち順番交代の規則が参照されているということにほかならないのです。規則は、規則どおりにものごとが進むときにだけ参照されているわけではありません。むしろ、「規則どおりではないこと」が起こったということは、規則を参照することなしには理解できないものなのです（→【2章】）。ルールがなければ、違反もありません。

逆に言えば、あえて「規則を破る」ことをするためにも、規則を参照することが必要になります。言い争いをするときなどは、相手の発言を無視したり、強引に割り込んだりするでしょう。つまり、わざと順番交代の規則を破ることによって、いわば「敵対的な態度を示す」ことができるわけです。「行儀の悪い」やりとりをするためにも、**規則を参照すること**が必要なのです。

他方、会話のなかではもちろん順番交代の規則だけが参照されているわけではありません（→【6－2】【6－3】【6－4】）。だから、別の規則に従うことで順番交代の規則には背く、ということも生じてきます。たとえば、「修復」を行なうための「自己訂正の優先性」という規則に従った結果、間が生じる場合などです（→【6－3】）。けれど、このことはそれが「行儀の悪い」「うまくいっていない」やりとりだということを意味しないでしょう。修復という実践のなかではむしろそれが必要なことなのです。

このように、重要なのは事実として順番交代の規則に合致しないような事態が生じるかどうかではありません。そうではなく、そうした事態を私たちがそのつどどのように理解しているのかということ、このことを考えなければならないのです。

（小宮）

Q 個別事例について極端に精密な記述を行なうことにはなんの意味があるのですか？

A EM研究においては、確かに、精密な記述がなされています。けれども、やたらに測定の目盛りを細かくしているわけではありません。そもそも「エスノ（人びとの）」「メソドロジー（方法論）」というのは、人びとが用いている方法論であると同時に、それを用いて研究を行なうことでもあります（【1-1】）。ですから、EM研究の記述の細やかさは、**メンバーの方法の細やかさ**にそっているのです。

そもそも「細やかさ」といっても、それが「どの程度」細やかであれば適切なのか、ということ自体、実践上の課題でありえます。たとえば、住所を聞かれたときにどのように答えるか、考えてみましょう。もしもあなたが、お店で大きな買い物をして自宅に届けてもらわなければならないとしたら、番地やマンションの部屋番号まで記入するはずです。けれど、もしもあなたが、海外旅行中で知り合った人に、「どこからきたの?」と訪ねられたら、どのように答えるでしょうか。たぶん「日本」「東京」といったものがその候補になるのではないでしょうか（【1-3】）。科学研究において測定を行なうような場合でさえ、際限なく細かくしていけばよいというふうに、なされているわけではありません（【8-3】）。むしろ、それぞれの実践には、それぞれ固有に適切な「細やかさ」があるのです。

EMは、陪審員が評決を行なうとき（【1-1】）、行列をつくって並ぶとき（【3-3】）、相談の電話をかけるとき（【5-1】）、友だちとおしゃべりをするとき（【6-1】）など、それぞれの実践におけるそれぞれ固有の方法を見いだしてきました。EMにおいては、これらの実践から切り離された「細やかさ」の基準を、個別の事例にあてはめるようなことはありません。むしろ、法廷においてひとつの評決までたどりついたり、いつのまにか行列を形づくることができていたり、相談の電話をともかくも終わらせることができたりなどなどを、ひとつの出来事として成り立たせることも、参加者たちにとっての実践上の課題なのです。つまり、それぞれの実践においては、ひとつの事例を、それとして区切り、それとして成り立たせるのに適切な「細やかさ」を備えた、メンバーの方法が用いられているのです。

EMが行なっているのは、こうしたメンバーの方法を記述することです。ですから、もしもEMの記述が精密になされているとしたら、それは、それだけ、メンバーの方法が精密にできている、ということなのです。そしてその精密さは、少なくともその実践においては、ありふれた精密さなのであって、けっして「極端」なものではありません。むしろ、**それだけの精密さがない記述は、メンバーの方法を捉えそこなっている**のです。さらにくわしくは、【1-3】【2-2】【5-1】【6-1】などをみて下さい。

（前田）

Q 個別事例についてとても詳細に記述されますが、当事者はこんなこと考えていないのでは?

A EM研究は、実践に参加する者たちが行なっていることを、記述していきます。このとき、記述されたことすべてを、参加者たちが、ひとつひとつ強く「意識」して「自覚」しているなどということは、ありません。しかし、大事なことは、その実践の参加者たちは、それにもかかわらず、実際にいろいろなことができているのだ、ということのほうです。そして、ともかくもできている以上、その「やり方」を「知っている」はずです。

こうした**「やり方の知識」**（Ryle 1949=1987）（【1‐1】）のなかには、当たり前のようにできているのに、それを言葉で説明しようとすると難しかったり、強く意識してしまうとかえってうまくいかなかったりするものがあります。【6‐1】でみるような、会話のやり方などは、その最たるものでしょう。会話のなかでは、確かに、話す順番を交代していきますが、次に誰が話すか、強く意識していたら、かえってスムーズにはいかないかもしれません。あるいは、行列をつくるときでも、その「やり方」を強く意識するのは、むしろ、「割り込み」がなされている場合ではないでしょうか（【3‐3】）。

このように、実践において参加者たちが用いている知識は、**強く意識されているものには限りません。**それでも確かに参加者たちが「知っている」といえる「方法についての知識」はたくさんあります。そうした知識のあり方を、ガーフィンケルは「見られてはいるが気付かれていない」という呼び方をしています（【1‐1】）。EMが記述しているのは、こうした方法についての知識なのです。くわしくは、【1‐1】【2‐2】【3‐3】【6‐1】などをみて下さい。（前田）

Q 行為者の意図・動機・感情などを無視した冷徹な分析がされていませんか？

A いえ、そんなことはありません。EM研究においても、行為者の動機や感情は、非常に重要なトピックのひとつです。何よりも、それぞれの実践において、本人がどういうつもりなのか、あるいは、本人がどういう気持なのか、メンバーにとっての問題になることは、もちろんありうることです。だからこそ、どのようなつもりや気持が、どのような状況で、どのように問題になるのか、考えていくことができるはずです。

もちろん、どのようなつもりなのかが強く問題になるのは、なぜそんなことをしたのかが問われるような場合でしょう。また、どんな気持かが問題になるとすれば、そもそも簡単には扱えない場合だからこそかもしれません。そして、「なぜそんなことをしたんだ?」と行為の理由を問い、それに答え、弁解したり正当化したりすることは、参加者たちが成し遂げる実践です（【2‐1】【2‐2】）。また、わかってほしいと「気持」を訴えたり、それを聴いたり、聴くことを拒んだり、といったことも参加者たちが成し遂げる実践なのです（【9‐5】）。実践の参加者たちは、**行為者の動機や感情を扱う、メンバーの方法を用いているの**です。

ですから、メンバーの方法を考慮することなく、研究者が持ち込んだ枠組みにもとづいて、動機や感情を割り当ててしまうとしたら、むしろその方がかえって、行為者をその枠組みのなかにしか存在しない「判断力喪失者」（【4‐1】）へと切りつめてしまうことにつながりかねないのです。ここには、難しい論点が含まれていますが、くわしくはぜひ【1‐3】【2‐1】【2‐2】【9‐5】をみて下さい。（前田）

Q 秩序の合理的な側面ばかりを見ていては、社会の不合理な側面が見逃されて、現状肯定的な議論になるのでは？

A そもそも、合理性を見ていこうとする態度は、従来の社会学が実践の論理をおおかた無視し、実践の論理からすれば外在的な「合理性」の基準をたてて、その基準を満たさなければ「社会の不合理な点」であると判断するやり方に反対するための出発点でした（【4‐1】）。そして、EMにとっての合理性とは、最終的に「説明可能性」、つまりは「自然言語の習熟」によって得られる、記述のもとでの理解可能性であるという視点にたどりついたのでした（【4‐2】）。

これらを踏まえれば、何かが「合理的である」とか「不合理である」と**理解可能であること**自体がEMにとっての合理性であり、探究現象なのです。つまり、実践の論理に根差して「合理」も「不合理」も考えられるべきなのです。

ヒースとラフの研究はこの点でも示唆に富みます。彼らは、手書きのカルテを用いた医療面接の実践の秩序を解明し、今度は電子カルテを用いた実践の秩序を解明することによって、初期の電子カルテの「不合理」な点を図らずも示してしまったのです。その「不合理な点」は**実践の詳細**によって示されています。たとえば、電子カルテはいったん入力を始めると、その事項の入力の終了後ただちに次の入力事項を指示してしまうので、患者との発話をさえぎってしまいました。また、電子カルテは入力事項を分類して別々の箇所に入力するシステムをとってしまったため、患者の全体像などが把握しづらくなり、医師のなかには電子カルテと手書きのカルテの併用する者も出てきてしまったのです。

もちろん、実践の論理に根差した上で「不合理性」を指摘するには、その実践への習熟が必要ですから、「不合理」であることの最終的な判断は実践者に委ねられます。EM研究は、そうした判断が可能となるような実践の論理を、個々の実践の詳細において示すことができるのです。（【小論】も参照して下さい。）（中村）

Q 日常的な・常識的な振舞いばかりを見ていては、非日常的な・異常なことがらを扱えないのでは？

A この種の疑問はEMの成立初期から提示されてきました。列に並ぶあり様やおしゃべりのあり様ではなく、たとえば、犯罪や差別といった社会が抱える問題にアプローチすべきである、というわけです。たしかにEMは、従来の社会学が無視してきた社会の人びとのありきたりの振舞いを扱うことを唱え、**「常識的知識・推論」**を強調しました。ここで注意すべき点は「常識的知識・推論」の性質です。これらは知識内容というよりは**理解の形式**や**知識産出の方法**に言及しています。「アドホッキング」や「解釈のドキュメント的方法」(【1-2】)、「日常会話の順番取得組織」や「隣接ペア」(【6-2】)は常識的世界にだけ存在するものと断定されたわけではありません。今度は、これらが非日常的な活動において用いられているのかどうかが、また用いられている場合にはどのようになるのかが、一つの探究関心となっていくのです。

こうした方向性から、まずは制度的場面の会話分析を捉えることができます。たとえば「教室」においても「隣接ペア」は成員の実践の道具立てであったわけですが、ここでは、〈指導-応答-評価〉という特異な形式をとっていたのでした(【7-4】)。また、車椅子利用者の購買場面を扱った研究では、店員が財布の持ち主たる障害者本人ではなく、介助者に財布を開ける許可を申し出てしまうという差別的な事態が〈1人の障害者には1人の優先的な介助者が存在する〉という成員カテゴリー化装置の特質から解明されています(山崎 1993)。さらには、銃を乱射して殺人を犯した者の犯行時の言動や犯行声明がいかにして理解可能であるのかを解明した研究(Eglin & Hester 2000)や、罪状取引の研究(Sudnow 1965)などもあります。

このように、非日常的な、異常な振舞いは常識的推論とまったく異なるわけではなく、かといって常識的推論のままでもありません。両者は言わば、家族のように類似しています。「常識的知識・推論」という名の下に提出された理解の形式や知識産出の方法は、さまざまな実践を探究していく際の出発点を提供しました。その探究の成果をふまえれば、「常識的知識・推論」を出発点としたからこそ、非日常的な異常な振舞いも十分に扱うことができたと言えます。実際、さまざまな実践の研究にEMの知見が明に暗に用いられているほどなのです。

(中村)

Q エスノグラフィーとの関係について教えてください。

A エスノグラフィーという語で何を指すかが問題なのですが、今かりに、エスノグラフィーを、ある文化についての包括的に記述しようとする文章記録とか、特定の社会集団に属している人びとや、そこにある物の特徴といったことを記録に残しておくという目的で書かれた文章記録だとしましょう。そうしたものと人びとが実際に用いている方法の記述を目指すEM(によるエスノグラフィー)とは、似ている部分もかなり多いでしょうが、すれ違う部分もあります。両者の見かけの違いは、関心の違いにもとづいており、具体的には、記述の細やかさや分析の解像度の差として現われるでしょう。近年、人類学においても顕著なのですが、地理的に離れている（未開）社会や逸脱集団といったものでなく、刻々と進歩している高度なテクノロジー環境といったものがフィールドワークの対象にされるようになってきました。すると、生活をともにし、じっくりと参与観察をして、そこで起こっていることを聞き取って報告するだけでは、期待された研究成果が得られないという状況が生じてきます。さらに、研究を現場のデザインに役立てようとすると、テクノロジーと人びとの振舞いが複雑に組織されたフィールドにおいて、実際の活動を成り立たせているものが何かを探ろうとする目的が生まれます。もしエスノグラフィーが、人びとの実際の活動に迫ろうとして、これまで以上に精度の高い記録を目指すようになっていくと、これまでエスノグラフィーとEMを隔てていた研究目的の差は、事実上、意味を持たなくなります。結果として、EMと呼んでも、エスノグラフィーと呼んでもよい作品が出来上がるはずです。この場合、両者の違いを言い立てる理由はなくなります。そうした理由から、現在では、CSCWのように、EMがエスノグラフィーと互換的に用いられている領域も存在しているのです。

（岡田）

Q 構築主義との関係について教えてください。

A ここでは、中河［中河ら 2001］や上野［上野 2001］の整理に習って、構築主義を言語論的な転回の影響下にある社会学の学派であると捉えておきます。こうした流れは、周りから言語至上主義と受け取られ、科学の構築主義をめぐる論争で顕著だったように、一種の相対主義であると考えられてきました。そこで、EMと構築主義との関係について考えるときのメルクマールとして言語と言語以外の社会との関係を取り上げることにしましょう。一般的に「言葉や語りは、その外部にある実在を写し取る鏡のようなものだが、世のなかには、言葉では語りつくせないものがあるはずだ」と考えられているのではないでしょうか。この点で、言語至上主義と受け取られる構築主義は、人びとの直感に反するものになっています。そのために、実在との対応を図ることなしに、言語を扱うことにどのような意味があるのかといった問いが浴びせられるのです。多くの構築主義は、言語とその外部の関係を調整することで、社会問題、科学、ジェンダー、身体、さらには歴史といった、広範なトピックを扱おうとしています。しかし、ミクロ－マクロという問題のときと同様に、言語と社会との関係について「因果的に」考えようとすると難問が生じ、それに悩まされることになります。

EMは、それとは違って、社会的な現実をそれ自体で「説明可能性を持つ現象」として考えています。社会的な現実を、社会のメンバーに対して、**見通しを与えるようにする方法**と区別できないとしているのです。説明という実践は、それを目にした人に対して「可視性」【3章】、さらには「透明性」を与えるものです。ＥＭは「説明」と「説明以外の何か」との関係を言葉や語りとその指示対象のように「因果的に」捉えようとはしていません。ですから、構築主義のコンテクストで生ずるような、言葉や語りとその言及対象との一致という問題は、ここでは生じないのです。ＥＭは、説明可能性とは何かという点から、一般的な構築主義とは、別の獲物を別のやり方で追っているといってよいでしょう。（岡田）

謝　辞

本書を出版するにあたって、大変多くの方にお世話になりました。そもそもＥＭ研究は、その作業において、研究者の間の議論を非常に大切にしています。執筆者たちも、公式・非公式のゼミナールや研究会などで、互いの持ち寄ってきたデータを、あでもない、こうでもない、と分析しながら、試行錯誤をかさね、研究を続けてきました。そうした場で、多くの諸先生方、諸先輩方にご教示いただいたことが、この本の骨格をなしています。また、本書をまとめていく作業の途上でも、執筆者たちが参加している社会言語研究会の場で、草稿を検討していただくことができました。ご教示いただいたすべての方に、感謝いたします。

そして、ＥＭ研究者は、なによりも実践から、そして実践に参加している方々から、学ぶものです。執筆者たちも、さまざまな領域の実践の研究を行なってきたなかで、それらの実践に参加している方々からたくさんのことを学んできました。さまざまなフィールドワークで出会った方々や、隣接諸分野の共同研究者の方々からご教示いただいた経験が、本書の記述を支えています。それぞれの場で、執筆者たちにご教示いただいたすべての方々に、心からお礼を申し上げます。
最後に、この場をかりて、新曜社の編集担当である高橋直樹さんに、お礼を申し上げたいと思います。高橋さんは、エスノメソドロジーについて深く理解された上で、本書の意義を誰よりも信じて下さいました。そして、編者たちから次々と出てくる変更・修正のお願いにも、辛抱強くおつきあいいただきました。高橋さんのご尽力なくして、本書の完成はありえなかったと思います。本当に、どうもありがとうございました。

2007年5月

編者

編者紹介

前田泰樹（まえだ ひろき）【はじめに，２章，９-1,5,6】
1971年東京都生まれ。一橋大学大学院社会学研究科博士後期課程単位取得退学。一橋大学から博士（社会学）を取得。現在，立教大学社会学部教授。専門は，コミュニケーション論，医療社会学，理論社会学。主な著訳書に『心の文法――医療実践の社会学』（新曜社），『概念分析の社会学』（共編著，ナカニシヤ出版），P.スミス『感情労働としての看護』（共訳，ゆみる出版）がある。

水川喜文（みずかわ よしふみ）【１章，８-４，文献解題】
1964年広島県生まれ。慶應義塾大学大学院社会学研究科博士課程単位取得退学。社会学修士（東京都立大学）。現在，北星学園大学社会福祉学部教授。専門は，理論社会学（エスノメソドロジー・会話分析），質的社会調査（医療福祉・ワークプレイスなど）。主な著訳書に『ワークプレイス・スタディーズ』（共編著，ハーベスト社），『実践エスノメソドロジー入門』（共著，有斐閣），L.サッチマン『プランと状況的行為』（共訳，産業図書），M.リンチ『エスノメソドロジーと科学実践の社会学』（共監訳，勁草書房）などがある。

岡田光弘（おかだ みつひろ）【３章，７-1,2,3，文献解題】
1960年千葉県生まれ。筑波大学大学院博士課程，体育科学研究科，単位取得退学。現在，成城大学・非常勤講師。専門は，観察社会学，ビデオ・エスノグラフィー。主な著訳書に『会話分析への招待』（共著，世界思想社），『実践エスノメソドロジー入門』（共著，有斐閣），D.メイナード『医療現場の会話分析』（共訳，勁草書房），S.ヘスター＆D.フランシス『エスノメソドロジーへの招待』（共訳，ナカニシヤ出版）などがある。

新曜社 ワードマップ
エスノメソドロジー 人びとの実践から学ぶ

初版第１刷発行 2007年８月３日
初版第11刷発行 2024年３月23日

編　者　前田泰樹・水川喜文・岡田光弘
発行者　塩浦　暲
発行所　株式会社 新曜社
〒101-0051
東京都千代田区神田神保町3-9　幸保ビル
電話(03)3264-4973(代)・Fax(03)3239-2958
URL http://www.shin-yo-sha.co.jp/
印刷所　銀河
製本所　積信堂

執筆者紹介（執筆順）

酒井泰斗（さかい たいと）【概念地図，よくある質問と答え（構成）】
大阪大学大学院理学研究科物理学専攻修士課程中退。ルーマン・フォーラム管理人(socio-logic.jp)。音楽制作会社を経て，現在，金融系企業のシステム部に所属。専門はインターフェース・デザイン。主な著書・論文に『概念分析の社会学』（共編著，ナカニシヤ出版），「社会システムの経験的記述とはいかなることか」『ソシオロゴス』vol.31（小宮友根との共著）がある。

中村和生（なかむら かずお）【4章，8-2,3】
明治学院大学社会学研究科博士後期課程単位取得退学，現在，青森大学社会学部准教授。専門は科学社会学，エスノメソドロジー，社会学史。主な著書・論文に『概念分析の社会学』（共編著，ナカニシヤ出版），「成員カテゴリー化装置とシークェンスの組織化」『年報社会学論集』第19号などがある。

小宮友根（こみや ともね）【5章，6章】
東京都立大学大学院社会科学研究科博士課程修了。博士（社会学）。現在，東北学院大学経済学部准教授。専門はジェンダー論，法社会学，理論社会学。主な著訳書に『実践の中のジェンダー』（新曜社），『概念分析の社会学』（共著，ナカニシヤ出版），V.ブライソン『争点・フェミニズム』（共訳，勁草書房）などがある。

五十嵐素子（いがらし もとこ）【7-4，8-1】
一橋大学大学院社会学研究科博士後期課程修了。博士（社会学）。現在，北海学園大学法学部教授。専門は教育社会学（教育実践のコミュニケーション分析）。編著書に『学びをみとる』（新曜社）、共著書に『ワークプレイス・スタディーズ（ハーベスト社）、『エスノメソドロジー・会話分析ハンドブック』(新曜社)、『実践の論理を描く』（勁草書房）など。

是永　論（これなが ろん）【9-2】
東京大学大学院社会学研究科博士課程単位取得退学。博士（社会学）。現在，立教大学社会学部メディア社会学科教授。専門はコミュニケーション論，情報行動論。主な著書に『見ること・聞くことのデザイン』（新曜社）などがある。

酒井信一郎（さかい しんいちろう）【9-3】
立教大学社会学研究科博士後期課程単位取得退学。現在，清泉女子大学等で非常勤講師を務める兼業主夫。専門は社会情報学，組織のエスノグラフィ，趣味の社会学。主な著書・論文に『Interacting with objects』（共著，John Benjamins），「Learning to become a better poet」『Information on Research 』20-1号（共著）などがある。

K Phoenix【9-4】
東京都立大学大学院社会科学研究科博士課程修了。博士（社会学）。現在，Independent Ethnographer。専門はコミュニケーション論，ジェンダー論。主な著書・論文に『性同一性障害のエスノグラフィ』（ハーベスト社），「明言されていないカテゴリー使用を見る」『年報社会学論集』19号などがある。

池谷のぞみ（いけや のぞみ）【小論】
英国マンチェスター大学社会学部でＰｈ.D取得後，東洋大学社会学部助教授を経て現在，慶應義塾大学文学部教授。専門はコミュニケーション論，組織のエスノグラフィ（救急医療，IT企業，図書館など）。主な著書に『Making Work Visible』（共著，Cambridge University Press)，『Orders of Ordinary Action: Respecifying Sociological Knowledge』（共著，Ashgate)，『実践エスノメソドロジー入門』（共著，有斐閣）などがある。

人名索引

事項索引

■さ行

■た行

■な行

■は行

文献解題

エスノメソドロジー関連の書籍や論文が翻訳されるようになって久しい。この文献解題では，日本語で読めるエスノメソドロジーの基本文献を中心に紹介する。

1．概論・基本概念

① H. ガーフィンケルほか，1987，山田・好井・山崎訳『エスノメソドロジー――社会学的思考の解体』せりか書房。
② G. サーサス，1989，西阪・北澤訳「エスノメソドロジー――社会科学における新たな展開」『日常性の解剖学』マルジュ社。
③ A. クロン，1996，山田・水川訳『入門エスノメソドロジー』せりか書房.
④ S. ヘスター，D.フランシス，近刊，中河・是永・岡田訳『エスノメソドロジーの手ほどき』ナカニシヤ出版.
⑤ J. Heritage，1984，*Garfinkel and Ethnomethodology*，Polity.

エスノメソドロジーに関連する書籍には，個別の論文を集めた論文集が多く，全体を概括できるものはそれほど多くない（本書を出版した理由はそこにある）。ここではまず，エスノメソドロジーの概観をつかんだり，これから応用研究を進めていく上で指針となるような文献を紹介する。

日本初のエスノメソドロジー論文集であるガーフィンケル他（①）は，ガーフィンケル自身によるEMの発想を得た研究の説明のほか，初期EM研究のうちフィールドワークを伴うものが収録されている。サックスによる，改造車に乗る若者の会話を扱った「ホットロッダー」では，カテゴリーの「自己執行」について考察している。ポルナーの「お前の心の迷いです」には，幻聴の聞こえる統合失調症者と医師とのやりとりを「リアリティ分離」として考察している。この他，ドロシー・スミスによる「『切り離し』手続き」，ウィーダーによる「受刑者コード」，ガーフィンケルによる「パッシング」などわかりやすいキーワードを使って説明する論文が収録されている。これらの研究は，現在の研究動向とは異なるものに見えるかもしれないが，そこに見られるアイデアは，フィールドワークを伴う応用研究の参考となるだろう。

サーサス（②）は，実質20ページほどのなかに，エスノメソドロジー研究の展開，基本的発想法，エスノグラフィーとの違いなどが簡潔にま

とめられている。クロン（③）は，ガーフィンケルの初期研究から始まる研究史や，基本用語の解説，主要な初期フィールドワークなど全体像をバランスよく概観している。

ヘスターとフランシス（④）は，日常生活をエスノメソドロジーの視点から見るという発想で，身近な生活場面から，制度場面までさまざまな場面における実践を分析した入門書となっている。

ヘリテイジの『ガーフィンケルとエスノメソドロジー』（⑤）は，パーソンズ，シュッツ，ウィトゲンシュタインなどとガーフィンケルとの学説的関係，会話分析の基本概念の解説など，エスノメソドロジーの全体像を描こうと試みた概説書となっている。

また，平易ではないが，椎野信雄（2007）『エスノメソドロジーの可能性』には，エスノメソドロジーの基本概念のほか，ガーフィンケルの「個性原理（haecceities）」に関する新たな試みについても丹念に追ってある。

2．ウィトゲンシュタイン派エスノメソドロジー

① J. クルター，1979=1998，西阪仰訳『心の社会的構成』新曜社。
② 西阪仰，2001，『心と行為：エスノメソドロジーの視点』 岩波書店。
③ 西阪仰，1997，『相互行為分析という視点：文化と心の社会学的記述』 金子書房。
④ M. リンチ，2000=2000，椎野信雄訳「エスノメソドロジーと実践の論理」情況出版編集部編『社会学理論の〈可能性〉を読む』情況出版。
⑤ 戸田山和久，1994，「ウィトゲンシュタイン的科学論」新田義弘他編『岩波講座現代思想（10）』岩波書店。

ガーフィンケル，サックスなど草創期からエスノメソドロジー研究はウィトゲンシュタインの影響を受けてきた。しかし，言語哲学の議論をエスノメソドロジーの方法論にのせたのは，マンチェスター大学のW. シャロックとボストン大学のJ. クルターである。

クルター（①）は，博士論文での精神病に関する議論をもとに，ウィトゲンシュタインの論理文法分析（概念分析）をエスノメソドロジー研究と結びつける試みを行ない，心の言語分析や記憶や感情などに関して認知科学批判を展開している。

西阪（②，③）は，方法論中心だったクルターの発想をC. グッドウィンらによるビデオ・データを使った会話分析に結びつけた。このことによって，概念分析としての相互行為分析の可能性を拓いた。これは，山崎・西阪編（1997）『語る身体，見る身体』のさまざまな分野の研究などにも生かされている。

リンチは，ガーフィンケルの学生として共同研究した後に，ボストン

大学でクルターと同僚だったこともあり，両者の議論を柔軟に結びつけて科学の現場を中心にエスノメソドロジー研究を展開した。そのなかでも，リンチ（④）は，自らのEM研究の方法論とウィトゲンシュタイン哲学との関係を明確に示している。

戸田山の⑤は，クリプキのウィトゲンシュタイン解釈に関連して，ブルアの共同体説を批判し，リンチのEM研究の独自性を説いている。この対比は，日本における「批判的エスノメソドロジー」のウィトゲンシュタイン解釈と，クルターや西阪ら「ウィトゲンシュタイン派EM」の解釈の対比として読むことができる。

3．エスノグラフィー

①D. サドナウ，1992『病院でつくられる死』せりか書房。

② L. ウィーダー，1989「受刑者コード」山田・好井・山崎訳『エスノメソドロジー』せりか書房。

③L. サッチマン，1997，佐伯監訳『プランと状況的行為』産業図書。

④ Heath, C., 1986, *Body Movement and Speech in Medical Interaction*（『医療の相互行為における身体の動きとことば』）Cambridge University Press.

⑤ D. メイナード，2004，樫田・岡田訳『医療現場の会話分析』勁草書房。

エスノメソドロジー研究の初期においては，丹念なフィールドワークに基づいたエスノグラフィーが数多く書かれた。

D. サドナウによる病院組織のエスノグラフィー『病院でつくられる死』（①）は，医療社会学の古典のひとつにもなっている。本書はモノグラフ（調査報告書）として，二つの救急病院を比較して，社会階層ごとに死の重みが違うという社会的に重要な事実を生み出す医療実践を具体的に比較している。さらに本書は，救急病院において，さまざまな形で死を迎える人々のまわりで，「家族」から「遺族」になっていく人々や医療や社会の制約のなかで作業をこなしていく病院組織の職員たちの用いる「方法論」に照準されているということも重要となっている。

「受刑者コード」（②）は，L. ウィーダーによる制度場面のエスノグラフィーとなっている。調査者としてのウィーダーは「よそ者と仲良くなるな。スタッフに告げ口をするな。」といった（更正施設）収容者のコードを発見する。調査者は，このようなコードを参照することで，収容者の言っていること，やっていること，そしてその場面全体の意味が見通せるようになる。また，ウィーダーによって発見されたこのコードは，収容者たち自身がそれを参照することで自分たちの振舞いを統御するリソースでもあった。ここでコードと言われたあり方は，ルール一般にも

当てはまり，広くルールの性質について考えていく際に，この論文が大きなヒントになるだろう。

人類学的関心を持つサッチマンの『プランと状況行為』は，機械と人との関わりのエスノグラフィーとなっている。人の頭のなかにあるとされるプランや，人々の振る舞いとは独立して存在していると考えられているテクノロジーは，共に，人々の実践に埋め込まれて状況のなかでリソースとして利用されている。本書では，この視点から，プランやテクノロジーといったものの姿を実践に内在して記述していった。

エスノメソドロジー研究によるエスノグラフィーは，ビデオ録画というテクノロジーと結びつくことで，視線や身体も分析の対象とするようになった。C. ヒース（④）は，診療の場で，お互いの視線や体の向きを含む，さまざまな振舞いをモニター（相互参照）していく相互行為の秩序について考察している。D. メイナード（⑤）は，医療場面のなかで，悪いニュース（知らせ）を告げることに焦点を合わせている。これらの本は，エスノグラフィーと会話分析の親和性を示す好例となっている。

4．会話分析

① E. シェグロフ，2002=2003「開始連鎖」立川ほか訳『絶え間なき交信の時代』NTT出版。[電話の開始]

② E. シェグロフ&サックス，1989「会話はどのようにして終了されるか」西阪・北澤訳『日常性の解剖学』マルジュ社。[電話の終了]

③ E. シェグロフ，1998「ミクロとマクロの間」石井ほか訳『ミクロ－マクロ・リンクの社会理論』新泉社。

④ 串田秀也，2006『相互行為秩序と会話分析』世界思想社。

⑤ H. サックス，1989「会話データの使用法」西阪・北澤訳『日常性の解剖学』マルジュ社。

⑥ Watson, R. 1997 “The Presentation of “Victim” and “Motive” in Discourse: The Case of Police Interrogations and Interviews,”（「談話における被害者と動機についての提示」） in Travers, M. and J. F. Manzo (eds.) *Law in Action*, Aldershot, England: Dartmouth Publishing Company, 1997, pp77-99.

会話分析の社会学への衝撃は，それまで両立し難いと考えられてきた研究の厳密性と妥当性（レリバンス）とを具体的な分析においてみごとに両立させたということにある。

これを世に知らしめたのが「開始連鎖[電話の開始]」（①），「会話はどのようにして終了されるか」（②）である。これらは，電話の会話がその場その場でいかに秩序づけられるか考察して，EMと関連深い（条件付けられた）レリバンス，より一般化された「隣接対」という概念が導

入された。

これに加えて，サックス，シェグロフ，ジェファーソンによって書かれ，会話をスムーズに進行させていく際に用いられているルールを明確にした「会話における順番取得」と，会話の参加者がお互いの理解をそのつど，確認していく方法，「修復(repair)」について扱った「会話における修復の組織化」がCAの基本書である。

シェグロフの「ミクロとマクロの間」（③）は，会話中のレリバンス（関連性）と同じものが，研究においても関連性のあるものとして重要であると考える立場から社会学の「ミクロ―マクロ」という二分法に異を唱えた。

会話分析の基本文献の邦訳はまだまだ少ないし，日本語での研究論文はさらに少ないが，串田の『相互行為秩序と会話分析』（④）などいくつかの研究成果が発表されつつある。

また，自然言語の構造的な側面を扱うCAは，さまざまな応用研究にも開かれている。「開始連鎖［電話の開始］（①）携帯電話研究の論文集である『絶え間なき交信の時代』に収録されているのも，そうした点からであろう。また，たとえば，前項で挙げた『医療現場の会話分析』も，会話分析の制度的場面へ応用できることを示している。

これらに加えて，サックスは「会話データの使用法」⑤や「子どもの語る物語の分析可能性」などの論文によって，カテゴリー研究という種を蒔いた。これらの論文は，人々の実践について理解するという水準と，社会学が手堅い研究を進めていくという二つの水準でカテゴリーのもつ性質について重要な知見に満ちている。ここから「成員性カテゴリー化分析（MCA)」という研究手法が発展していく。たとえば，ワトソンの「談話における被害者と動機についての提示」（⑥）は，カテゴリーと結びついた推論がなされることで，警察の取調べが展開して行く様子を実際の会話データに基づいて記述した。MCAの具体的な研究領域での応用可能性を示すものだといえるだろう。

参考文献

■A

Ackroyde, S., R. Harper, J. A. Hughes and D. Shapiro, 1992, *New Technology and Practical Police Work: The Social Context of Technical Innovation*, Buckingham: Open University Press.

Anderson, R. J., Hughes, J. and W. W. Sharrock, 1989, *Working for Profit : The Social Organisation of Calculation in an Entrepreneurial Firm*. Aldershot: Avebury.

Anderson, R. J. and W. W. Sharrock, 1986, *The Ethnomethodologists*. London: Tavistock.

Anscombe, G. E. M., 1963, *Intention*, Oxford: Basil Blackwell.（＝1984, 菅豊彦訳『インテンション――実践知の考察』産業図書.）

Atkinson, J. M. and Drew, P. 1979, *Order in Court: The Organisation of Verbal Interaction in Judical Settings*. London: Macmillan.

Atkinson, J. M. and Heritage, J. 1984, *Structures of Social Action: Studies in Conversation Analysis*. Cambridge : Cambridge University Press.

■B

Bar-Hillel, Y. 1954 "Indexical Expressions" *Mind*, 63:359-79.

Bellack, A. A., H. M. Kliebard, R. T. Hyman, and F. L. Jr. Smith, 1966, *The Language of the Classroom*, New York, Teachers College Press.（＝1972, 木原健太郎, 加藤幸次訳『授業コミュニケーションの分析』黎明書房）

Bergmann, J. R., 1993, *Discreet Indiscreations: The Social Organization of Grossip*. New York: Aldine de Gruyter.

Bjelic, D., 1995, "An Ethnomethodological Clarification of Husserl's Concepts of 'Regressive Inquiry' and 'Galilean Physics' by Means of Discovering Praxioms", in *Human Studies*（18）: 189-225.

Bjelic, D, and Lynch, M, 1992, "The Work of a（Scientific）Demonstration: Respecifying Newton's and Goethe's Theories of Prisimatic Color," Watson, G, and Seiler, R, M.（eds.）, *Text in Context: Contributions to Ethnomethodology*, Newbury Park: Sage, 52-78.

Blomberg, J.; Suchman, L.; Trigg, R. H., 1996, Reflections on a Work-Oriented Design Project. *Human-Computer Interaction*. 11（3）: 237-265.

Bloor, D., 1983, *Wittgenstein: A Social Theory of Knowledge*. London: Macmillan.（＝1988, 戸田山和久訳『ウィトゲンシュタイン――知識の社会理論』勁草書房.）

Bloor, D., 1987, "The Living Foundation of Mathematics," *Social Studies of*

Sciences 17; 337-58.

Bobrow, D. G. and J. Whalen, 2002, Community Knowledge Sharing in Practice: the Eureka Story. Reflections, the SOL Journal. 4 (2): 47-59.

Butler, J., 1990, *Gender Trouble*, New York: Routladge (=1999, 竹村和子訳『ジェンダー・トラブル――フェミニズムとアイデンティティの錯乱』青土社.)

Button, G., 1993, *Technology in Working Order: Studies of Work*, Interaction and Technology, London: Routledge.

Button, G. (ed.), 1991, *Ethnomethodology and the Human Sciences*. Cambridge; New York : Cambridge University Press.

Button, G. and Lee, J. R. E. (ed.), 1987, *Talk and Social Organisation*. Clevedon : Multilingual Matters.

■C――――――――

Cazden, C., 1988, *Classroom Discourse*, Portsmouth, NH, Heinemann Educational Books.

Chomsky, N., 1965, *Aspects of the Theory of Syntax*, MA, MIT Press. (=1970, 安井稔訳『文法理論の諸相』研究社出版)

Collins, H., 1974, "The TEA Set: Tacit Knowledge and Scientific Networks," *Science Studies* 4: 165-85.

Collins, H., 1983, "An Empirical Relativist Programme in the Sociology of Scientific Knowledge," Knorr-cetina, K. and M. Mulkay (eds.), *Science Observed: Perspectives on the Social Studies of Science*. London: Sage, 85-113.

Coulon, A.,1987, *L'ethnomehodologie*. Paris, France: Presses Universitaires de France. (Que sais-je? no. 2393) (=1996, 山田・水川訳『入門エスノメソドロジー』せりか書房)

Coulter, J., 1979, *The Social Construction of Mind: Studies in Ethnomethodology and Linguistic Philosophy*, London: Macmillan Press. (=1998, 西阪仰訳『心の社会的構成――ウィトゲンシュタン派エスノメソドロジーの視点』新曜社.)

Coulter, J., 1983a, "Contingent and a priori Structures in Sequential Analysis", *Human Studies* 6 (4): 361-376.

Coulter, J., 1983b, *Rethinking Cognitive Theory*, London: Macmillan.

Coulter, J., 1985, "Two Concepts of the Mental," K. J. Gergen and K. E. Davis (eds.), *The Social Construction of the Person*, New York: Springer-Verlag, 129-144.

Coulter, J., 1990, "Elementary Properties of Argument Sequence," G. Psathas (ed.), *Interaction Competence*, Washington, D.C.: University Press of America, 181-203.

Coulter, J., 1996, "Human Practices and the Observability of the 'Macrosocial',"

Zeitschrift fur Soziologie, 25: 337-45.

Coulter, J. and E. D. Parsons, 1991, "The Praxiology of Perception: Visual Orientations and Practical Action," *Inquiry*, 33: 251-72.

Cuff, E. C. and D. Hustler, 1982, "Stories and Story-time in an Infant Classroom: Some Features of Language in Social Interaction." *Semiotica*, 42 (2/4): 119-45.

■D

Drew, P. and J. C. Heritage (eds.), *Talk at Work*. Cambridge: Cambridge University Press.

Durkheim, E., 1893, *De la division du travail social*, Paris: Presses Universitaires de France. (=1989, 井伊玄太郎訳『社会分業論』講談社学術文庫.)

Durkheim, E., 1897, *Le suicide : étude de sociologie*, Paris: PUF. (=1985, 宮島喬訳『自殺論』中公文庫.)

■E

Eglin, P., and Hester,S., 1999, "'You' re all a bunch of feminists' : categorization and the politics of terror in the Montreal Massacre," *Human Studies* 22: 253-272. (= 2000, 小松訳「『おまえらみんなフェミニストの一味だ』— カテゴリー化とテロの政治」『文化と社会』2: 74-98.)

Eglin, P. and S. Hester, 2003, *The Montreal Massacre A Story of Membership Categorization Analysis*, Waterloo: Wilfrid Laurier University Press.

江原由美子, 1988, 「『受け手』の解釈作業とマス・メディアの影響力」『新聞学評論』37: 51-65.

■F

Francis, D. and S. Hester 2004 *An Invitation to Ethnomethodology*. London: Sage.

Francis, D. and S. Hester (eds.) 2007 *Order of Ordinary Action: Respecifying Sociological Knowledge*. Ashgate Pub.co.

■G

Garfinkel, H., 1963, "A Conception of and Experiments with 'Trust' as a Condition of Stable Concerted Actions," Harvey, O. J. (ed.), *Motivation and Social Interaction*. New York: Ronald Press.: 187-238.

Garfinkel, H., 1964, "Studies of the Routine Grounds of Everyday Activities," *Social Problems*, 11: 225-50. (=1989, 北澤裕・西阪仰訳「日常活動の基盤——当り前を見る」G. サーサス・H. ガーフィンケル・H. サックス・E. シェグロフ『日常性の解剖学——知と会話』マルジュ社, 31-92.) →Garfinkel, H., 1967, *Studies in Ethnomethodology*, Englewood Cliffs, N.J.: Prentice Hall.

Garfinkel, H., 1967, *Studies in Ethnomethodology*, Englewood Cliffs, N.J.: Prentice Hall (chapter 1, "What's Ethnomethodology") (chapter 2 , "Studies of the Routine Ground of Everyday Activities" (chapter 5, "Passing and the Managed Achievement of Sex Status in an 'Intersexed Person' Part 1 an Abridge Version," 116-85. (〔抄訳〕1987,「アグネス, 彼女はいかにして女になりつづけたか——ある両性的人間の女性としての通過作業とその社会的地位の操作的達成」山田富秋他訳『エスノメソドロジー——社会学的思考の解体』せりか書房, 217-95.) (chapter 6, "Good Organizational Reasons for Bad Clinic Records")

Garfinkel, H., 1974, "The Origins of the Term Ethnomethodology," Turner, R. ed., *Ethnomethodology*, Harmondsworth, UK: Penguin, 15-18. [Excerpt from R.J. Hill and K.S. Crittenden (Eds.) (1968). *Proceedings of the Purdue Symposium on Ethnomethodology*. Lafayette, IN: Purdue University Press.] (=1987,「エスノメソドロジー命名の由来」山田富秋他訳『エスノメソドロジー——社会学的思考の解体』せりか書房, 9-18.)

Garfinkel, H. 2002, *Ethnomethodology's Program*. London; New York: Rowman and Littlefield Publishers,Inc.

Garfinkel, H. (ed.), 1986, *Ethnomethodological Studies of Work*. London; New York: Routledge.

Garfinkel, H. and H. Sacks, 1970, "On Formal Structures of Practical Actions," McKinney, J. C. and Tiryakian, E. A. (eds.) *Theoretical Sociology*. New York. Appleton Century Crofts.: 337-366.

Garfinkel, H., E. Livingstone, and M. Lynch, 1981, "The Work of Discovering Science Construed with Materials from Optically Discovered Pulsar," *Philosophy of the Social Sciences* 17: 131-58.

Garfinkel, H. and L. Wieder, 1992, "Two Incommensurable, Asymmetrically Alternate Technologies of Social Analysis," Watson, G, and R. Seiler, M. (eds.), *Text in Context: Contributions to Ethnomethodology*, Newbury Park, Calif.: Sage.: 175-206.

Gibson, J. J., 1979, *The Ecological Approach to Visual Perception*, Boston: Houghton Miffliin Company. (= 1985, 古崎敬ほか訳『生態学的視覚論　人の知覚世界を探る』サイエンス社.)

Goffman, E., 1967, *Interaction Ritual: Essays on Face-to-Face Behavior*, New York: Doubleday Anchor. (=1986, 広瀬秀彦・安江孝司訳『儀礼としての相互行為——対面行動の社会学』法政大学出版局.)

Goffman, E., 1979, *Gender Advertisements*, New York: Harper and Row.

Goodwin, C., 1979, "The Interactive Construction of a Sentence in Natural Conversation," G. Psathas (ed.), *Everyday language: Studies in Ethnomethodology*, New York: Irvington Publishers, 97-121.

Goodwin, C., 1981, *Conversational Organization: Interaction between Speakers and Hearers*. New York, Academic Press.

Goodwin, C., 1984, "Notes on Story Structure and the Organization of Participation," J. M. Atkinson and J. C. Heritage (eds.), *Structures of Social Action: Studies in Conversation Analysis*, Cambridge: Cambridge University Press: 225-246.

Goodwin, C., 1987, "Forgetfulness as an Interactive Resource," *Social Psychology Quarterly*, 50 (2): 115-31.

Goodwin, C., 1994, "Professional Vision," *American Anthropologist* 96: 606-33.

Goodwin, C., 1995, "Co-constructing Meaning in Conversations with an Aphasic Man," *Research on Language and Social Interaction,* 28: 233-60.

Goodwin, C., 2000, "Gesture, Aphasia, and Interaction," D. McNeill ed., *Language and Gesture*, Cambridge : Cambridge University Press, 84-98.

Goodwin, C. ed., 2003, *Conversation and Brain Damage*, New York: Oxford University Press.

Goodwin, M. H., 2006, *The Hidden Life of Girls*. Malden, Blackwell.

Goodwin, M.H. and C. Goodwin, 1986, "Gesture and Coparticipation in the Activity of Searching for a Word," *Semiotica*, 62 (1/2): 51-75.

Goodwin, M. H. and C. Goodwin, 2000, "Emotion within Situated Activity," N. Budwig, I. C. Uzgiris and J. V. Wertsch (eds.), *Communication: An Arena of Development,* Stanford: Ablex Publishing Coporation, 33-54.

■H

Habermas, J., 1981 *Theorie des Kommunikativen Handelns*. Frankfurt a.M.: Suhrkamp Verlag KG.（＝1987, 丸山他訳『コミュニケイション的行為の理論』未来社）

Harper, R., 1998 *Inside the IMF: An Ethnography of Documents, Technology, and Organisational Action*. San Diego, Academic Press.

Harper, R., D., Randall, and M., Rouncefield, 2000, *Organisational Change and Retail Finance*: An Ethnographic Perspective. London, Routledge.

橋田浩一, 1994,「サッチマンの相互作用主義について」日本認知科学会編『認知科学の発展　Vol.7　分散認知』講談社, 58-62.

林原冷洋, 2006,「論証と文彩——レトリック論のふたつの系譜と構築主義の社会学」『現代社会理論研究』15

Heap, J. L., 1985, "Discourse in the Production of Classroom Knowledge: Reading Lessons." *Curriculum Inquiry*, 15 (3): 245-79.

Heap, J. L., 1988, "On Task in Classroom Discourse," *Linguistics and Education*, 1: 177-98.

Heath, C. C., 1986, *Body Movement and Speech in Medical Interaction*, Cambridge: Cambridge University Press.

Heath, C. C., 1987, "Embarrassment and Interactional Organization," P. Drew and A. J. Wootton (eds.), *Erving Goffman: Exploring the Interactive Order*, Cambridge: Polity Press.

Heath, C. C., 1989, "Pain Talk: The Expression of Pain and Suffering in the Medical Consultation," *Social Psychology Quarterly*, 52: 113-25.

Heath, C. and P. Luff, 1992, "Collaboration and Control: Crisis Management and Multimedia Technology in London Underground Line Control Rooms," *CSCW*, 1（1-2）: 69-94.

Heath, C. C., J. Hindmarsh, and P. Luff（eds.）, 2000, *Workplace Studies: Recovering Work Practice and Informing Design*, Cambridge, Cambridge University Press.

Heath, C. C. and P. Luff, 2000, *Technology in Action*, Cambridge, New York : Cambridge University Press.

Heritage, J., 1984a. *Garfinkel and Ethnomethodology*. Cambridge: Polity Press.

Heritage. J., 1984b, "A Change-of-state Token and Aspects of its Sequential Placement," Atkinson, M. and J. Heritage（eds.）, *Structures of Social Action*, Cambridge: Cambridge University Press, 299-345

Heritage, J. 2002, "Ad Hoc Inquiries: Two Preferences in the Design of 'Routine' Questions in an Open Context", Douglas Maynard et al.（eds.）, *Standardization and Tacit Knowledge: Interaction and Practice in the Survey Interview*, London, Wiley Interscience, 313-33.

Heritage, J. and D. W. Maynard（eds.）2006. *Communication in Medical Care: Interaction between Primary Care Physicians and Patients*. Cambridge; New York : Cambridge University Press.

Hester, S. K., and D. Francis（eds.）, 2000, *Local Educational Order: Ethnomethodolo-gical Studies of Knowledge in Action*, Amsterdam / Philadelphia, John Benjamins Publishing Company.

Hochschild, A. R., 1983, *The Managed Heart: Commercialization of Human Feeling*, Berkeley: University of California Press.（＝2000, 石川准・室伏亜希訳『管理される心――感情が商品になるとき』世界思想社.）

Hymes, D., 1974, *Foundations in Sociolinguistics: An Ethnographic Approach*, PA, University of Pennsylvania Press.（＝1979, 唐須教光訳『ことばの民族誌―社会言語学の基礎』紀伊国屋書店）

■ I

Ikeya, Nozomi, 2003, Practical management of mobility: the case of the emergency medical system. *Environment and Planning* A 35, 1547-1564.

池谷のぞみ, 岡田光弘, 藤守義光, 2004a,「病院組織のフィールドワーク」山崎敬一編『実践エスノメソドロジー入門』有斐閣, 192-203（第13章）.

池谷のぞみ, 2004b,「エスノメソドロジーとフィールドワーク」山崎敬一編『実践エスノメソドロジー入門』有斐閣, 52-59（第 4 章）.

池谷のぞみ, 2004c,「エスノメソドロジーの方法（2）」山崎敬一編『実践エスノメソドロジー入門』有斐閣, 36-49（ワークの研究, 第3章）.

Ikeya, Nozomi and Mitsuhiro , Okada, 2007, "Doctors' Practical Management of

Knowledge in the Daily Case Conference," in Francis, D. and Hester, S., (eds.) *Order of Ordinary Action*. Aldershot, Ashgate.
池谷のぞみ・岡田光弘・藤守義光, 2000,「ヴィジュアル・オリエンテーションの実践的マネジメント――『みること』の組織化の多様性」日本認知科学会『「教育環境のデザイン」研究分科会研究報告』6 (1): 32-37.
飯田卓・原知章編, 2005,『電子メディアを飼いならす――異文化を橋渡すフィールド研究の視座』せりか書房.
五十嵐素子, 2003,「授業の社会的組織化――評価行為への相互行為論的アプローチ」『教育目標・評価学会紀要』13: 54-64
五十嵐素子, 2004,「『相互行為と場面』再考――授業の社会学的考察に向けて」『年報社会学論集』17: 214-25.
五十嵐素子, 2007a,「子どもの遊びにおける相互行為上の能力――H. メーハンの議論を手がかりに」『Cross Culture』23: 83-9.
五十嵐素子, 2007b,「子どもの遊びにおける学習の達成――相互行為上の能力の視点から」『Cross Culture』23: 95-108
石黒英子, 1974,「ウィトゲンシュタインと哲学の課題」『理想』488 (1) : 20-31.
石黒ひで, 1993,「『言語論的転回』とは何か」『岩波講座現代思想 4 言語論的転回』岩波書店, 87-116.
石黒ひで, 1998,「ウィトゲンシュタインを読む――反時代的考察のために」『現代思想』青土社, 26 (1) : 36-49.
石黒ひで, 2007,「アンスコムの行為理論」『哲学の歴史11　20世紀Ⅱ　論理・数学・言語――科学の世紀と哲学』中央公論新社, 488-92.
伊藤守編, 2006,『ニュース社会学』世界思想社.

■ J

Jalbert, P. L. (ed.), *Media Studies: Ethnomethodological Approaches*. New York: University Press of America.
Jayyusi, L., 1984, *Categorization and the Moral Order*. Boston, Routledge and Kegan Paul.
Jayyusi, L., 1988, "Toward a Socio-logic of the Film Text," *Semiotica*, 68 (3/4): 271-296.
Jayyusi, L., 1991a, "The Equivocal Text and the Objective World: An Ethnomethodological Analysis of a News Report" *Continuum*, 5 (1): 166-90.
Jayyusi, L., 1991b, "The Reflexive Nexus: Photo-practice and Natural History," *Continuum*, 6 (2): 25-52.
Jayyusi, L., 1993, "Premeditation and Happenstance: the Social Construction of Intention, Action and Knowledge," *Human Studies*, 16: 435-55.
Jefferson G, and J. R .E. Lee, 1992, "The Rejection of Advice: Managing the Problematic Convergence of a 'Troubles-telling' and a 'Service Encounter'," P. Drew and J. C. Heritage (eds.), *Talk at Work*. Cambridge: Cambridge

University Press, 521-48.

■K

金森修, 2000,「社会構成主義の興隆と停滞」『サイエンス・ウォーズ』東京大学出版会.

樫田美雄・岡田光弘・中村和生・坂田ひろみ・澤田和彦・福井義浩, 2001,「解剖実習のエスノメソドロジー——社会的達成としての医学教育」『年報筑波社会学』13: 96-127.

Kessler, S and McKenna, W, 1978, Gender: *An Ethnomethodological Approach*, Chicago: The University of Chicago Press.

小宮友根, 2005, 「『価値判断』の分析可能性について：社会学における記述と批判」,『年報社会学論集』18.

今野勤, 2004,『テレビの嘘を見破る』新潮社.

是永論, 2004,「映像広告に関する理解の実践過程——「象徴」をめぐる相互行為的な実践」『マス・コミュニケーション研究』64: 104-20.

是永論, 2004,「メディア分析」山崎敬一編『実践エスノメソドロジー入門』有斐閣, 169-80.

是永論・酒井信一郎, 2005,「広告はいかにして「広告」に見えるのか——「メッセージ」としての「リスク」の理解に向けて」三宅和子・岡本能里子・佐藤彰編『メディアとことば 2』ひつじ書房, 100-31.

是永論・酒井信一郎, 2007,「情報ワイド番組における「ニュース・ストーリー」の構成と理解の実践過程——BSE問題における「リスク」を事例に」『マス・コミュニケーション研究』71.

串田秀也, 2006,『相互行為秩序と会話分析——「話し手」と「共—成員性」をめぐる参加の組織化』世界思想社.

■L

Latour, B. and S. Woolgar, ［1979］1986, *Laboratory Life. Princeton*, N. J. : Princeton University Press.

Lave, J., and E, Wenger. 1991 *Situated Learning: Legitimate Peripheral Participation,* Cambridge, Cambridge University Press.（=1993, 佐伯胖（訳）『状況に埋め込まれた学習——正統的周辺参加』産業図書.）

Lee, J. R. E and D. R. Watson, 1993, Final Report to the Plan Urbain, Paris: Plan Urbain Publications.

Lerner, G. H., 1996, "Finding 'Face' in the Preference Structures of Talk-in-Interaction," *Social Psychology Quartery*, 59（4）: 303-21.

Leudar, I. and J. Nekvapil, 2000, "Presentations of Romanies in the Czech Media: On Category Work in Television Debates" *Discourse and Society*, 11: 488-513.

Leudar, I. and J. Nekvapil, 2004, "Media dialogical networks and political argumentation" *Journal of Language and Politics*, 3: 247-266.

Livingston, E., 1987, *The Ethnomethodolgical Foundations of Mathematics*,

London; Boston; and Henley: Routledge & Kegan Paul.
Lynch, M., 1985, *Art andArtifact in Laboratory Science*. London ; Boston: Routledge and Kegan Paul.
Lynch, M., 1988a, "Alfred Schutz and the Sociology of science," Embree, L. eds. *Worldly Phenomenology*. Washington, D.C.: Center for Advanced Research in Phenomenology and University Press of America.: 71-100
Lynch, M., 1988b, "Externalized Retina: Selection and Mathematization in the Visual Documentation of Objects in the Life Sciences," *Human Studies*, 11: 201-234. [reprinted in 1990] Lynch, M. and S. Woolgar eds., Representation in Scientific Practice, Cambridge: MIT Press, 153-186.
Lynch, M., 1991a, "Pictures of Nothing? Visual Construals in Social Theory," *Sociological Theory* 9: 1-21
Lynch, M., 1991b, "Method: Measurement-Ordinary and Scientific Measurement as Ethnomethodological Phenomena," Button, G. (ed.), *Ethnomethodology and the Human Sciences*. Cambridge; New York : Cambridge University Press.
Lynch, M., 1992, "Extending Wittgenstein: The pivotal move from epistemology to the Sociology of Science," Pickering, A. (ed.), *Science as Practice and Culture*. Chicago: Univ. of Chicago Press.
Lynch, M., 1993, *Scientific Practice and Ordinary Action*. Cambridge [England]; New York : Cambridge Univ. Press.
Lynch, M., 1997, Ethnomethodology Without Indifference. *Human Studies*, 20: 371-376.
Lynch, M., 1998a, "Enchaining a Monster: The Production of Representations in an Impure Field" (Unpublished Manuscript presented at Lynch Workshop in NIER, Japan)
Lynch, M., 1998b, "The Discursive Production of Uncertainty: The O. J. Simpson 'Dream Team' and the Sociology of Knowledge Machine," *Social Studies of Science* 28 (5-6): 829-868.
Lynch, M., 2000, "Ethnomethodology and the Logic of Practice," T. R. Schatzki, K. Knorr Cetina and E. von Savigny (eds.), *The Practice Turn in Contemporary Theory*, London/New York: Routledge: 131-48. (=2000, 椎野信雄訳「エスノメソドロジーと実践の論理」情況出版編集部編『社会学理論の〈可能性〉を読む』情況出版.)
Lynch, M. and D. Bogen, 1996, *The Spectacle of History: Speech, Text, and Memory at the Iran-Contra Hearings*, Durham: Duke University Press.
Lynch, M. and D. Bogen, 1997, "Lies, Recollections and Categorical Judgements in Testimony," S. Hester and P. Eglin eds., *Culture in Action: Studies in Membership Categorization Analysis*, Lanham: University Press of America, 99-122.
Lynch, M. and D. Bogen, 1999, "The Struggle Between Testimony and Evidence

at the Iran-Contra Hearings," P. L. Jalbert ed., *Media Studies: Ethnomethodological Approaches*, Lanham: University Press of America, 53-76.

Lynch, M, and D. Bogen, 2005, "'My Memory Has Been Shredded': a Non-cognitivist Investigation of 'Mental' Phenomena," H. te Molder and J. Potter, eds., *Conversation and Cognition*, Cambridge: Cambridge University Press, 226-40.

Lynch, M., and D. Macbeth, 1998, "Demonstrating Physics Lessons." Greeno, J. and S. Goldman eds., *Thinking Practices in Mathematics and Science Learning*, Marwah, N. J., Lawrence Erlbaum Associates, 269-97.

■M――――――――――

Macbeth, D., 1992, "Classroom "Floors": Material Organizations as a Course of Affairs." Peyrot, M., and M. Lynch, eds., *Ethnomethodology: Contemporary Variations, Special Issues of Qualitative Sociology*, 15 (2): 123-50.

McHoul, A., 1978, "The Organization of Turns at Formal Talk in the Classroom," *Language in Society*, 7: 183-213.

前田泰樹, 1998,「『私的経験』の理解可能性について――歯科医療場面の相互行為分析」『年報社会学論集』11: 25-36.

前田泰樹, 1999a,「情緒をめぐる語りの理解可能性について」『ソシオロゴス』23: 86-102.

前田泰樹, 1999b,「情緒経験の語りとケアの論理――痴呆に関する問診場面の相互行為分析」『現代社会理論研究』9: 97-108.

前田泰樹, 2002a,「失語であることの生活形式――言語療法場面の相互行為分析」『東海大学総合教育センター紀要』22: 71-86.

前田泰樹, 2002b,「ヴィジュアル経験へのエスノメソドロジー的アプローチ」安川一編『視覚メディアにおけるジェンダー・ディスプレイのミクロ社会学的分析』1999年度～2001年度科学研究費補助金研究成果報告書, 一橋大学, 33-51.

前田泰樹, 2003,「『傾聴』活動の論理文法について――電話相談看護のロール・プレイの相互行為分析」『保健医療社会学論集』14: 13-26.

前田泰樹, 2004,「記憶の科学の思考法――失語症研究と想起の論理文法」『文明』3: 45-55.

前田泰樹, 2005a,「知識を示す能力・経験を語る権利――言語療法場面の相互行為分析２」『東海大学総合教育センター紀要』25: 13-39.

前田泰樹, 2005b,「行為の記述・動機の帰属・実践の編成」『社会学評論』56 (3): 710-726.

Malcolm, N., 1977, *Memory and Mind*, Ithaca: Cornell University Press.

Maynard, D., 2003, *Bad News, Good News: Conversational Order in Everyday Talk and Clinical Settings*, Chicago: Chicago University Press（＝2004, 樫田美雄・岡田光弘訳『医療現場の会話分析――悪いニュースをどう伝えるか』勁草書房.

Mehan, H., 1979, *Learning Lessons: Social Organization in the Classroom*, Cambridge, Mass., Harvard University Press.
皆川満寿美, 1999「ラディカル・リフレクシヴィティとエスノメソドロジー」『ソシオロジスト』(武蔵大学社会学部) 1: 125-148.
水川喜文, 1994,「定式化作業と実践的行為――精神科面接における会話を事例にして」『年報社会学論集』7: 179-190.
水川喜文, 2007,「高次脳機能障害作業所における記憶の共同実践」『哲学』117: 219-244.

■N――――――――――

中河伸俊・北澤毅・土井隆義編, 2001,『社会構築主義のスペクトラム』ナカニシヤ出版.
中村和生, 1999a,「科学的理論化をめぐって」『年報社会学論集』(関東社会学会) 1: 234-245.
中村和生, 1999b,「合理性の印象の合理的アカウンタビリティ」『ソシオロジ』136: 55-74.
中村和生, 2000,「エスノメソドロジーにおける技法の変遷」『社会学史研究』22: 113-129.
中村和生, 2001,「知識社会学から知識の実践学へ」『年報社会学論集』14: 174-186.
西成活裕, 2006,『渋滞学』新潮社.
西阪仰, 1994,「直接知覚・論理文法・身体の配置　見ることの相互行為的構成」『現代思想』青土社, 22 (13): 306-16.
西阪仰, 1997,『相互行為分析という視点――文化と心の社会学的記述』金子書房.
西阪仰, 1998,「概念分析とエスノメソドロジー――『記憶』の用法」山田富秋・好井裕明編『エスノメソドロジーの想像力』せりか書房, 204-23.
西阪仰, 2001,『心と行為――エスノメソドロジーの視点』岩波書店.

■O――――――――――

落合恵美子, 1995,「ビジュアル・イメージとしての女」井上輝子ほか編『表現とメディア (日本のフェミニズム 7)』岩波書店97-129.
岡田光弘, 2001,「構築主義とエスノメソドロジー研究のロジック」中河伸俊・北澤毅・土井隆義編『社会構築主義のスペクトラム』ナカニシヤ出版, 26-42.
岡田光弘, 2005a,「会話分析」小林修一・西野理子・久保田滋・西沢晃彦編著『テキスト調査法』梓出版社, 136-137.
岡田光弘, 2005b,「身体の動きの表象を『自然に』読むということ――エスノメソドロジー研究によるテキスト分析」三宅和子・岡本能理子・佐藤彰編『メディアとことば2』ひつじ書房, 136-157.
岡田光弘, 2005c,「エスノメソドロジー研究」三宅和子・岡本能理子・佐藤彰編『メディアとことば2』ひつじ書房, 158-159.

岡田光弘, 2007,「エスノメソドロジー研究の想像力——社会に学ぶ想像力を解放する」『年報筑波社会学』第二期 1: 114-128.

岡田光弘・山崎敬一・行岡哲男, 1997,「救急医療の社会的な組織化」山崎敬一・西阪仰編『語る身体・見る身体』ハーベスト社, 168-185.

Orr, Julian E.,1996, *Talking about Machines: an Ethnography of a Modern job*. Ithaca, NY: ILR Press.

■P

Pollner, M., 1979, "Explicative Transactions", Psathas, G.（ed.）, *Everyday Language*, New York: Irvington Publishers, Inc. 203-255.

Pollner, M., 1987, *Mundane Reason*. Cambridge University Press.

Pomerantz, A. M., 1980, "Telling My Side: 'Limited Access' as a Fishing Device," *Sociological Inquiry*, 50, 186-98.

Pomerantz, A. M., 1984, "Agreeing and Disagreeing with Assessments: Some Features of Preferred/Dispreferred Turn Shapes," Atkinson, J. M. and J. C. Heritage（eds.）, *Structures of Social Action: Studies in Conversation Analysis*, Cambridge: Cambridge University Press, 57-101,.

Psathas, G.,（ed.）, 1990, *Interaction Competence*. Washington, D. C., University Press of America.

Psathas, G. 1988 "Ethnomethodology as a New Development in the Social Sciences," Paper presented at Waseda University.（＝1990, 北澤・西阪訳「エスノメソドロジー——社会科学における新たな展開」『日常性の解剖学』マルジュ社, 5-30）

■R

Ryle, G., 1949, *The Concept of Mind*, Chicago: The University of Chicago Press.（＝1987, 坂本百大・宮下治子・服部裕幸訳『心の概念』みすず書房.）

■S

Sacks, H., 1963, "Sociological Description," *Berkeley Journal of Sociology*, 8: 1-16.

Sacks, H., 1972a, "An Initial Investigation of the Usability of Conversational Data for Doing Sociology," Sudnow, D. ed., *Studies in Social Interaction*, New York: Free Press, 31-74.（＝1989, 北澤裕・西阪仰訳「会話データの利用法——会話分析事始め」G. サーサス・H. ガーフィンケル・H. サックス・E. シェグロフ『日常性の解剖学——知と会話』マルジュ社, 93-173.）

Sacks, H., 1972b, "On the analyzability of stories by children," Gumperz, J. J. and D. Hymes（eds.）, *Directions in Sociolinguistics: The Ethnography of Communication*. New York: Holt, Reinhart and Winston, 329-45.

Sacks, H., 1974, "An analysis of the course of a joke's telling in conversation," in Bauman, R. and Sherzer, J.（eds.）, *Explorations in the Ethnography of*

Speaking. Cambridge : Cambridge University Press, 337-53.
Sacks, H., 1975, "Everyone has to Lie," in Sanches, M. and B. G. Blount (eds.), *Socio-cultural Dimensions of in Language Use*. New York: Academic Press, 57-80.
Sacks, H., 1979, "Hotrodder: A Revolutionary Category," G. Psathas (ed.), *Everyday Language: Studies in Ethnomethodology*,New York Irvington Publisher. (＝1987, 山田富秋・好井裕明・山崎敬一訳「ホットロッダー——革命的カテゴリー」『エスノメソドロジー　社会学的思考の解体』せりか書房.)
Sacks, H., 1984, "On doing 'being ordinary'," Atkinson, J. M. and J. C. Heritage (eds.), *Structures of Social Action: Studies in Conversation Analysis*, Cambridge: Cambridge University Press, 413-29.
Sacks, H., 1987, "On the Preferences for Agreement and Contiguity in Sequences in Conversation," G. Button and J. R. E. Lee (eds.), *Talk and Social Organisation*, Clevedon, UK Multilingual Matters, 34-69.
Sacks, H., 1992, *Lectures on Conversation 1 and 2*: edited by Gail Jefferson: with Introductions by Emanuel A. Schegloff, Oxford: Basil Blackwell.
Sacks, H., E. A. Schegloff and G. Jefferson, 1974, "A Simplest Systematics for the Organization of Turn-Taking for Conversation," *Language*, 50 (4) : 696-735.
酒井泰斗・小宮友根, 2007,「社会システムの経験的記述とはいかなることか：意味秩序としての相互行為を例に」,『ソシオロゴス』31 (近刊).
齋藤隆, 2002,「森のねずみの生態学——個体数変動の謎を探る」京都大学学術出版会 (生態学ライブラリー 20).
沢木耕太郎, 1980,「おばあさんが死んだ」『人の砂漠』, 7- 58, 新潮社.
Schegloff, E. A., 1972, "Notes on a Conversational Practice: Formulating Place," D. N. Sudnow ed., *Studies in Social Interaction*, New York: Free Press, 75-119.
Schegloff, E. A., 1979, "Identification and Recognition in Telephone Conversation Openings," Psathsas, G. (ed.) *Everyday Language: Studies in ethnomethodology*. New York. Irvington.:23-78.
Schegloff, E. A., 1987, "Between Micro and Macro," Jeffrey C. Alexander et al. (eds.), *The Micro-Macro Link*, University of California Press. (＝1998, 石井幸夫訳「ミクロとマクロの間」『ミクロ－マクロリンクの社会理論』新泉社.)
Schegloff, E. A., 1992, "Repair After Next Turn: The Last Structurally Provided Defense of Intersubjectivity in Conversation," *American Journal of Sociology*, 97: 1295-1345.
Schegloff, E. A., 1997, "Third Turn Repair," G. R. Guy et al. eds., *Towards a Social Science of Language: Papers in Honor of William Labov, Volume 2: Social Interaction and Discourse Structures*, John Benjamins, 31-40.
Schegloff, E. A., 2007, *Sequence Organization in Interaction: A Primer in*

Conversation Analysis, New York: Cambridge University Press.

Schegloff, E. A., Gail Jefferson and H. Sacks, 1977, The Preference for Self-correction in the Organization of Repair in Conversation, *Language*, 53: 361-382.

Schegloff, E. A. and H. Sacks, 1973, "Opening up Closing," *Semiotica*, 4: 289-327.

Schutz, A., 1962 *Collected Papers Vol. 1: The Problem of Social Reality* The Hague: Martinus Nijhoff（＝1983, 渡部光・那須壽・西原和久訳『社会的現実の問題 1』『社会的現実の問題 2』マルジュ社）

Sharrock, W. and R. L. Anderson, 1991, Epistemology and Professional Scepticism. in Graham Button ed., *Ethnomethodology and the Human Sciences*, Cambridge: Cambridge University Press, 51-76.

Sharrock, W. and G. Button, 1999, "Do the Right Thing! Rule Finitism, Rule Scepticism and Rule Following," *Human Studies*, 22: 193-210.（＝2000, 池谷のぞみ訳「正しいことをなさい！――規則有限主義と規則懐疑主義, そして規則に従うこと」『文化と社会 2』（文化と社会編集委員会編）マルジュ社, 99-123.）

Sharrock, W. and J. Coulter, 1998, "On What We can See," *Theory and Psychology*, 8（2）: 147-64.

Sharrock, W. and I. Leuder, 2002, "Indeterminacy in the Past?" *History of the Human Sciences*, 15（3）: 95-115.

Sharrock, W. and I. Leuder, 2003, "The Indeterminacy of the Past," *History of the Human Sciences*, 16（2）: 101-15.

Sharrock, W. and W. Coleman, 1999, "Seeing and Finding Society in Texts" Jalbert, P. L. ed., *Media Studies: Ethnomethodological Aprroaches*, International Institute for Ethnomethodology and Conversation Analysis, New York University Press of America, 1-30.

椎野信雄, 2007, 『エスノメソドロジーの可能性』春風社

Sinclair, J. and R.M. Coulthard, 1975, *Towards an Analysis of Discourse: The English Used by Teachers and Pupils*, New York, Oxford University Press.

Sokal, A.,1996, "A Physicist Experiments With Cultural Studies," *Lingua Franca* 6（4）: 62-64.

Suchman, L. 1987, *Plasns and Situated Actions,*New York and Cambridge UK: Cambridge University Press.（＝1999, 佐伯胖監訳, 上野・水川・鈴木『プランと状況的行為』産業図書.）

Suchman, L. 1994, "The Structuring of Everyday Activity"（＝土屋孝文訳,「日常活動の構造化」日本認知科学会編『認知科学の発展 Vol.7 分散認知』講談社, 41-57.）

Suchman, L., 2007, *Human-Machine Reconfigurations: Plans and Situated Actions* 2nd expanded edition. New York and Cambridge UK: Cambridge University Press.

Sudnow, D., 1965, "Normal crimes: sociological features of the penal code in a public defender's office," *Social Prbrems* 12: 255-276.

Sudnow, D., 1967, *Passing on: The Social Organization of Dying*. Prentice-Hall. （＝1992, 岩田啓靖・山田富秋・志村哲郎訳『病院でつくられる死――「死」と「死につつあること」の社会学』せりか書房）

Sudnow, D. 1978, *Ways of the Hand : The organization of Improvised Conduct*. Harverd University Press.（=1993, 徳丸吉彦, 卜田隆嗣, 村田公一訳,『鍵盤を駆ける手――社会学者による現象学的ジャズ・ピアノ入門」新曜社.）

鈴木みどり編, 1997,『メディア・リテラシーを学ぶ人のために』世界思想社.

■T――――――――――

Terasaki, K. A. 2004, "Pre-announcement Sequences in Conversation", G. H. Lerner（ed.）, *Conversation Analysis*, Amsterdam/Philadelphia: John Benjamins Publishing Co. 171-223.

戸田山和久, 1994,「ウィトゲンシュタイン的科学論」『岩波講座現代思想10 科学論』岩波書店, 139-170.

鶴田幸恵, 2004a,「性別判断における外見を『見る』仕方」『現代社会理論研究』14: 195-206.

鶴田幸恵, 2004b,「トランスジェンダーのパッシング実践と社会学的説明の齟齬――カテゴリーの一瞥による判断と帰納的判断」『ソシオロジ』151: 21-36.

鶴田幸恵, 2005,「いかにして『ふつう』の外見に駆り立てられるのか？――トランスジェンダーにおける眼差しの力を例に」好井裕明（編）『繋がりと排除の社会学』明石書店, 7-76.

■U――――――――――

上野直樹, 1998,「見ることのデザイン――知覚の社会―道具的組織化」山田富秋・好井裕明編『エスノメソドロジーの想像力』せりか書房, 252-69.

上野千鶴子, 1982,『セクシィ・ギャルの大研究』光文社.

上野千鶴子編, 2001,『構築主義とは何か』勁草書房.

上谷香陽, 1996,「社会的実践としてのテレビ番組視聴――ある「事件報道」の視聴活動を事例として」『マス・コミュニケーション研究』49: 96-109.

上谷香陽, 1997,「「テレビ・イメージ」の社会的構成――見る実践における「討論」の組織化」山崎敬一・西坂仰編『語る身体・見る身体』ハーベスト社, 235-53.

浦野茂, 1999,「想起の社会的コンテクスト」『現代社会理論研究』9: 109-22.

浦野茂, 2002,「記憶・アイデンティティ・歴史――M. アルヴァックスと視点としての言語」『現代社会理論研究』12: 26-38.

浦野茂, 2005,「社会学と記憶」『社会学評論』56（3）: 727-744.

内田隆三, 1997,『テレビCMを読み解く』講談社.

■V――――――――――

Vinkhuyzen, E., M. H. Szymanski, R. J. Moore, G. T. Raymond, J. Whalen and M. Whalen, 2004, Would you like to do it yourself? Service requests and their

non-granting responses. In Richards, K.; Seedhouse, O., (eds.), *Applying Conversation Analysis*. Palgrave Macmillan; 91-106.

■W

Watson, D. R., 1983, "The Presentation of 'Victim' and 'Motive' in Discourse: The Case of Police Interrogations and Interviews," *Victimology: An International Journal*, 8 (1/2): 31-52. [reprinted in 1997, M.Travers and J. Manzo (eds.) Law in Action: Ethnomethodological and Conversation Analytic Approaches to Law, Ashgate: Dartmouth, 135-155. (＝1996, 岡田光弘訳「談話における被害者と動機についての提示――警察による尋問と事情聴取の事例」『Sociology Today』7:106-123.

Watson, D. R., 1987, "Interdisciplinary Considerations in the Analysis of Pro-terms," Button, G., and Lee, J., (eds.), *Talk and Social Organisation*, Clevedon, UK: Multilingual Matters.

Watson, D. R., 1992, "Ethnomethodology, Conversation Analysis and Education: an Overview", *International Review of Education*, 38 (3): 257-74.

Weber, M., 1904/1905, "Die protestantische Ethik und der _Geist_ des Kapitalismus", *Archiv für Sozialwissenschaften und Sozialpòlitik, Bd. XX und XXI*. (＝1989, 大塚久雄訳『プロテスタンティズムの倫理と資本主義の精神』岩波文庫).

West, C. and D. H. Zimmerman 1991, "Doing Gender," Lorbor, J and S. A. Farrell, (eds.), *The Social Construction of Gender*, Sage, 13-37. (Fenstermerker, S. and C. West, 2002, *Doing Gender, Doing Difference*, New York: Routledge, 2-23.に再録).

Whalen, J. and Vinkhuyzen, E., 2001, Expert Systems in (Inter) Action: Diagnosing Document Machine Problems over the Telephone. In Luff, P., J. Hindmarsh, and C. Heath, (eds.). *Workplace Studies: Recovering Work Practice and Information System Design*. Cambridge, UK: Cambridge University Press. 92-140.

Whalen, M., J. Whalen, J., R. J. Moore., G. T. Raymond, M. H. Szymanski, and E. Vinkhuyzen, 2004, "Studying Workscapes," Levine, P. and R. Scollon, eds., *Discourse and Technology: Multimodal Discourse Analysis*, Washington, DC: Georgetown University Press, 208-229.

Wieder, D.L., 1974, "Telling the Code," Turner, R. ed., Ethnomethodology, Harmondsworth, UK: Penguin, 144-172. [Excerpted from 1974] *Language and Social Reality: The Case of Telling the Convict Code*. The Hague: Mouton. [Reissue: 1988 and 1991, Washington, DC: University Press of America] (＝1997, 山田富秋他訳「受刑者コード――逸脱行動を説明するもの」『エスノメソドロジー――社会学的思考の解体』せりか書房, 155-214.)

Winch, P. 1958, *The Idea of a Social Science and its Relation to Philosophy*. London: Routledge & Kegan Paul. (＝1977, 森川真規雄訳『社会科学の理念』

新曜社.）
Wittgenstein, L., ［1953］1958, *Philosophische Untersuchngen*, Oxford: Basil Blackwell.（＝1976, 藤本隆志訳『ウィトゲンシュタイン全集 8　哲学探究』大修館書店.）
Wittgenstein, L., 1958, *The Blue and Brown Books*, Oxford: Basil Blackwell.（＝1975, 大森荘蔵訳『ウィトゲンシュタイン全集 6　青色本・茶色本』大修館書店.）
Wittgenstein , L., 1969, *Uber Gewisheit*, Oxford: Basil Blackwell.（＝1975, 黒田亘訳『ウィトゲンシュタイン全集 9　確実性の問題』大修館書店.）
Wittgenstein, L., 1978, *Foundations of Mathematics*. Eds. G. H. von Wright, R. Rhees and G.E. M. Anscombe, trans., GE. M. Anscombe, 3rd edn Oxford: Basil Blackwell.
Wittgenstein, L., 1980a, *Remarks on The Phylosophy of Psychology: Volume*。(*Bemerkungen über die Philosophie der Psychologie: Band II*), Chicago: The University of Chicago Press.（＝1985, 佐藤徹郎訳『ウィトゲンシュタイン全集補巻 1　心理学の哲学 1』大修館書店.）
Wittgenstein, L., 1980b, *Remarks on The Phylosophy of Psychology: Volume II* (*Bemerkungen über die Philosophie der Psychologie: Band II*), Chicago: The University of Chicago Press.（＝1988, 野家啓一訳『ウィトゲンシュタイン全集補巻 2　心理学の哲学 2』大修館書店.）

■Y

山田富秋, 2000,『日常性批判——シュッツ・ガーフィンケル・フーコー』せりか書房.
山崎敬一, 1993,「ガーフィンケルとエスノメソドロジー的関心」佐藤・那須編『危機と再生の社会理論』マルジュ社, 333-351.
山崎敬一, 佐竹保宏, 保坂幸正, 1993,「社会的行為場面におけるコミュニケーションと権力 ——〈車いす使用者〉のエスノメソドロジー的研究」『社会学評論』44-1: 30-45.
山崎敬一, 葛岡英明, 山崎晶子, 池谷のぞみ, 2002,「リモートコラボレーション空間における時間と身体的空間の組織化」『組織科学』36（3）: 32-45.
山崎敬一編, 2004,『実践エスノメソドロジー入門』有斐閣.
山科正平, 1985,「細胞を読む——電子顕微鏡で見る生命の姿」講談社（ブルーバックス）.
安川一, 1989,「広告のジェンダー」江原由美子ほか編『ジェンダーの社会学』新曜社, 206-210.
安川一, 1997,「『感情する』秩序——当惑と相互行為秩序」岡原正幸・山田昌弘・安川一・石川准『感情の社会学——エモーション・コンシャスな時代』世界思想社, 139-47.
好井裕明, 1999,『批判的エスノメソドロジーの語り』新曜社.